NORMAS PROCESSUAIS DA REFORMA TRABALHISTA

Comentários à Instrução Normativa 41/2018 do TST

Élisson Miessa

NORMAS PROCESSUAIS DA REFORMA TRABALHISTA

Comentários à Instrução Normativa 41/2018 do TST

2018

EDITORA
*jus*PODIVM

www.editorajuspodivm.com.br

EDITORA
*Jus*PODIVM
www.editorajuspodivm.com.br

Rua Mato Grosso, 164, Ed. Marfina, 1º Andar – Pituba, CEP: 41830-151 – Salvador – Bahia
Tel: (71) 3045.9051
• Contato: https://www.editorajuspodivm.com.br/sac

Copyright: Edições *Jus*PODIVM

Conselho Editorial: Eduardo Viana Portela Neves, Dirley da Cunha Jr., Leonardo de Medeiros Garcia, Fredie Didier Jr., José Henrique Mouta, José Marcelo Vigliar, Marcos Ehrhardt Júnior, Nestor Távora, Robério Nunes Filho, Roberval Rocha Ferreira Filho, Rodolfo Pamplona Filho, Rodrigo Reis Mazzei e Rogério Sanches Cunha.

Capa: Ana Caquetti

M631n   Miessa, Élisson.
            Normas processuais da reforma trabalhista / Élisson Miessa – Salvador: Editora JusPodivm, 2018.
            336 p.

            ISBN 978-85-442-2381-9.

            1. Direito do Trabalho. 2. Direito Processual do Trabalho. 3. Normas processuais. I. Miessa, Élisson. II. Título.

                                                                                  CDD 342.68

Todos os direitos desta edição reservados à Edições *Jus*PODIVM.

É terminantemente proibida a reprodução total ou parcial desta obra, por qualquer meio ou processo, sem a expressa autorização do autor e da Edições *Jus*PODIVM. A violação dos direitos autorais caracteriza crime descrito na legislação em vigor, sem prejuízo das sanções civis cabíveis.

SUMÁRIO

APRESENTAÇÃO 15

1
EFICÁCIA TEMPORAL (ART. 1º) 19

1. Eficácia no tempo 19
2. Eficácia temporal da Lei nº 13.467/17 (Reforma Trabalhista) 22

2
PRESCRIÇÃO INTERCORRENTE (ART. 2º) 27

1. Conceito de prescrição intercorrente 27
2. Posicionamento dos tribunais antes da Lei nº 13.467/17 30
3. Prazo de 2 anos 31
4. Suspensão e extinção da execução 33
   - 4.1. Suspensão 34
   - 4.2. Extinção 37
5. Início da fluência do prazo prescricional 38
6. Execução Fiscal 39
7. Requerimento e declaração *ex officio* da prescrição intercorrente 40
8. Momento da declaração da prescrição intercorrente 43
9. Direito intertemporal 48

3

LITISCONSÓRCIO NECESSÁRIO NA ANULAÇÃO DE CLÁUSULAS DE ACORDO COLETIVO E CONVENÇÃO COLETIVA (ART. 3º) 51

1. Litisconsórcio: generalidades 51
    1.1. Litisconsórcio necessário 53
2. Litisconsórcio necessário na anulação de cláusulas de acordo coletivo e convenção coletiva 54
    2.1. Ação coletiva 54
    2.2. Ação individual 56
        2.2.1. Casos repetitivos 58
3. Vício gerado pela inobservância do litisconsórcio necessário 59
4. Direito intertemporal 61

4

CUSTAS PROCESSUAIS (ART. 4º) 63

1. Valor mínimo e máximo das custas processuais 63
2. Direito intertemporal 65

5

HONORÁRIOS PERICIAIS (ART. 5º) 67

1. Perito 67
2. Honorários periciais 69
3. Valor dos honorários periciais 69
4. Parcelamento dos honorários periciais 70
5. Adiantamento de valores dos honorários periciais 70
6. Responsabilidade do beneficiário da Justiça gratuita 72
    6.1. Disciplina anterior à Lei nº 13.467/17 (Reforma Trabalhista) 72
    6.2. Disciplina após a Lei nº 13.467/17 (Reforma Trabalhista) 77
        6.2.1. Pagamento dos honorários periciais com créditos obtidos em juízo 79
    6.3. Condição suspensiva de exigibilidade 82

SUMÁRIO

7. Responsabilidade pelo pagamento dos honorários do assistente técnico 83
8. Direito intertemporal 84

6

HONORÁRIOS ADVOCATÍCIOS (ART. 6º) 87

1. Histórico 88
2. Modalidades de honorários 90
3. Honorários de sucumbência 91
   3.1. Titularidade 92
   3.2. Valor dos honorários 92
   3.3. Critérios para fixação do valor dos honorários 93
   3.4. Honorários advocatícios no cumprimento de sentença, execução e recursos 94
   3.5. Honorários advocatícios na desistência, renúncia ou reconhecimento do pedido 94
   3.6. Honorários advocatícios no arquivamento 95
   3.7. Honorários advocatícios no acordo 96
       3.7.1. Acordo judicial 96
       3.7.2. Acordo extrajudicial 97
   3.8. Honorários advocatícios no litisconsórcio 97
   3.9. Honorários advocatícios na sucumbência recíproca 98
       3.9.1. Base de cálculo dos honorários na sucumbência recíproca 99
       3.9.2. Sucumbência em parte mínima 101
   3.10. Honorários sucumbenciais na cumulação de pedidos 102
   3.11. Honorários advocatícios nas ações contra a Fazenda Pública 104
   3.12. Honorários advocatícios e beneficiário da Justiça gratuita 106
   3.13. Honorários advocatícios na reconvenção 108
4. Honorários assistenciais 109
5. Honorários advocatícios na substituição processual pelo sindicato 114
6. Direito intertemporal 116

7

7

LITIGÂNCIA DE MÁ-FÉ (ART. 7º) 121

1. Indenização por perdas e danos 121
2. Litigância de má-fé 122
   2.1. Dedução de pretensão ou defesa contra texto expresso de lei ou fato incontroverso 123
   2.2. Alteração da verdade dos fatos 124
   2.3. Uso do processo para a obtenção de objetivo ilegal 125
      2.3.1. Ação rescisória de decisão homologatória de acordo fundada em colusão e incidência da multa por litigância de má-fé... 126
   2.4. Oposição de resistência injustificada ao andamento do processo 130
   2.5. Atuação de modo temerário em qualquer incidente ou ato do processo 131
   2.6. Provocação de incidente manifestamente infundado 131
   2.7. Interposição de recurso com intuito manifestamente protelatório ... 132
3. Dois ou mais litigantes de má-fé 134
4. Direito intertemporal (Lei nº 13.467/17) 135

8

LITIGÂNCIA DE MÁ-FÉ: INDENIZAÇÃO DA PARTE CONTRÁRIA PELOS PREJUÍZOS SOFRIDOS (ARTS. 8º E 9º) 137

1. Quadro comparativo com o NCPC 137
2. Penalidades pela litigância de má-fé 138
3. Multa pela litigância de má-fé 139
4. Indenização da parte contrária pelos prejuízos sofridos 139
5. Honorários advocatícios e despesas efetuadas 140
6. Penalidades como pressuposto recursal 141
7. Beneficiário da Justiça gratuita 143
8. Valor da causa irrisório ou inestimável 144
9. Valor da indenização 144
10. Momento da condenação 145
11. Direito intertemporal (Lei nº 13.467/17) 146

9

MULTA POR FALSO TESTEMUNHO (ART. 10) 147

1. Multa aplicada à testemunha 147
2. Conduta intencional 148
3. Fatos essenciais 149
4. Instauração de incidente 150
5. Retratação da testemunha 151
6. Momento de aplicação da multa 152
7. Resultado do julgamento da causa 152
8. Cumulação da multa com a indenização 153
9. Cumulação da multa do art. 793-D da CLT com a multa do art. 342 do CP 153
10. Destinatário da multa 154
11. Legitimidade recursal da testemunha para impugnar a multa 155
    11.1. Legitimidade da parte da demanda para impugnar a multa 156
12. Execução da multa imposta à testemunha 157
13. Direito intertemporal 158

10

EXCEÇÃO DE INCOMPETÊNCIA TERRITORIAL (ART. 11) 159

1. Generalidades 160
2. Forma de alegação da incompetência territorial 161
3. Prazo para apresentação 163
4. Necessidade de indicação do juízo competente 164
5. Suspensão do processo 164
6. Contraditório 165
7. Produção de prova oral 165
    7.1. Comprovação de juízo competente diverso do indicado na exceção 166
8. Decisão da exceção de incompetência 167
9. Recorribilidade da decisão proferida na exceção 167

10. Rito sumaríssimo 169
11. Ação civil pública 170
12. Direito intertemporal 170

11

PETIÇÃO INICIAL, PREPOSTO E AUSÊNCIA DO RECLAMANTE (ART. 12) 173

1. Petição inicial 174
   1.1. Pedido certo 174
   1.2. Pedido determinado 175
        1.2.1. Indenização por dano moral 177
   1.3. Pedido com indicação do valor 178
   1.4. Reclamação verbal 182
   1.5. Pedido incerto, indeterminado ou sem indicação de valor. Indeferimento da petição inicial 183
   1.6. Direito intertemporal acerca dos requisitos da petição inicial 188
2. Preposto 188
   2.1. Preposto e advogado 190
   2.2. Direito intertemporal 191
3. Modalidades de audiência 191
   3.1. Comparecimento das partes na audiência 192
        3.1.1. Comparecimento do reclamante 192
        3.1.2. Comparecimento do reclamado 193
   3.2. Pagamento das custas processuais na hipótese de arquivamento . 195
        3.2.1. Reclamante não beneficiário da Justiça gratuita 195
        3.2.2. Reclamante beneficiário da Justiça gratuita 197
        3.2.3. Prazo concedido para justificar a ausência na audiência .. 200
        3.2.4. Motivo legalmente justificável 200
        3.2.5. Pressuposto para ajuizamento de ação posterior 201
        3.2.6. Direito intertemporal sobre o pagamento das custas na hipótese de arquivamento da reclamação 202

4. Presença do advogado em audiência e ausência da parte 202
   4.1. Direito intertemporal do art. 844, § 5º, da CLT 206

12

EXECUÇÃO DE OFÍCIO (ART. 13) 207

1. Introdução 207
2. Legitimidade ativa para execução 207
   2.1. Partes 208
   2.2. Execução de ofício 210
       2.2.1. Bloqueio de contas bancárias (penhora on-line) 213
       2.2.2. Incidente de desconsideração da personalidade jurídica.. 215
       2.2.3. Início de ofício da fase de liquidação 217
3. Direito intertemporal 218

13

LIQUIDAÇÃO DA SENTENÇA (ART. 14) 219

1. Generalidades 219
2. Modalidades de liquidação 220
3. Liquidação por cálculos 221
   3.1. Procedimento 221
       3.1.1. Prazo para manifestação 223
4. Direito intertemporal 224

14

PROTESTO, INCLUSÃO DO NOME DO EXECUTADO EM ÓRGÃOS DE PROTEÇÃO AO CRÉDITO E BANCO NACIONAL DE DEVEDORES TRABALHISTAS (BNDT) (ART. 15) 225

1. Formas de efetivação da tutela jurisdicional 225
2. Requisitos 227
3. Direito intertemporal 230

11

15

GARANTIA OU PENHORA NOS EMBARGOS À EXECUÇÃO (ART. 16) **233**

1. Entidades filantrópicas 233
2. Diretores das entidades 234
3. Termo inicial dos embargos à execução 235
4. Efeito suspensivo dos embargos 235
5. Direito intertemporal 236

16

INCIDENTE DE DESCONSIDERAÇÃO DA PERSONALIDADE JURÍDICA (ART. 17) **239**

1. Introdução 239
2. Empresa e sócio 242
3. Dívida e responsabilidade 243
4. Responsabilidade principal e secundária 245
5. Desconsideração da personalidade jurídica 246
   5.1. Histórico 246
   5.2. Previsão legal no direito material 248
   5.3. Teorias da desconsideração da personalidade jurídica 249
   5.4. Desconsideração inversa da personalidade jurídica 253
6. Incidente de desconsideração da personalidade jurídica 254
   6.1. Procedimento previsto no NCPC 254
7. Incidente de desconsideração da personalidade jurídica no processo do trabalho 257
   7.1. Aplicabilidade 257
   7.2. Legitimidade no incidente 259
      7.2.1. Legitimidade ativa (Iniciativa) 259
         7.2.1.1. Legitimidade do Ministério Público do Trabalho 261
      7.2.2. Legitimidade passiva 263
   7.3. Suspensão do processo 263

7.4. Tutela cautelar	266
7.5. Citação e defesa	268
7.6. Instrução	270
7.7. Impugnação da decisão	271
7.7.1. Agravo de petição e depósito recursal	272
8. Direito intertemporal	275

17

UNIFORMIZAÇÃO DE JURISPRUDÊNCIA (ART. 18) 277

1. Revogação do incidente de uniformização trabalhista (§§ 3º a 6º do art. 896 da CLT) 277
2. Deveres dos tribunais 280
3. Direito intertemporal 281

18

TRANSCENDÊNCIA (ART. 19) 283

1. Generalidades 285
2. Repercussão geral 286
3. Indicadores da transcendência 288
   - 3.1. Critério econômico 289
   - 3.2. Critério político 290
   - 3.3. Critério social 291
   - 3.4. Critério jurídico 292
4. Análise da transcendência pelo relator 292
5. Recurso da decisão do relator 293
6. Sustentação oral no agravo 293
7. Fundamentação do agravo não provido 294
8. Irrecorribilidade do agravo não provido 295
9. Decisão do relator em agravo de instrumento 295
10. Análise da transcendência pelo Presidente do TRT 297
11. Direito intertemporal 298

19

DEPÓSITO RECURSAL (ART. 20) 301

1. Generalidades 301
2. Depósito em conta vinculada ao juízo 303
   2.1. Irregularidade na guia de depósito recursal 304
3. Correção monetária 305
4. Valor do depósito recursal 305
   4.1. Redução do valor do depósito recursal pela metade 307
   4.2. Diferença no recolhimento do depósito recursal 309
   4.3. Isenção do depósito recursal 309
      4.3.1. Beneficiário da Justiça gratuita 310
      4.3.2. Entidades filantrópicas 311
      4.3.3. Empresas em recuperação judicial 311
      4.3.4. Massa falida 312
      4.3.5. Empresa em liquidação extrajudicial 313
5. Substituição do depósito em dinheiro por fiança bancária ou seguro garantia judicial 314
6. Recursos que exigem o depósito recursal 316
7. Direito intertemporal 317

20

DATA DA ENTRADA EM VIGOR DA INSTRUÇÃO NORMATIVA E REVOGAÇÃO DOS ART. 2º, VIII, E 6º DA INSTRUÇÃO NORMATIVA Nº 39/2016 DO TST (ART. 21) 319

BIBLIOGRAFIA 321

APRESENTAÇÃO

A Lei nº 13.467/2017, também denominada Reforma Trabalhista, alterou mais de 100 artigos da CLT e da legislação esparsa, dos quais, aproximadamente, 40 artigos promoveram verdadeira revolução no direito processual do trabalho.

Nesse contexto, foi editada a Medida Provisória nº 808, de 14 de novembro de 2017, que modificou inúmeros aspectos do texto da Lei nº 13.467/2017. A MP também passou a prever no art. 2º que o disposto na Reforma Trabalhista deveria ser aplicado, na integralidade, aos contratos de trabalho vigentes.

Essa regra de direito intertemporal, contudo, apenas foi direcionada às mudanças relacionadas ao direito material, não alcançando a aplicação da matéria processual.

De todo modo, a MP nº 808/2017, apesar de ter entrado em vigor na data de sua publicação, como não foi apreciada pelo Congresso Nacional e, consequentemente, não foi disciplinada por decreto legislativo, perdeu sua vigência após 120 dias.

Para evitar as possíveis controvérsias sobre a aplicação temporal das alterações provocadas pela Lei nº 13.467/2017 (Reforma Trabalhista) no âmbito processual, bem como pela ausência de norma específica no texto celetista a esse respeito, o C. TST editou a Instrução Normativa nº 41/2018, aprovada pela Resolução nº 221, de 21 de junho de 2018.

A Instrução contém 21 artigos relacionados, principalmente, aos critérios de aplicação temporal das normas processuais alteradas ou incluídas pela Lei nº 13.467/2017 (Reforma Trabalhista).

De acordo com o C. TST, a IN nº 41/2018 tem como objetivo dar ao jurisdicionado a segurança jurídica indispensável à estabilidade das relações processuais, bem como preservar o ato jurídico perfeito, o direito adquirido e a coisa julgada, nos moldes do art. 5º, XXXVI, da CF/1988. Quanto às matérias de direito material, o TST, na Exposição de Motivos, expressamente esclareceu que é necessária a construção jurisprudencial, ou seja, a definição da aplicação da lei nova aos casos concretos.

Aliás, a Instrução não é exaustiva em relação a todas as regras processuais, com menção expressa nos seus considerandos de que:

(a) está pendente de apreciação pelo Tribunal Pleno do TST a arguição de inconstitucionalidade do art. 702, I, "f", da CLT; e

(b) está pendente de apreciação pelo STF a arguição de inconstitucionalidade dos arts. 790-B e 791-A da CLT (ADI nº 5766).

Ressaltamos que a Instrução Normativa nº 41/2018 do TST deve ser interpretada como ato administrativo com caráter apenas persuasivo aos magistrados de primeiro e segundo graus. Isso quer dizer que a interpretação por juízes do trabalho em sentido oposto ao que foi estabelecido na instrução não acarreta nenhuma sanção disciplinar nem mesmo possibilita o manejo da correição parcial.

Esse entendimento já foi, inclusive, manifestado em processo de consulta formulado pela Associação Nacional dos Magistrados da Justiça do Trabalho (ANAMATRA) ao Ministro Corregedor-Geral da Justiça do Trabalho, à época da expedição da IN nº 39/2016[1] (Processo nº TST-Cons-17652-49.2016.5.00.0000)[2], como é retomado nos considerandos da IN nº 41/2018.

Desse modo, a Instrução Normativa tem apenas o objetivo de nortear a atuação dos juízes e ministros da Justiça do Trabalho em relação à aplicação temporal das normas processuais impactadas pela Lei nº 13.467/2017 (Reforma Trabalhista).

---

1. A Instrução Normativa nº 39/2016 do TST teve como objetivo dispor sobre as normas do CPC/15 aplicáveis e inaplicáveis ao Processo do Trabalho.
2. A ANAMATRA havia também ajuizado ação direta de inconstitucionalidade objetivando a declaração de inconstitucionalidade formal e material da Instrução Normativa nº 39/2016 do TST, além do deferimento de medida cautelar para a suspensão da eficácia de referida instrução normativa (ADI nº 5516). A ação perdeu seu objeto diante da resposta dada pelo Ministro Corregedor-Geral da Justiça do Trabalho Renato de Lacerda Paiva (Processo nº TST-Cons-17652-49.2016.5.00.0000).

APRESENTAÇÃO

No presente livro, realizamos os comentários aos artigos da Instrução Normativa, trazendo as principais discussões acerca das regras de direito intertemporal definidas pelo C. TST e da própria aplicação e interpretação dos dispositivos e institutos mencionados em cada artigo.

Assim, abordamos os seguintes temas: regras de eficácia temporal das normas processuais; prescrição intercorrente; litisconsórcio necessário na anulação de cláusulas de acordo coletivo e convenção coletiva; custas processuais; honorários periciais; honorários advocatícios; litigância de má-fé; multa por falso testemunho; petição inicial; preposto; ausência do reclamante à audiência; execução de ofício; liquidação da sentença; protesto, inclusão do nome do executado em órgãos de proteção ao crédito e Banco Nacional de Devedores Trabalhistas; garantia ou penhora nos embargos à execução; incidente de desconsideração da personalidade jurídica; uniformização da jurisprudência; transcendência e depósito recursal.

Gostaríamos de ressaltar que, diante das grandes alterações que o direito processual do trabalho sofreu com a Lei nº 13.467/17 (Reforma Trabalhista), as críticas são de extrema importância para o crescimento da obra, de modo que ficamos abertos a recebê-las.

Élisson Miessa

1
EFICÁCIA TEMPORAL (ART. 1º)

> **IN nº 41/2018. Art. 1º** A aplicação das normas processuais previstas na Consolidação das Leis do Trabalho, alteradas pela Lei nº 13.467, de 13 de julho de 2017, com eficácia a partir de 11 de novembro de 2017, é imediata, sem atingir, no entanto, situações pretéritas iniciadas ou consolidadas sob a égide da lei revogada.

1. EFICÁCIA NO TEMPO

Com a chegada de nova lei, questiona-se a partir de qual momento ela deve ser aplicada, ganhando relevância o estudo relacionado à sua eficácia temporal, a fim de definir quais casos serão solucionados pela lei velha e em quais incidirão a lei nova.

A eficácia temporal das leis é solucionada pela Lei de Introdução às Normas do Direito Brasileiro (LINDB), que é aplicada a todas as leis, inclusive no campo processual.

Referida lei, em seu art. 1º, declina que as regras começam a vigorar em todo o país 45 dias depois de publicadas, salvo disposição em contrário.

A Lei de Introdução estabelece ainda que "a Lei em vigor terá efeito imediato e geral, respeitados o ato jurídico perfeito, o direito adquirido e a coisa julgada" (art. 6º). Impõe, portanto, a aplicação imediata da nova legislação, vedando-se, porém, a sua retroatividade.

Desse modo, na sistemática processual, os processos já finalizados sobre a vigência da lei velha não serão atingidos, enquanto que os processos ajuizados após a entrada em vigor da nova lei, a esta se submeterão.

O problema surge em relação aos processos pendentes na data da entrada em vigor da nova lei. Nesse caso e considerando que o processo, em seu aspecto exterior, é um complexo coordenado de atos processuais, discute-se como se dá a aplicação imediata da norma processual, idealizando a doutrina três sistemas para a solução do problema:

a) **sistema da unidade processual**: indica que o processo, embora possua diversos atos, é um corpo uno e indivisível, de modo que somente pode ser regulado por uma única lei. Assim, para que não haja retroatividade, aplica-se a lei antiga para todo o processo.

b) **sistema das fases processuais**: informa que o processo, embora uno, é dividido em fases processuais autônomas (postulatória, instrutória, decisória e recursal), devendo a lei nova disciplinar as fases ainda não iniciadas.

c) **sistema do isolamento dos atos processuais**: reconhece a unidade processual, mas admite que o complexo de atos do processo possa ser visto de forma isolada para efeito de aplicação da nova lei. Dessa forma, a lei nova tem aplicação perante o ato a ser iniciado. Essa teoria é a incidente em nosso ordenamento, estando disciplinada no art. 14 do CPC/2015, *in verbis*:

> Art. 14. A norma processual não retroagirá e será aplicável imediatamente aos processos em curso, respeitados os atos processuais praticados e as situações jurídicas consolidadas sob a vigência da norma revogada.

Vê-se pelo referido dispositivo que, embora a lei tenha incidência imediata, aplicando-a ao próximo ato processual a ser realizado, ela deve respeitar os atos processuais praticados e as situações jurídicas já consolidadas na vigência da norma anterior. No mesmo sentido, declina o art. 1º da IN nº 41 do TST, a seguir transcrito:

> Art. 1º A aplicação das normas processuais previstas na Consolidação das Leis do Trabalho, alteradas pela Lei nº 13.467, de 13 de julho de 2017, com eficácia a partir de 11 de novembro de 2017, é imediata, sem atingir, no entanto,

situações pretéritas iniciadas ou consolidadas sob a égide da lei revogada.

A doutrina tem anunciado que situações jurídicas consolidadas ou consumadas, na realidade, traduz-se na ideia de direito adquirido processual[1]. Portanto, a nova lei não pode violar o ato jurídico perfeito e o direito adquirido processual.

Isso significa que, se o ato processual foi realizado na época da lei anterior, a ela se submete, não devendo ser modificado ou ratificado após a entrada da nova lei. É o caso, por exemplo, do art. 840 da CLT que teve alterado o requisito da petição inicial pela Lei nº 13.467/17. Se a inicial foi ajuizada antes da entrada em vigor da lei nova, deve observar os requisitos da lei anterior, não havendo que se falar em emenda da inicial após a entrada em vigor da lei nova, a fim de se adequar aos requisitos criados por esta lei.

Essa é, portanto, a regra a ser observada no processo do trabalho.

É possível, no entanto, que o ato processual consumado sob a vigência da lei antiga produza efeitos para o futuro, viabilizando a ultratividade da lei velha.

Aliás, a aplicação da lei nova pressupõe a compatibilização com os atos anteriores realizados com a lei antiga, impondo verdadeira harmonia e coesão entre os atos processuais. Exige-se também respeito aos princípios do contraditório e do devido processual legal.

Diante dessa possibilidade de ultratividade da lei velha, da necessidade de compatibilização do procedimento e da observância dos princípios do contraditório e devido processual legal, permite-se em determinados casos a incidência da teoria da unidade processual ou da teoria das fases processuais[2]. É o que fez o CPC, por exemplo, no art. 1.047, bem como o C. TST na Instrução Normativa nº 41/2018 que trataremos no próximo tópico.

---

1. Por todos, SOARES, André Mattos, o qual cita Carlos Maximiliano, Teresa Wanbier, Luiz Wambier e Medina. Novo CPC doutrina selecionada. V. 4: procedimentos especiais, tutela provisória e direito transitório. Coord. Geral, Fredie Didier Jr; org. Lucas Buril de Macêdo, Ravi Peixoto, Alexandre Freire. Salvador: JusPodivm, 2016. p. 823.
2. SOARES, André Mattos, Novo CPC doutrina selecionada. V. 4: procedimentos especiais, tutela provisória e direito transitório. Coord. Geral, Fredie Didier Jr; org. Lucas Buril de Macêdo, Ravi Peixoto, Alexandre Freire. Salvador: JusPodivm, 2016. p. 827.

Em resumo, a regra a ser adotada no direito processual do trabalho é a teoria do isolamento dos atos processuais, admitindo-se em alguns casos a incidência da teoria da unidade, bem como a teoria das fases processuais.

2. EFICÁCIA TEMPORAL DA LEI Nº 13.467/17 (REFORMA TRABALHISTA)

O art. 6º da Lei nº 13.467/17 (Reforma Trabalhista) dispôs norma específica no tocante à sua aplicação, pois estabelece que a lei entrará em vigor após decorridos 120 dias de sua publicação oficial, sendo vigente, portanto, a partir do dia 11 de novembro de 2017 (TST-IN nº 41, art. 1º).

Considerando que nosso ordenamento adotou a teoria do isolamento dos atos processuais (CPC, art. 14), a Lei nº 13.467/17 será aplicada, em regra, aos **atos processuais a serem realizados a partir da data de sua vigência**.

No entanto, como já anunciamos no tópico anterior, em alguns casos é possível a incidência das teorias da unidade processual e das fases processuais.

Nesse contexto, o C. TST, com o objetivo de minimizar discussões futuras e afastar vícios processuais, expediu a Instrução Normativa nº 41/2018, regulamentando a aplicação das normas processuais da CLT alteradas pela Lei nº 13.467/17, estabelecendo que:

- algumas normas já serão aplicadas para o ato processual a ser realizado após a entrada em vigor da lei (teoria do isolamento dos atos processuais);

- outras, somente incidirão se a ação foi ajuizada depois da entrada em vigor da lei, de modo que dentro do processo se observará apenas uma lei: a antiga, para os processos ajuizados antes de 11.11.17 e, a nova para os ajuizados a partir desta data, inclusive (teoria da unidade processual);

- há ainda as normas que serão aplicadas apenas se não iniciada determinada fase, ou seja, se já iniciada a fase processual com base na lei anterior ela prossegue até o final sob o manto da lei antiga, incidindo a lei nova apenas para a fase processual inaugurada a partir da entrada em vigor da Reforma Trabalhista (teoria das fases processuais).

Sinteticamente, o Tribunal Superior do Trabalho aplicou as três teorias da seguinte forma:

Teoria do isolamento dos atos processuais	Teoria da unidade processual	Teoria das fases processuais
Art. 11-A, § 1º, da CLT: prescrição intercorrente (observando que a determinação judicial deve ocorrer após a entrada em vigor da lei)	Art. 790-B, caput e §§ 1º a 4º, da CLT: honorários periciais	Art. 879, § 2º, da CLT: dever de o juiz conceder prazo para impugnação fundamentada da conta de liquidação (incide apenas para as liquidações iniciadas após a entrada em vigor da lei)
Art. 611-A, § 5º, da CLT: litisconsórcio necessário	Art. 791-A e parágrafos da CLT: honorários advocatícios	Art. 883-A da CLT: prazo para protesto, inscrição do nome do executado em órgãos de proteção ao crédito e BNDT (incidente apenas para as execuções iniciadas a partir da entrada em vigor da lei)
art. 789, caput, da CLT: limite máximo para as custas processuais		Art. 884, § 6º, da CLT: não exigência de garantia do juízo para as entidades filantrópicas e seus diretores (incidente apenas para as execuções iniciadas a partir da entrada em vigor da lei)
Art. 793-A, 793-B e 793, § 1º, da CLT: atos considerados como litigância de má-fé	Art. 793-C, caput, §§ 2º e 3º, da CLT: multa por litigância de má-fé	
Art. 800 da CLT: exceção de incompetência (observada a lei em vigor na data da notificação)	Art. 793-D da CLT: multa pelo falso testemunho	
Art. 840 da CLT: requisitos da petição inicial (a indicação do valor do pedido é exigida apenas para as ações ajuizadas após a entrada em vigor da lei)	Art. 844, §§ 2º e 3º, da CLT: pagamento das custas processuais na hipótese de arquivamento da reclamação pelo não comparecimento motivado do reclamante	

Art. 843, § 3º, da CLT: preposto não empregado (aplicável para as audiências realizadas após a entrada em vigor da lei)	**Art. 844, § 5º, da CLT**: ausência do reclamado, mas presente o advogado na audiência
Art. 855-A da CLT: incidente de desconsideração da personalidade jurídica	
Art. 896, § 3º a § 6º da CLT (dispositivos revogados): incidente de uniformização de jurisprudência trabalhista (não se aplica o incidente se o recurso de revista ou agravo de instrumento estiver com o relator no TST e não foi julgado antes da entrada em vigor da lei).	**Art. 896, § 3º a § 6º da CLT** (dispositivos revogados): incidente de uniformização de jurisprudência trabalhista (continua aplicando o incidente se foi suscitado ou iniciado, no âmbito do TRT ou por decisão do TST, antes da entrada em vigor da lei).
Art. 896-A, § 1º, da CLT: indicadores da transcendência (aplicáveis para os recursos que visam impugnar acórdãos proferidos após a entrada em vigor da lei)	
Art. 899, § 4º, 9º, 10 e 11, da CLT: depósito recursal (observada a lei em vigor na data em que foi proferida a decisão impugnada).	

Pensamos que também tem aplicação imediata, incidindo a teoria do isolamento dos atos processuais, os seguintes dispositivos:

- art. 790, §§ 3 e 4º: benefício da justiça gratuita;
- art. 818: ônus da prova, especialmente porque já era aplicado o art. 373 do CPC ao processo do trabalho;
- art. 841, § 3º: desistência da ação
- art. 847, parágrafo único: defesa escrita;
- art. 855-B: processo de jurisdição voluntária para homologação de acordo extrajudicial;
- art. 876, parágrafo único: execução das contribuições sociais;

- art. 879, § 7º: atualização monetária pela taxa TR;
- art. 882: indicação do seguro-garantia judicial.
- art. 775: contagem dos prazos em dias úteis, devendo ser observada a lei da data da intimação para a prática do ato.

2

PRESCRIÇÃO INTERCORRENTE (ART. 2º)

> **IN nº 41/2018. Art. 2º.** O fluxo da prescrição intercorrente conta-se a partir do descumprimento da determinação judicial que alude o §1º do art. 11-A da CLT, desde que feita após 11 de novembro de 2017 (Lei nº 13.467/2017).

Lei nº 13.467/2017 (Reforma Trabalhista)
Art. 11-A. Ocorre a prescrição intercorrente no processo do trabalho no prazo de dois anos.
§ 1º A fluência do prazo prescricional intercorrente inicia-se quando o exequente deixa de cumprir determinação judicial no curso da execução.
§ 2º A declaração da prescrição intercorrente pode ser requerida ou declarada de ofício em qualquer grau de jurisdição.

1. CONCEITO DE PRESCRIÇÃO INTERCORRENTE

Violado o direito, nasce para o titular a pretensão (CC, art. 189), viabilizando que o titular possa exigir o cumprimento do seu direito subjetivo.

O ordenamento, no entanto, prevê prazos para que o titular do direito possa exercer seu direito, a fim de não eternizar as relações jurídicas e manter a estabilidade e a segurança jurídica de tais relações.

Caso o titular do direito subjetivo não exercite sua pretensão no prazo estabelecido em lei, surge a prescrição, neutralizando a possibilidade de exigir sua pretensão.[1]

---
1. FARIAS, Cristiano Chaves de; ROSENVALD, Nelson. *Curso de direito civil – parte geral e LINDB*. 11ª ed. Salvador: JusPodivm, 2013. p. 744.

A prescrição, como regra, ocorre quando não ajuizada a ação de conhecimento no prazo estabelecido no art. 7º, XXIX, da CF/88.

Proposta a ação, interrompe-se a prescrição (CC, art. 202; Súmula 268 do TST e OJ 392 da SDI-I do TST).

Assim, interrompida a prescrição e sabendo-se que o processo se desenvolve por impulso oficial, como regra, não há falar em nova prescrição no curso do processo, até porque neste caso não há inércia da parte.

Pode, contudo, ocorrer de o ato ser exclusivo da parte. Nesse caso, ganha destaque o parágrafo único do art. 202 do CC, o qual declina que "a prescrição interrompida recomeça a correr da data do ato que a interrompeu, ou do último ato do processo para a interromper".

Vê-se por tal dispositivo que ele tem como finalidade afastar a perpetuação da ação,[2] admitindo a existência da prescrição após o seu ajuizamento.

Aliás, essa possibilidade de existir prescrição depois do ajuizamento da ação está embasada no princípio da confiança, derivado do princípio da boa-fé (NCPC, art. 5º), impedindo comportamentos contraditórios das partes. Como bem elucidado pelo ilustre professor Raphael Miziara:

> (...) a inércia deliberada, injustificada e desinteressada do titular do direito (factum proprium), por um determinado período de tempo, cria na contraparte uma expectativa de que a posição jurídica de vantagem (venire) não mais será exercida, o que suprime do titular a possibilidade de exigência dessa pretensão.[3]

Desse modo, passa-se a admitir a prescrição para o:

1) **início da fase executiva**; e
2) **durante o curso do processo**.

No primeiro caso (início da fase de execução), denomina-se **prescrição da pretensão executiva**, tendo o mesmo prazo da ação

---

2. SUSSEKIND, Arnaldo et al. *Instituições de direito do trabalho*, v. 2. 21. ed. São Paulo: LTr, 2003, p. 1.485.
3. MIZIARA, Raphael. A tutela da confiança e a prescrição intercorrente na execução trabalhista. In: MIESSA, Élisson (coord.). *O Novo Código de Processo Civil e seus reflexos no processo do trabalho*. 2. ed. Salvador: JusPodivm, 2016. p. 824.

de conhecimento (Súmula nº 150 do STF[4]). O termo inicial é o dia imediato após o trânsito em julgado da sentença líquida ou, na hipótese de sentença ilíquida, do trânsito em julgado da decisão de liquidação.[5]

No processo do trabalho, não havia espaço para a incidência da prescrição da pretensão executiva, tendo em vista que a execução se iniciava de ofício. Contudo, com o advento da Lei nº 13.467/2017, o art. 878 da CLT foi alterado para permitir a execução de ofício "apenas nos casos em que as partes não estiverem representadas por advogado", o que significa que para os demais casos passa a ter incidência tal modalidade de prescrição. Esse prazo prescricional será de 2 anos para os contratos extintos na data do ajuizamento da ação e de 5 anos para os contratos em vigência na data do ajuizamento da ação.

No segundo caso (prescrição no curso do processo), temos a **prescrição intercorrente**, objeto do artigo em comentário, que ocorre no curso do processo, em decorrência da inércia prolongada da parte de realizar ato processual de sua incumbência.[6]

Na **fase de conhecimento**, a inércia da parte provoca a extinção do processo sem resolução do mérito, por abandono (CPC, art. 485, III), não se falando em prescrição intercorrente.

Na **fase de execução**, como regra, não ocorrerá a prescrição, porque, como dito, iniciado, o processo se desenvolve por impulso oficial. Contudo, quando o ato é exclusivo da parte, sua inércia poderá provocar a prescrição intercorrente.

Percebe-se, portanto, que a prescrição intercorrente ocorre no curso da fase de execução, como expressamente declinou o legislador no § 1º do art. 11-A em comentário.

É importante destacar ainda que, na **fase de liquidação**, em regra, não haverá prescrição, vez que pode ser iniciada de ofício. No entanto, na hipótese de liquidação por artigos (procedimento comum),

---

4. Súmula 150 do STF. Prescreve a execução no mesmo prazo de prescrição da ação.
5. STJ, AgRg no RESP 1553826/RS, rel. Min. Herman Benjamin, Segunda Turma, j. 16.2.16, *Dje* 30.5.2016.
6. Parte da doutrina entende que são expressões sinônimas prescrição da pretensão executiva e prescrição intercorrente. SCHIAVI, Mauro. *Execução no processo do trabalho.* 7. ed. São Paulo: LTr, 2015. p. 85.

por depender de iniciativa da parte, pensamos que também deverá incidir a prescrição intercorrente.[7]

2. POSICIONAMENTO DOS TRIBUNAIS ANTES DA LEI Nº 13.467/17

Antes da Lei nº 13.467/2017, muito se discutia acerca da aplicação da prescrição intercorrente ao processo do trabalho.

O Supremo Tribunal Federal, na época em que julgava matéria infraconstitucional trabalhista, declinou por meio da Súmula nº 327 que:

> *Súmula nº 327 do STF.*
> *O direito trabalhista admite a prescrição intercorrente.*

No entanto, com o advento da Emenda Constitucional nº 16/65, que alterou o art. 17 da Constituição Federal de 1946, as decisões do TST tornaram-se irrecorríveis, salvo na hipótese de matéria constitucional, o que afastou a aplicação das súmulas do STF no que tange a matéria trabalhista de âmbito infraconstitucional.

Desse modo, o TST sedimentou entendimento no sentido de não admitir a prescrição intercorrente na seara trabalhista, como se verifica pela Súmula nº 114 do TST, *in verbis*:

> *Súmula nº 114 do TST. Prescrição intercorrente.*
> *É inaplicável na Justiça do Trabalho a prescrição intercorrente.*

O C. TST fundamentou seu entendimento no fato de que, no processo do trabalho, há aplicação do princípio do impulso oficial, cabendo ao juiz do trabalho dar andamento ao processo e, na época, iniciar de ofício a fase de execução (antigo art. 878 da CLT). Aliás, o art. 40 da Lei nº 6.830/1980 (Lei de Execuções Fiscais) prevê que o juiz suspenderá a execução enquanto não localizados bens do devedor, e que durante esse prazo não correrá a prescrição. O Tribunal reafirmou a não aplicação da prescrição intercorrente no artigo 2º, VIII, da Instrução Normativa nº 39/2016, ao declinar que

---
7. DIDIER JR., Fredie *et al*. *Curso de direito processual civil: execução*. 7. ed. Salvador: JusPodivm, 2017. p. 232.

não se aplicam ao processo do trabalho os arts. 921, §§ 4º e 5º, e 924, V, do NCPC.

De nossa parte, já defendíamos[8] que era aplicável a prescrição intercorrente no processo do trabalho como medida de paz social, quando o ato dependesse exclusivamente do exequente. Aliás, o próprio art. 884, § 1º, da CLT já tratava da possibilidade de a prescrição intercorrente ser alegada em matéria de defesa.

A Lei nº 13.467/2017 pôs fim à divergência, ao acrescentar à CLT o art. 11-A, dispondo que "ocorre a prescrição intercorrente no processo do trabalho no prazo de dois anos".

3. PRAZO DE 2 ANOS

Conforme o art. 11-A da CLT, incluído pela Lei nº 13.467/2017, aplica-se o prazo de dois anos à prescrição intercorrente.

Embora o artigo seja expresso sobre o prazo a ser aplicado, pensamos que se faz necessária a análise detida sobre o tema.

É sabido que o prazo prescricional é regulado, em regra, pela norma infraconstitucional. Tanto é assim que a Constituição Federal, quando se refere à prescrição para os atos ilícitos dos agentes públicos (art. 37, § 5º) e para os créditos tributários (art. 146, III, b), remeteu o estabelecimento do prazo à lei infraconstitucional.

Quanto aos créditos trabalhistas, no entanto, a natureza da prescrição é **constitucional**. Isso porque o art. 7º da CF/88 reconheceu diversos direitos sociais aos trabalhadores urbanos e rurais. Conquanto esse dispositivo tenha como foco a concessão de direitos, o constituinte incluiu o inciso XXIX, que versa sobre o direito à ação trabalhista e especialmente acerca da sua prescrição, a qual, na realidade, não é um direito, mas sim uma restrição de direito. Queremos dizer, dentro de um rol de direitos sociais o constituinte paradoxalmente inseriu uma restrição a esses direitos. Vê-se, pois, a preocupação do constituinte em conferir *status* constitucional à prescrição trabalhista, inserindo-a num rol de direitos sociais dos trabalhadores. Nas palavras do doutrinador e magistrado Mauro Schiavi:

---

8. MIESSA, Élisson. *Processo do trabalho para concursos*. 4. ed. Salvador: JusPodivm, 2017. p. 1001.

> (...) *o fato de a prescrição constar no rol dos direitos sociais do trabalhador significa dizer que esse prazo não pode ser reduzido por lei ordinária e até mesmo por emenda constitucional, pois se trata de uma garantia fundamental do trabalhador.*[9]

Com efeito, incumbe ao legislador infraconstitucional, quando tratar de prescrição trabalhista, observar o disposto no art. 7º, XXIX, da CF, *in verbis*:

> Art. 7º *São direitos dos trabalhadores urbanos e rurais, além de outros que visem à melhoria de sua condição social:* (...)
>
> XXIX – *ação, quanto aos créditos resultantes das relações de trabalho, com prazo prescricional de* **cinco anos** *para os trabalhadores urbanos e rurais,* **até o limite de dois anos** *após a extinção do contrato de trabalho (grifo nosso).*

Nos termos do referido dispositivo constitucional, o prazo prescricional aplicado aos créditos trabalhistas é de 5 anos (prescrição quinquenal), devendo ser observado o limite de 2 anos após a extinção do contrato (prescrição bienal).

Cria-se, pois, uma modalidade *sui generis* de prazo prescricional, de modo que, não estando o contrato de trabalho extinto, observar-se-á apenas o prazo quinquenal. Por outro lado, já estando o contrato extinto, cumula-se o prazo quinquenal com o bienal.

Nesse contexto, para os contratos ainda não extintos na data do ajuizamento da ação a prescrição intercorrente deve ser de 5 anos, sendo inconstitucional, nesse aspecto, a limitação estabelecida no art. 11-A da CLT.[10]

Por sua vez, já estando o contrato extinto, a prescrição será de 2 anos.

É importante destacar que a diferença do prazo (2 ou 5 anos) leva em conta se o contrato de trabalho estava ou não em vigor **na data do ajuizamento da ação**, sendo indiferente a alteração no curso do processo. Isso ocorre porque, na realidade, a prescrição intercorrente não tem um novo prazo prescricional, mas simplesmente

---

9. SCHIAVI, Mauro. *Execução no processo do trabalho*. 7. ed. São Paulo: LTr, 2015. p. 93.
10. Em sentido contrário e defendendo o prazo de 2 anos: GUNTHER, Luiz Eduardo; ZORNIG, Cristina Maria Navarro. *Dicionário elementar de Recursos Trabalhistas*. Curitiba: Juruá, 2015. p. 222.

reinicia o prazo prescricional existente para o ajuizamento da ação de conhecimento. É que, nos termos do art. 202 do CC: "a prescrição interrompida recomeça a correr da data do ato que a interrompeu, **ou do último ato do processo para a interromper**". Assim, interrompida a prescrição com o ajuizamento da ação, no curso do processo, como regra, não corre a prescrição. No entanto, ficando o processo paralisado por ato exclusivo do exequente, reinicia a contagem da prescrição, observando-se exatamente o prazo prescricional da data do ajuizamento da ação, ou seja, 2 ou 5 anos.

Por fim, cabe mencionar que parte da doutrina entende que a prescrição intercorrente sempre será de 5 anos,[11] vez que, observado o prazo de 2 anos do término do contrato de trabalho, o único prazo prescricional que deve ser observado na seara trabalhista é o de 5 anos, inclusive na fase de execução. Noutras palavras, o prazo de 2 anos tem como termo apenas a extinção do contrato de trabalho, o que não pode ser observado em momentos posteriores, como é a fase de execução. Essa interpretação é sedutora e pertinente, mas a nosso juízo retira a natureza de prescrição do prazo bienal, considerando-se um simples termo para o ajuizamento da ação. Queremos dizer, observado o termo final de entrar com a ação em até 2 anos a contar da extinção do contrato de trabalho, não se verifica mais esse termo, e o único prazo prescricional a ser analisado é o de 5 anos. No entanto, a se adotar essa tese, inviabiliza-se qualquer modalidade de interrupção do prazo bienal, vez que ele sempre seria analisado da data da extinção do contrato.[12] Desse modo, como pensamos que o prazo bienal é prescricional e que a prescrição intercorrente é a restauração do prazo para o ajuizamento da ação, nas hipóteses de contratos já extintos, a nosso ver a prescrição intercorrente será de 2 anos.

4. SUSPENSÃO E EXTINÇÃO DA EXECUÇÃO

A prescrição intercorrente é prevista em dois momentos no Código de Processo Civil:

---

11. Nesse sentido: CORDEIRO, Wolney de Macedo. *Execução no processo do trabalho: de acordo com a Lei nº 13.105, de 16 de março de 2015*. 2. ed. Salvador: JusPodivm, 2016. p. 354.
12. Por exemplo: arquivada a reclamação trabalhista e reiniciado o prazo prescricional, para que essa tese seja coerente, apenas poderá permitir o reinício do prazo quinzenal e não o bienal, o que não pode ser admitido, vez que ambos os prazos são prescricionais, viabilizando, portanto, a interrupção dos dois prazos.

1) após a suspensão do processo por ausência de bens penhoráveis (art. 921, III, §§ 4º e 5º);

2) como forma de extinção da execução (art. 924, V).

A Lei de Execuções Fiscais (Lei nº 6.830/80) versa sobre a prescrição intercorrente após a suspensão do processo por ausência de bens penhorados e ainda na hipótese de não ser localizado o devedor.

Por sua vez, o art. 11-A da CLT trata do tema **apenas como forma de extinção da execução**, sendo omisso quanto à suspensão do processo, autorizando no caso da suspensão a aplicação supletiva do art. 921, III, §§ 4º e 5º, do CPC.

Aparentemente, o C. TST permitiu essa aplicação supletiva, uma vez que o art. 21 da Instrução Normativa nº 41 do TST revogou o art. 2º, VIII, da IN nº 39 do TST, o qual declinava que não se aplicava ao processo do trabalho os arts. 921, §§ 4º e 5º, e 924, V, do CPC. A contrario sensu, com a revogação desse artigo passa a ser permitida a aplicação do art. 921, §§ 4º e 5 º, do CPC ao processo do trabalho.

4.1. Suspensão

Em determinadas situações, uma vez iniciado o processo, pode ser necessário que o procedimento seja **suspenso**, vedando-se a prática de qualquer ato processual, com exceção de atos urgentes e que causem dano irreparável (NCPC, art. 314). A suspensão do processo, portanto, é diferente da mera paralisação, pois nesta última permite-se a prática de atos processuais.[13]

Na fase de execução, a suspensão é prevista no art. 921 do NCPC, *in verbis*:

> *Art. 921. Suspende-se a execução:*
>
> *I – nas hipóteses dos arts. 313 e 315, no que couber;*
>
> *II – no todo ou em parte, quando recebidos com efeito suspensivo os embargos à execução;*
>
> *III – quando o executado não possuir bens penhoráveis;*

---

13. DIDIER JR., Fredie *et al. Curso de direito processual civil: execução.* 7. ed. Salvador: JusPodivm, 2017. p. 446.

> *IV – se a alienação dos bens penhorados não se realizar por falta de licitantes e o exequente, em 15 (quinze) dias, não requerer a adjudicação nem indicar outros bens penhoráveis;*
>
> *V – quando concedido o parcelamento de que trata o art. 916.*
>
> *§ 1º Na hipótese do inciso III, o juiz suspenderá a execução pelo prazo de 1 (um) ano, durante o qual se suspenderá a prescrição.*
>
> *§ 2º Decorrido o prazo máximo de 1 (um) ano sem que seja localizado o executado ou que sejam encontrados bens penhoráveis, o juiz ordenará o arquivamento dos autos.*
>
> *§ 3º Os autos serão desarquivados para prosseguimento da execução se a qualquer tempo forem encontrados bens penhoráveis.*
>
> *§ 4º Decorrido o prazo de que trata o § 1º sem manifestação do exequente, começa a correr o prazo de prescrição intercorrente.*
>
> *§ 5º O juiz, depois de ouvidas as partes, no prazo de 15 (quinze) dias, poderá, de ofício, reconhecer a prescrição de que trata o § 4º e extinguir o processo.*

Observa-se no art. 921, III, do NCPC que a execução deve ser suspensa quando o executado não possuir bens penhoráveis. Nessa hipótese, a doutrina indica que, na verdade, há uma "falsa suspensão" ou "impedimento da execução", pois o juiz e mesmo o exequente podem praticar atos que objetivem a busca de bens penhoráveis, por exemplo, a requisição de informações à Receita Federal, ao sistema bancário, entre outros.[14]

A suspensão, nessa hipótese, é justificada pela impossibilidade de efetivação da execução se não houver bens a serem penhorados, vez que a responsabilidade do executado é patrimonial.[15]

A suspensão da execução deve durar no máximo 1 ano, com suspensão da prescrição. Decorrido o prazo de 1 ano, não havendo manifestação do exequente e não encontrados bens penhoráveis, os autos são arquivados, iniciando-se a contagem do prazo da prescrição intercorrente (NCPC, art. 921, §§ 1º, 2º e 4º).

---

14. DIDIER JR., Fredie *et al*. *Curso de direito processual civil: execução*. 7. ed. Salvador: JusPodivm, 2017. p. 450.
15. ABELHA, Marcelo. *Manual de direito processual civil*. 6. ed. Rio de Janeiro: Forense, 2016. p. 1.228.

O mesmo procedimento é adotado nos casos em que os bens localizados forem impenhoráveis ou insuficientes ao pagamento das custas processuais, nos termos do art. 836, *caput*, do NCPC.[16]

O art. 921 do NCPC, portanto, descreve o procedimento de suspensão do processo de execução quando não encontrados bens penhoráveis, não sendo caso de extinção.[17]

De modo semelhante, a Lei de Execuções Fiscais (Lei nº 6.830/80), no art. 40, trata também da suspensão da execução. O dispositivo declina que o juiz suspenderá o curso da execução, enquanto não for localizado o devedor ou encontrados bens sobre os quais possa recair a penhora, e, nesses casos, não correrá o prazo de prescrição.

Aliás, no caso de não localização do devedor, apenas haverá a suspensão se também não forem encontrados bens penhoráveis. Isso porque, se o devedor não for localizado, mas tiver bens penhoráveis, o devedor poderá ser citado por edital.[18]

Não localizados, portanto, bens penhoráveis e quando não for localizado o devedor, suspende-se o processo por 1 ano, arquivando-o (NCPC, art. 40, § 2º). Ato contínuo, terá início a prescrição intercorrente (Súmula nº 314 do STJ).

Percebe-se por tais procedimentos que, suspende-se o processo por 1 ano, para em seguida iniciar a prescrição intercorrente.

Isso ocorre porque a indicação de bens penhoráveis não é ato exclusivo do exequente, a legitimar o imediato início da prescrição intercorrente. Tanto é assim que o próprio executado tem o dever de indicar quais são e onde estão os bens sujeitos à penhora e os respectivos valores, além de exibir a prova de sua propriedade (NCPC, art. 774, V).

Ora, se o próprio executado tem o dever de indicar os bens a serem penhorados, sob pena de praticar ato atentatório à dignida-

---

16. Art. 836. Não se levará a efeito a penhora quando ficar evidente que o produto da execução dos bens encontrados será totalmente absorvido pelo pagamento das custas da execução. § 1º Quando não encontrar bens penhoráveis, independentemente de determinação judicial expressa, o oficial de justiça descreverá na certidão os bens que guarnecem a residência ou o estabelecimento do executado, quando este for pessoa jurídica. § 2º Elaborada a lista, o executado ou seu representante legal será nomeado depositário provisório de tais bens até ulterior determinação do juiz.
17. DIDIER JR., Fredie *et al. Curso de direito processual civil: execução*. 7. ed. Salvador: JusPodivm, 2017. p. 448.
18. TEIXEIRA FILHO, Manoel Antonio. *Execução no processo do trabalho*. 9. ed. São Paulo: LTr, 2005. p. 299.

de da Justiça, não se pode imputá-lo como ato exclusivo do exequente iniciando imediatamente a prescrição intercorrente. É por isso que o CPC e a Lei de Execuções Fiscais viabiliza a suspensão do processo.

Para não eternizar o processo, no entanto, a norma prevê um prazo limite de suspensão: 1 ano. Decorrido esse prazo sem manifestação do exequente, começa a contar o prazo prescricional.

Pensamos que essa sistemática também deve ser aplicada ao processo do trabalho quando se tratar de ausência de bens penhoráveis e também quando não localizado o devedor (por expressa determinação do art. 40 da Lei nº 6.830/80), vez que, como dito, a norma celetista é omissa quanto à suspensão do processo. Assim, havendo compatibilidade com o processo do trabalho, aplicáveis supletivamente as diretrizes do art. 40 da Lei de Execuções Fiscais e do art. 924, V e §§ 1º a 5º, do NCPC.

Aliás, no caso de não localização do devedor, apenas haverá a suspensão se também não forem encontrados bens penhoráveis. Isso porque, se o devedor não for localizado, mas tiver bens penhoráveis, o devedor poderá ser citado por edital.[19]

Ressaltamos que, embora o art. 11-A da CLT indique que o início do prazo ocorre quando o exequente deixe de cumprir determinação judicial, essa norma é dirigida aos casos em que o ato é exclusivo do exequente, o que não alcança as hipóteses de insuficiência de bens e não localização do devedor, que o termo inicial será após decorrido o prazo de 1 ano da suspensão do processo.

4.2. Extinção

A suspensão da execução é diferente da **extinção da execução**. A extinção da execução pode ocorrer com ou sem a resolução de mérito, nos termos do art. 924 do NCPC.[20]

Conforme a redação do dispositivo (NCPC, art. 924, V), observa-se que uma das causas de extinção de processo é a prescrição

---

19. TEIXEIRA FILHO, Manoel Antonio. *Execução no processo do trabalho.* 9. ed. São Paulo: LTr, 2005. p. 299.
20. Art. 924. Extingue-se a execução quando: I – a petição inicial for indeferida; II – a obrigação for satisfeita; III – o executado obtiver, por qualquer outro meio, a extinção total da dívida; IV – o exequente renunciar ao crédito; V – ocorrer a prescrição intercorrente.

intercorrente. Trata-se de hipótese de extinção da execução com resolução do mérito.

Assim, extrai-se que, paralisado o curso da execução (inclui-se a fase de liquidação) por ato exclusivo do exequente pelo período da prescrição (2 ou 5 anos), opera-se a prescrição intercorrente, extinguindo-se o processo com resolução do mérito.

Esse dispositivo é aplicado diretamente a todos os casos que não estejam ligados à ausência de bens penhoráveis e não localização do devedor. Nesses últimos casos, como já visto, o ordenamento previu um procedimento diferente e com dois momentos sucessivos:

1º) suspende-se o processo por 1 ano, suspendendo o prazo prescricional no período (Lei nº 6.830/80, art. 40, e NCPC, art. 921, § 4º), findo o qual se arquiva a execução;

2º) após o prazo da suspensão, inicia-se a contagem do prazo da prescrição intercorrente. Exaurido o prazo prescricional extinguir-se-á a execução, depois da oitiva do exequente.

5. INÍCIO DA FLUÊNCIA DO PRAZO PRESCRICIONAL

Nos termos do art. 11-A, § 1º, da CLT, "a fluência do prazo prescricional intercorrente inicia-se quando o exequente deixa de cumprir determinação judicial no curso da execução".

Conforme mencionamos, a aplicação da prescrição intercorrente permite que a pretensão executiva não se prolongue eternamente, importando para a obtenção e manutenção da paz social, desde que o ato dependa de iniciativa exclusiva do exequente.

Desse modo, caso o exequente não cumpra determinação judicial no curso da execução e **desde que o ato lhe seja exclusivo**, imediatamente se inicia o prazo da prescrição intercorrente. Pressupõe, portanto, **intimação pessoal** do exequente para que seja iniciado o prazo prescricional[21] e que o ato seja exclusivo do exequente.

Noutras palavras, o termo inicial pressupõe dois pressupostos cumulativos: intimação pessoal (determinação judicial) e ato exclusivo do exequente.

---

21. Nesse sentido: AgRg. no AREsp. 131.359-GO, relator Ministro Marco Buzzi, 4ª Turma, julgado em 20 de novembro de 2014, *DJe* 26 de novembro de 2014.

Como já dito, no entanto, esse termo inicial (termo *a quo*) somente tem aplicação quando se tratar de extinção da execução, vez que a CLT não versa sobre as hipóteses de suspensão da execução trabalhista, as quais são aplicáveis ao processo do trabalho em razão da compatibilidade com esta seara (Lei nº 6.830/80, art. 40 e NCPC, art. 921).

Com efeito, quando o executado não é localizado ou não quando são encontrados bens penhoráveis, o processo, inicialmente, deve ficar suspenso por 1 (um) ano. Apenas após decorrido esse tempo, arquiva-se o processo e se inicia automaticamente a contagem da prescrição intercorrente. No entanto, para que o prazo prescricional tenha início é dever do juiz intimar a parte do arquivamento da reclamação, por força do princípio da cooperação.

Em resumo: nas hipóteses de não ser encontrados bens ou não localizado o devedor, o termo inicial da prescrição intercorrente é a data do arquivamento da reclamação. Já nas demais hipóteses, o termo inicial é da data da intimação judicial determinando a prática de ato exclusivo do exequente.

De qualquer maneira, é importante destacar que a prescrição intercorrente é modalidade excepcional, e, como tal, deve ser interpretada de forma restritiva. Nesse contexto, mesmo que iniciada a prescrição intercorrente, mas praticado algum ato pelo exequente capaz de afastar sua inércia, começará a correr novamente o prazo prescricional dos termos *a quo* anteriormente indicados, não incidindo nesse caso a restrição de que a prescrição pode ser interrompida apenas uma vez (CC, art. 202, *caput*). Queremos dizer, a prescrição intercorrente pode ser interrompida por diversas vezes, bastando que haja ato praticado pelo exequente demonstrando que se afastou de sua inércia.

6. EXECUÇÃO FISCAL

A partir da EC nº 45/04, que incluiu o art. 114, VII, à CF/88, a Justiça do Trabalho passou a ter competência para processar e julgar "as ações relativas às penalidades administrativas impostas aos empregadores pelos órgãos de fiscalização das relações de trabalho".

A fiscalização administrativa, na seara trabalhista, é exercida pelo Ministério do Trabalho e Emprego. Desse modo, se tal órgão aplica multa a determinada empresa, caso ela não pague, o infrator terá sua cobrança inscrita em dívida ativa da União.

A Certidão de Dívida Ativa constitui título executivo extrajudicial, a ser executado, nesse caso, perante a Justiça do Trabalho, por força do art. 114, VII, da CF/88. Trata-se, portanto, de execução fiscal de competência da Justiça do Trabalho.

Na execução fiscal, aplicam-se o procedimento previsto na Lei nº 6.830/80 e, subsidiariamente, as regras estabelecidas na CLT e no NCPC.

Desse modo, quando se tratar de execução fiscal, deverão ser observadas as regras de prescrição intercorrente estabelecidas pela Lei nº 6.830/80, não se aplicando o art. 11-A da CLT, inclusive no tocante ao prazo prescricional e à necessidade de suspensão do processo para que a contagem seja iniciada, como descreve a Súmula 314 do STJ:

> Em execução fiscal, não localizados bens penhoráveis, suspende-se o processo por um ano, findo o qual se inicia o prazo da prescrição quinquenal intercorrente.

Assim, o prazo da prescrição intercorrente na execução fiscal é de 5 anos.

7. REQUERIMENTO E DECLARAÇÃO *EX OFFICIO* DA PRESCRIÇÃO INTERCORRENTE

Nos termos do art. 11-A, § 2º, da CLT, acrescentado pela Lei nº 13.467/2017, a prescrição intercorrente pode ser requerida ou declarada de ofício em qualquer grau de jurisdição.

Viabiliza, pois, que a prescrição intercorrente possa ser requerida ou declarada de ofício.

No processo do trabalho, o C. TST não admitia a declaração da prescrição de ofício, desde a época do art. 219, § 5º, do CPC/73 (NCPC, art. 487, II), sob o fundamento de que ela não se harmoniza com os princípios do direito do trabalho, especialmente o da proteção.[22]

---

22. TST-RR – 597-77.2010.5.11.0004, 3ª Turma, Rel. Min. Mauricio Godinho Delgado, data de julgamento 12.12.2012, data de publicação: 14.12.2012; TST-RR – 30800-30.2006.5.05.0036, 6ª Turma, Rel. Min. Mauricio Godinho Delgado, data de julgamento: 23.3.2011, data de publicação: 1.4.2011; TST-

De nossa parte, já admitíamos a incidência do art. 487, II e parágrafo único, do NCPC ao processo do trabalho, ante a omissão da CLT e sua compatibilidade, pois preza a segurança das relações jurídicas, além de observar o princípio da celeridade e efetividade processual.[23]

De qualquer maneira, considerando-se que a Lei nº 13.467/2017 passou a admitir expressamente a possibilidade de aplicação de ofício da prescrição intercorrente, não há como afastar, nessa hipótese, a atuação *ex officio*. Essa já era a disciplina adotada na Lei nº 6.830/80, art. 40, § 4º, e no art. 921, § 5º, do NCPC.

Antes, contudo, de declarar a extinção do processo em razão da fluência do prazo da prescrição intercorrente, é necessário que o juiz intime o exequente, como determinam os arts. 40, § 4º, da Lei nº 6.830/80 e 921, § 5º, do NCPC.[24] No mesmo sentido, dispõe o art. 487, parágrafo único, do NCPC, *in verbis*:

> *Parágrafo único. Ressalvada a hipótese do § 1º do art. 332, a prescrição e a decadência não serão reconhecidas sem que antes seja dada às partes oportunidade de manifestar-se.*

Essa obrigação de intimação prévia decorre do princípio do contraditório e, consequentemente, da vedação de decisões surpresa, conforme declinam os arts. 9º e 10 do NCPC, aplicáveis subsidiariamente ao processo do trabalho (TST-IN nº 39/2016, art. 4º):

> *Art. 9º Não se proferirá decisão contra uma das partes sem que ela seja previamente ouvida.*
>
> *Parágrafo único. O disposto no caput não se aplica:*
>
> *I – à tutela provisória de urgência;*
>
> *II – às hipóteses de tutela da evidência previstas no art. 311, incisos II e III;*
>
> *III – à decisão prevista no art. 701.*
>
> *Art. 10. O juiz não pode decidir, em grau algum de jurisdição, com base em fundamento a respeito do qual não se tenha dado*

RR-117900-26-2007-5-03-0074, 6ª Turma, Rel. Min. Aloysio Correia da Veiga, *DEJT* de 26.11.2010; TST-E-EDRR-689699-38-2000-5-22-5555, SBDI-1, Rel. Min. Lélio Bentes Corrêa, *DEJT* de 21.5.2010.

23. MIESSA, Élisson. *Processo do trabalho para concursos*. 4. ed. Salvador: JusPodivm, 2017. p. 483.

24. **Art. 921, § 5º.** O juiz, depois de ouvidas as partes, no prazo de 15 (quinze) dias, poderá, de ofício, reconhecer a prescrição de que trata o § 4º e extinguir o processo.

às partes oportunidade de se manifestar, ainda que se trate de matéria sobre a qual deva decidir de ofício.

Observa-se pelos supracitados dispositivos que, apesar de mantida a possibilidade de o juiz reconhecer de ofício determinadas matérias, antes de reconhecê-las deverá dar à parte a oportunidade de se manifestar, com o objetivo de influenciar o julgador sobre o tema. Distingue-se, portanto, a atuação de ofício do julgador, ou seja, sem provocação das partes, da atuação sem oitiva das partes, o que não é permitido pelo ordenamento à luz do princípio do contraditório. Assim, em regra, mesmo os casos de atuação de ofício devem ser conjugados com a possibilidade de manifestação prévia das partes, evitando-se, assim, as decisões surpresa.

No reconhecimento da prescrição é de extrema relevância a intimação prévia da parte, para que possa apresentar especialmente os casos de interrupção e suspensão da prescrição.

Cabe destacar que o próprio C. TST veda que os juízes profiram decisões surpresa, no art. 4º da IN nº 39 do TST.

Para o Tribunal, decisão surpresa corresponde à decisão que, "no julgamento final do mérito da causa, em qualquer grau de jurisdição, aplicar fundamento jurídico ou embasar-se em fato não submetido à audiência prévia de uma ou de ambas as partes" (TST-IN nº 39/2016, art. 4º, § 1º), como é o caso da prescrição.

Por outro lado, o C. TST não considera surpresa a decisão que, "à luz do ordenamento jurídico nacional e dos princípios que informam o Direito Processual do Trabalho, as partes tinham obrigação de prever, concernente às condições da ação, aos pressupostos de admissibilidade de recurso e aos pressupostos processuais, salvo disposição legal expressa em contrário" (TST-IN nº 39/2016, art. 4º, § 2º).

O C. TST, portanto, restringe a ideia de decisões surpresa, aplicando-as apenas quando se tratar de decisão de mérito, afastando sua incidência quando a decisão estiver ligada às condições da ação, aos pressupostos de admissibilidade de recurso e aos pressupostos processuais, salvo disposição legal expressa em contrário.

Assim, por representar a decisão que decreta a prescrição intercorrente causa de extinção do processo com resolução do mérito, até mesmo sob a luz do posicionamento restritivo do C. TST faz-se necessária a prévia intimação das partes para o exercício do contraditório, evitando a prolação de decisão surpresa.

8. MOMENTO DA DECLARAÇÃO DA PRESCRIÇÃO INTERCORRENTE

O art. 11-A, § 2º, da CLT ainda prevê que a prescrição intercorrente possa ser requerida ou declarada de ofício em **qualquer grau de jurisdição**.

Como regra, a decretação da prescrição intercorrente ocorrerá na **instância ordinária**, pois sua análise depende da verificação de elementos fáticos. É esse o entendimento, ainda, da Súmula nº 153 do TST:

> *Súmula nº 153 do TST. Prescrição.*
> *Não se conhece de prescrição não arguida na instância ordinária.*

Considerando, porém, que o art. 11-A, § 2º, da CLT descreve que a prescrição intercorrente pode ser requerida e declarada em qualquer grau de jurisdição, é possível surgir questionamento acerca da sua incidência na instância extraordinária.

A princípio, não será cabível recurso de revista para discutir a prescrição intercorrente, uma vez que, na fase de execução, o cabimento desse recurso é admitido apenas quando houver ofensa direta e literal de norma da Constituição Federal (CLT, art. 896, § 2º, e Súmula nº 266 do TST).

Desse modo, o não reconhecimento da prescrição intercorrente é caso de violação de lei federal (art. 11-A da CLT), obstando o cabimento do recurso de revista para atacar essa matéria. Por outro lado, na hipótese reconhecimento e incidência da prescrição intercorrente, o C. TST tem entendido que há violação da coisa julgada, prevista no art. 5º, XXXVI, da Constituição Federal,[25] viabilizando, nesse caso, a interposição do recurso de revista.

---

25. Nesse sentido: Recurso de revista interposto de decisão publicada na vigência da Lei nº 13.015/2014. Execução de sentença. Prescrição intercorrente. Inaplicabilidade ao processo do trabalho. Nos termos da Súmula 114 do TST, a prescrição intercorrente é inaplicável na Justiça do Trabalho. Além disso, esta Corte Superior, responsável pela unidade do sistema jurídico-processual trabalhista, vem adotando posicionamento segundo o qual, em razão da possibilidade de impulso oficial na execução trabalhista (art. 878 da CLT), a pronúncia da prescrição intercorrente ou superveniente por inércia do exequente malfere a coisa julgada. Violação, que se reconhece, do artigo 5º, XXXVI,

Destaca-se que, tratando-se de execução fiscal, o cabimento do recurso de revista é admitido em três hipóteses: a) por violação de lei federal; b) por divergência jurisprudencial; e c) por ofensa à Constituição Federal (CLT, art. 896, § 10). Assim, na execução fiscal, viabiliza-se o recurso de revista para atacar tanto o reconhecimento como a não declaração da prescrição intercorrente, enquanto nas demais execuções será cabível apenas no caso de reconhecimento.

Com efeito, admitindo-se o recurso de revista, é possível indagar se a prescrição poderá ser analisada pelo C. TST, pois, como dito, ela está ligada a aspectos fáticos.

É sabido que os recursos de natureza extraordinária se fundam na tutela do direito objetivo, buscando sua exata aplicação, impedindo a verificação fática. Contudo, é necessário registrar que, nesses recursos, o direito subjetivo pode ser tutelado, mas apenas de **modo indireto**, ou seja, a tutela do direito objetivo pode provocar benefícios para o direito subjetivo.

Isso ocorre porque o TST poderá fazer a **qualificação jurídica** dos fatos. Esses fatos, porém, somente **podem ser qualificados se forem incontroversos ou se constarem do acórdão regional**. Desse modo, se a parte pretende aduzi-los no recurso de revista e eles não são incontroversos, incumbe-lhe interpor os embargos de declaração para que todos os fatos **importantes** constem expressamente no acórdão regional, levando-os ao TST para sua qualificação jurídica.[26]

Assim, se a parte pretende impugnar a prescrição intercorrente (efeito devolutivo), os fatos relacionados a ela devem estar sedimentados no acórdão ou ser incontroversos, permitindo, portanto, que o C. TST possa, por exemplo, definir se o prazo é de 5 ou 2 anos.

Aliás, nesse caso, mantém-se a exigência do prequestionamento para que a Corte superior possa analisar a matéria.

No entanto, a partir do momento em que se permite que a prescrição pode ser reconhecida de ofício (art. 11-A, § 2º, da CLT), ela ganha facetas de matéria de ordem pública, atraindo a discussão sobre se é aplicável o efeito translativo, que permite reconhecer na instância

---

da Constituição Federal. Recurso de revista conhecido e provido (RR nº 18100-89.2005.5.18.0102, 7ª Turma do TST, Rel. Cláudio Mascarenhas Brandão. j. 08.03.2017, publ. 17.03.2017).

26. MIESSA, Élisson; CORREIA, Henrique. *Súmulas e Orientações Jurisprudenciais do TST comentadas e organizadas por assunto*. 8. ed. Salvador: JusPodivm, 2016. p. 1.344.

recursal matéria de ordem pública de ofício. Queremos dizer, mesmo que não haja prequestionamento e impugnação da prescrição intercorrente no recurso, é possível a declaração de ofício da prescrição na instância extraordinária?

Para uns, os recursos extraordinários, por estarem vinculados ao exame do direito objetivo, exigem sempre a presença do prequestionamento. Noutras palavras, nos recursos de natureza extraordinária somente há manifestação do Tribunal Superior sobre as matérias previamente decididas e levantadas expressamente pelo recorrente. Isso quer dizer que, para essa tese, o efeito translativo não tem aplicação nos recursos de natureza extraordinária, como é o caso no processo do trabalho dos recursos de revista, embargos para a SDI e do recurso extraordinário para o STF. Assim, mesmo que se trate de matéria de ordem pública, fato superveniente ou prescrição, o recorrente deverá expressamente demonstrar sua insurgência no recurso de natureza extraordinária, com a finalidade de preencher o pressuposto do prequestionamento capaz de legitimar a atuação do TST.

Para a outra parte da doutrina e da jurisprudência, embora os recursos de natureza extraordinária se submetam ao prequestionamento, exigindo decisão prévia acerca do tema, trata-se de pressuposto recursal específico desses recursos. Desse modo, o prequestionamento está ligado ao juízo de admissibilidade, o que significa que, superado este juízo, o tribunal ultrapassa a questão do prequestionamento, podendo, a partir daí, conhecer todos os demais fundamentos relacionados ao capítulo impugnado, inclusive conhecendo de ofício matérias de ordem pública e da prescrição.

O requisito do prequestionamento, portanto, tão somente viabiliza a abertura da instância especial, não impedindo a incidência do efeito translativo após o conhecimento do recurso. Nas palavras do doutrinador Nelson Nery, nessa segunda fase "incide o regime jurídico da teoria geral dos recursos como um todo, inclusive com a incidência do efeito translativo: exame pelo STF e STJ,81 *ex officio*, das matérias de ordem pública".[27]

No mesmo sentido, declina Fredie Didier Jr. ao tratar da profundidade do efeito devolutivo:

---

27. NERY Jr., Nelson. *Teoria Geral dos recursos*. 7. ed. São Paulo: Revista dos Tribunais, 2014. p. 466.

> (...) *poderá o STF/STJ analisar matéria que não foi examinada na instância a quo, pois o prequestionamento diz respeito apenas ao juízo de admissibilidade. O juízo de rejulgamento da causa é diferente do juízo de admissibilidade do recurso extraordinário: para que admita o recurso é indispensável o prequestionamento, mas, uma vez admitido, no juízo de rejulgamento não há qualquer limitação cognitiva, a não ser a limitação horizontal estabelecida pelo recorrente (extensão do efeito devolutivo). Conhecido o recurso excepcional, a profundidade do efeito devolutivo não tem qualquer peculiaridade. Nada há de especial no julgamento de um recurso excepcional; o "excepcional" em recurso excepcional está em seu juízo de admissibilidade, tendo em vista as estritas hipóteses de cabimento.*

E arremata:

> *Para fins de impugnação (efeito devolutivo), somente cabe o recurso extraordinário/especial se for previamente questionada, pelo tribunal recorrido, determinada questão jurídica. Para fins de julgamento (efeito translativo ou profundidade do efeito devolutivo), porém, uma vez conhecido o recurso extraordinário/especial, poderá o tribunal examinar todas as matérias que possam ser examinadas a qualquer tempo, inclusive a prescrição, decadência e as questões de ordem pública de que trata o § 3º do art. 485 do CPC, "porque não é crível que, verificando a nulidade absoluta ou até a inexistência do processo [ou do próprio direito, acrescente-se], profira decisão eivada de vício, suscetível de desconstituição por meio de ação rescisória ou ação declaratória de inexistência de decisão".*

O Novo CPC passa a acolher o segundo entendimento, conforme se observa no art. 1.034, parágrafo único:

> *Parágrafo único. Admitido o recurso extraordinário ou o recurso especial por um fundamento, devolve-se ao tribunal superior o conhecimento dos demais fundamentos para a solução do capítulo impugnado.*

Referido dispositivo é aplicado ao processo do trabalho, nos termos do art. 12 da IN nº 39/2016:

> Art. 12. Aplica-se ao Processo do Trabalho o parágrafo único do art. 1.034 do CPC. Assim, admitido o recurso de revista por um fundamento, devolve-se ao Tribunal Superior do Trabalho o conhecimento dos demais fundamentos para a solução apenas do capítulo impugnado.

Desse modo, o novel dispositivo destaca que o prequestionamento está ligado ao juízo de admissibilidade, o que significa que, uma vez superado, é possível a Corte superior invocar matérias de ordem pública, ainda que não decididas nas instâncias inferiores.

Na realidade, teoricamente, os recursos extraordinários têm três momentos distintos e sucessivos:

1º) análise dos pressupostos recursais;

2º) juízo sobre a alegação de ofensa constitucional ou lei federal;

3º) julgamento da causa, aplicando o direito em espécie.[28]

No primeiro momento, faz-se a análise dos pressupostos extrínsecos e intrínsecos, inclusive da presença do prequestionamento. Estando presentes, passa-se a verificar a efetiva violação dos dispositivos indicados como afrontados (2º momento).

Reconhecida a violação constitucional ou de lei federal, o Tribunal Superior pode determinar o retorno dos autos à origem, atuando-se apenas como corte de cassação. No entanto, pode o Tribunal, em vez de determinar o retorno dos autos à origem, entrar no terceiro momento, agindo como corte de revisão. Nesse caso, rejulgará a causa, podendo analisar todos os fundamentos ligados ao capítulo impugnado, incluindo fatos supervenientes, matérias de ordem pública, prescrição e vícios da decisão, o que significa que, nesse momento, incide o efeito translativo.[29]

Assim, nos recursos extraordinários, ainda que não haja impugnação da prescrição intercorrente, é cabível sua declaração de ofício no juízo de revisão (terceiro momento).

Destacamos novamente que, na hipótese impugnação pelo recorrente da prescrição intercorrente no recurso de natureza extra-

---

28. STJ, RE 346736, AgR-ED, Rel. Min. Teori Zavascki, 2ª Turma, *DJe* 18.6.2013.
29. MIESSA, Élisson. *Manual dos Recursos Trabalhistas: teoria e prática: Teoria Geral e Recursos em espécie.* 2. ed. Salvador: JusPodivm, 2017. p. 213.

ordinária, mantém-se a exigência do prequestionamento, já que, no caso, o que autoriza a abertura da instância superior é a própria análise da prescrição intercorrente. Nesse sentido, leciona Daniel Assumpção Neves:

> Caso o recurso especial ou extraordinário tenha como objeto somente a pretensa ofensa a uma matéria de ordem pública que não tenha sido discutida e decidida pelo Tribunal, o recurso não deverá ser conhecido, e assim tal matéria jamais chegará a ser analisada. Mas se outra matéria qualquer foi objeto de prequestionamento e é impugnada pelo recorrente, o recurso deve ser conhecido e a partir desse momento admite-se o enfrentamento das matérias de ordem pública (alegadas pelo recorrente ou de ofício).[30]

9. DIREITO INTERTEMPORAL

A disciplina sobre a aplicação do direito intertemporal é dada pelo art. 6º da Lei de Introdução às Normas do Direito Brasileiro, o qual prevê:

> **Art. 6º** A Lei em vigor terá efeito imediato e geral, respeitados o ato jurídico perfeito, o direito adquirido e a coisa julgada.

Assim, há aplicação imediata à norma, sem que viole o direito adquirido e o ato jurídico perfeito. Isso significa que, entendendo que a prescrição intercorrente foi inserida no ordenamento trabalhista com o advento da Lei nº 13.467/2017, o início da contagem se daria com a entrada em vigor da norma, valendo daquela data em diante sem atingir atos passados.

Cabe destacar que, embora houvesse, antes mesmo de a Lei nº 13.467/2017 ter acrescentado o art. 11-A à CLT, posicionamentos doutrinário (inclusive o nosso) e jurisprudencial favoráveis à aplicação da prescrição intercorrente à seara trabalhista, como o tema não era pacificado, prevalecendo, inclusive, a sua não aplicação (Súmula nº 114 do TST), acreditamos que, para as execuções que já estejam

---

30. NEVES, Daniel Amorim Assumpção. *Manual de direito processual civil*. 7. ed. Rio de Janeiro: Forense; São Paulo: Método, 2015. p. 685.

em andamento, o início da contagem da prescrição ocorrerá com a entrada em vigor da Lei. Aplica-se, portanto, a mesma sistemática do art. 1.056 do NCPC, o qual determinou que, para as execuções em andamento, considera-se o início da vigência do Código para a contagem da prescrição intercorrente.

O C. TST, porém, não acolheu esse termo inicial.

No artigo em comentário, a Corte Trabalhista definiu como termo inicial a **data da determinação judicial que impõe a realização do ato processual**.

Desse modo, ainda que o processo já estivesse paralisado antes de 11.11.2017 (data da entrada em vigor da Lei nº 13.467/2017), o prazo não começará a contar logo após a entrada em vigor da lei, mas tão somente depois da determinação judicial.

3

LITISCONSÓRCIO NECESSÁRIO NA ANULAÇÃO DE CLÁUSULAS DE ACORDO COLETIVO E CONVENÇÃO COLETIVA (ART. 3º)

> IN nº 41/2018. Art. 3º A obrigação de formar o litisconsórcio necessário a que se refere o art. 611-A, §5º, da CLT dar-se-á nos processos iniciados a partir de 11 de novembro de 2017 (Lei nº 13.467/2017).

Lei nº 13.467/2017 (Reforma Trabalhista)
Art. 611-A (...)
§ 5º Os sindicatos subscritores de convenção coletiva ou de acordo coletivo de trabalho deverão participar, como litisconsortes necessários, em ação individual ou coletiva, que tenha como objeto a anulação de cláusulas desses instrumentos.

1. LITISCONSÓRCIO: GENERALIDADES

Em regra, temos a formação mínima do processo com a presença de um autor, um réu e o juiz. Pode acontecer, no entanto, de estarem nos polos da ação mais do que um autor ou um réu. Tem-se aqui o denominado litisconsórcio, que é o fenômeno processual decorrente da existência de dois ou mais sujeitos figurando no polo ativo, passivo ou em ambos os polos da demanda. Trata-se, pois, de cumulação subjetiva.

Diz o art. 842 da CLT:

Sendo várias as reclamações e havendo identidade de matéria, poderão ser acumuladas num só processo, se se tratar de empregados da mesma empresa ou estabelecimento.

É o caso, por exemplo, de dois empregados ajuizarem uma reclamação trabalhista contra a mesma empresa para cobrar o pagamento das horas extras devidas.

Embora o dispositivo da CLT supramencionado trate da cumulação subjetiva conjugada com a cumulação objetiva (cumulação de pedidos), restringindo, de certo modo, o cabimento do litisconsórcio, a doutrina é pacífica no sentido de aplicarmos **supletivamente**[1] as diretrizes do CPC ao processo do trabalho.

Desse modo, haverá litisconsórcio no processo do trabalho quando duas ou mais pessoas litigarem, no mesmo processo, em conjunto, ativa ou passivamente, desde que:

I – entre elas houver comunhão de direitos ou de obrigações relativamente à lide;

II – entre as causas houver conexão pelo pedido ou pela causa de pedir;

III – ocorrer afinidade de questões por ponto comum de fato ou de direito (NCPC, art. 113).

Referido instituto é classificado de quatro formas:

1) Quanto à posição, o litisconsórcio pode ser:

a) ativo, quando tiver mais de um autor. No processo do trabalho, utiliza-se a expressão reclamação plúrima quando temos mais de um reclamante.

b) passivo, na hipótese de mais um réu; ou

c) misto, quando existir mais de um autor e mais de um réu, cumulativamente.

2) Quanto à obrigatoriedade, o litisconsórcio é facultativo ou necessário.

Diz-se **litisconsórcio facultativo** quando **for opção das partes formá-lo**. Por outro lado, o **litisconsórcio necessário é aquele que**

---

1. Supletividade corresponde à aplicação do NCPC quando, apesar de a legislação trabalhista disciplinar determinado instituto, não o faz de modo completo.

deve ser formado obrigatoriamente, independentemente da vontade das partes, seja por imposição legal ou pela própria natureza da relação jurídica controvertida (NCPC, art. 114).

O juiz poderá limitar o litisconsórcio facultativo quanto ao número de litigantes na fase de conhecimento, na liquidação de sentença ou na execução, quando este comprometer a rápida solução do litígio ou dificultar a defesa ou o cumprimento da sentença (NCPC, art. 113, § 1º). O requerimento de limitação interrompe o prazo para manifestação ou resposta, que recomeça da intimação da decisão que o solucionar (NCPC, art. 113, § 2º).

3) Quanto ao resultado, o litisconsórcio divide-se em simples e unitário.

O litisconsórcio será **simples** quando o juiz **puder decidir de modo diverso** para cada um dos litisconsortes. Trata-se de mera possibilidade, nada impedindo que o juiz profira decisão idêntica.

Por outro lado, o **litisconsórcio será unitário** quando, pela natureza da relação jurídica, o juiz estiver **obrigado a decidir o mérito de maneira uniforme** para todos os litisconsortes (NCPC, art. 116).

4) Quanto ao momento de formação, tem-se o inicial e o ulterior.

Será inicial quando já existe no começo da demanda, e ulterior quando surge no decorrer da demanda.

Salienta-se que todas as classificações podem ser conjugadas, ou seja, o litisconsórcio poderá ser, por exemplo, ativo, necessário, unitário e inicial.

Ademais, os litisconsortes serão considerados, em suas relações com a parte adversa, litigantes distintos, exceto no caso do litisconsórcio unitário, caso em que os atos e as omissões de um não prejudicarão os outros, mas os poderão beneficiar (NCPC, art. 117).

1.1. Litisconsórcio necessário

Como já aludido, o litisconsórcio necessário pode decorrer:

- da lei; ou
- da natureza da relação jurídica controvertida.

O litisconsórcio necessário quando derivado da lei é criado por conveniência do legislador[2]. "Basta que a lei, por questão de conveniência e buscando preservar a harmonização dos julgados e a eficiência, imponha a obrigatoriedade"[3].

O litisconsórcio necessário decorrente de lei pode gerar resultado simples ou unitário. Noutras palavras, o litisconsórcio necessário, quando decorrente da lei, poderá ser também um litisconsórcio simples, desde que a decisão possa ser diferente para cada um dos litisconsortes.

Na segunda hipótese, a própria natureza da relação, por ser incindível, impõe a formação do litisconsórcio. Nesse caso, o litisconsórcio será necessário e unitário, porque a relação jurídica é indivisível, exigindo uma decisão idêntica para todos os litisconsortes.

Em resumo, quando o litisconsórcio necessário originar-se da lei, ele poderá ser simples ou unitário, mas, quando for necessário em decorrência da natureza da relação jurídica, ele sempre será unitário.

2. LITISCONSÓRCIO NECESSÁRIO NA ANULAÇÃO DE CLÁUSULAS DE ACORDO COLETIVO E CONVENÇÃO COLETIVA

O art. 611-A, § 5º, da CLT, incluído pela Lei nº 13.467/2017, criou uma nova hipótese de litisconsórcio necessário legal, ao exigir que os sindicatos subscritores de convenção coletiva ou do acordo coletivo participem como litisconsortes necessários, em ações individuais ou coletivas, que tenham como objeto a anulação das cláusulas desses instrumentos.

Esse dispositivo deve ser analisado sob dois enfoques: ação coletiva e ação individual.

2.1. Ação coletiva

A ação coletiva destinada a anular cláusula de acordo coletivo ou convenção coletiva de trabalho é denominada de ação anulatória de cláusulas convencionais, estando prevista no art. 83, IV, da LC nº 75/93, *in verbis*:

---

2. ASSIS, Araken. *Processo civil brasileiro, volume II: parte geral: institutos fundamentais:* tomo 1. São Paulo: Editora Revista dos Tribunais, 2015. p. 245.
3. DIDIER JR., Fredie. *Curso de direito processual: introdução ao direito processual civil, parte geral e processo de conhecimento*, vol. 1. 18. ed. Salvador: Editora JusPodivm, 2016. p. 463.

> *Art. 83. Compete ao Ministério Público do Trabalho o exercício das seguintes atribuições junto aos órgãos da Justiça do Trabalho:*
>
> *(...)*
>
> *IV - propor as ações cabíveis para declaração de nulidade de cláusula de contrato, acordo coletivo ou convenção coletiva que viole as liberdades individuais ou coletivas ou os direitos individuais indisponíveis dos trabalhadores;*

Embora o referido dispositivo seja direcionado à atribuição do Ministério Público do Trabalho, o C. TST entende que ela deve ser estendida, de forma excepcional, aos entes sindicais subscreventes da norma coletiva, "quando demonstrado vício de vontade ou alguma das irregularidades descritas no art. 166 do Código Civil, ou aos sindicatos representantes das categorias econômicas e/ou profissionais, que não subscreveram a norma coletiva, mas que se sintam prejudicados em sua esfera jurídica, em decorrência do instrumento pactuado".

Portanto, a legitimidade ativa da ação anulatória poderá ser do Ministério Público do Trabalho ou das entidades sindicais, podendo atuar nesse caso em litisconsórcio facultativo.

No que tange à legitimidade passiva, a doutrina já apontava que os legitimados eram as partes signatárias do instrumento com vícios: sindicatos patronais e profissionais nos casos de convenção coletiva de trabalho e sindicato profissional e uma ou mais empresas nos casos de acordo coletivo de trabalho (CLT, art. 611, caput e § 1º), exigindo-se, portanto, litisconsórcio passivo necessário. Atente-se para o fato de que, embora o § 5º exija a participação apenas dos sindicatos subscritores, no caso de acordo coletivo as empresas subscritoras também devem participar do polo passivo.

É que nessas hipóteses a própria natureza da relação jurídica é incindível, de modo que se exige decisão uniforme. Queremos dizer, nesses casos, o litisconsórcio será necessário e unitário, porque a relação jurídica é indivisível, impondo, por isso, uma decisão idêntica para todos os litisconsortes.

Como bem descreve o doutrinador Daniel Assumpção Neves, ao tratar do litisconsórcio necessário criado por lei, "a necessidade proveniente em lei não tem nenhuma outra justificativa que não a expressa determinação legal, mas é possível que a exigência legal seja até mesmo inútil, porque em virtude do caso concreto o litisconsórcio seria necessário de qualquer modo" ⁴.

Nesse particular, portanto, o dispositivo em comentário apenas reforça o que a doutrina e a jurisprudência já afirmavam, sendo inútil a determinação legal nesse sentido, vez que sendo incindível a relação jurídica, o litisconsórcio já era necessário.

Cumpre destacar que o art. 83, IV, da LC 75/93, dispõe que a ação anulatória tem como finalidade a proteção das liberdades individuais ou coletivas ou os direitos individuais indisponíveis dos trabalhadores quando prejudicados nas relações de trabalho, mesmo quando o prejuízo advir dos sindicatos representativos.

Desse modo, os acordos coletivos e as convenções coletivas de trabalho podem ser objeto de anulação quando não respeitarem os requisitos formais e materiais exigidos.

São requisitos formais: a) norma escrita; b) publicidade (mediante registro no Ministério do Trabalho e Previdência Social); c) publicação nos sindicatos; d) aprovação pela assembleia geral dos interessados; e) quórum (número necessário para que ocorra a deliberação em assembleia); f) prazo máximo de vigência de 2 anos.

No tocante ao conteúdo material das convenções coletivas, exige-se que sejam respeitados direitos fundamentais e indisponíveis dos trabalhadores.

Destaca-se que o art. 8º, § 3º, da CLT, incluído pela Lei nº 13.467/2017 limitou a análise dos acordos coletivos e convenções coletivas aos elementos essenciais do negócio jurídico (CC/02, art. 104), exigindo que a atuação da Justiça do Trabalho baseie sua atuação no princípio da intervenção mínima na autonomia da vontade coletiva. Tal dispositivo é inconstitucional por violar, frontalmente, a separação dos poderes, restringindo a função típica do judiciário de julgar.

2.2. Ação individual

A análise da nulidade das cláusulas de instrumentos coletivos também pode ser realizada por meio de ações individuais, cabendo verificá-la sob dois aspectos:

---

4. NEVES, Daniel Amorim Assumpção. *Novo Código de Processo Civil Comentado*. Salvador: Editora JusPodivm, 2016. p. 182.

1) ação individual com pedido de declaração de nulidade;

2) ação individual com pedido incidental de nulidade.

No primeiro caso, o pedido de declaração de nulidade corresponde ao objeto da demanda. Melhor analisando o tema[5], pensamos que esse pedido não é admitido, sob pena de transformar a ação individual em coletiva, transferindo a legitimidade do ente coletivo para o trabalhador individualmente considerado. Ademais, a ação cabível nesse caso é a ação anulatória de competência funcional dos tribunais, como já estudado no tópico anteriormente.

O segundo caso (declaração incidental) é o tratado no art. 611-A, § 5º, da CLT.

Como já analisado, o litisconsórcio necessário criado por imposição legal decorre de conveniência do legislador, bastando que "a lei, por questão de conveniência e buscando preservar a harmonização dos julgados e a eficiência, imponha a obrigatoriedade"[6].

Foi o que o legislador fez na hipótese de ação individual com declaração incidental de nulidade de cláusula convencional, impondo a participação dos sindicatos subscritores quando houver discussão de validade da cláusula.

Embora nesse caso o pedido do processo não seja a declaração da nulidade, o que afastaria a formação de coisa julgada em relação aos sindicatos subscritores, o legislador, pautado pela necessidade de harmonizar o julgado para outros processos e para que o sindicato possa se manifestar acerca da validade da cláusula convencional, impôs a formação do litisconsórcio.

Particularmente não concordamos com a opção do legislador. Primeiro, porque não há pedidos na ação individual em face dos sindicatos, afastando a formação de coisa julgada. Segundo porque pode gerar tumulto processual.

De qualquer maneira, sendo opção concedida ao legislador, cumpre-nos observar o litisconsórcio necessário legal instituído para o presente caso.

---

5. Reformulamos nosso entendimento firmado na 1ª Edição da obra. *Manual da Reforma Trabalhista – Lei nº 13.467/17. O que mudou? Comentários artigo por artigo.* Salvador: Editora Juspodivm, p. 561.

6. DIDIER JR., Fredie. *Curso de direito processual: introdução ao direito processual civil, parte geral e processo de conhecimento*, vol. 1. 18. ed. Salvador: Editora JusPodivm, 2016. p. 463.

2.2.1. Casos repetitivos

O ordenamento brasileiro, embasado nos conflitos de massa e com o objetivo de garantir maior segurança jurídica e isonomia aos jurisdicionados, criou um microssistema de julgamento de casos repetitivos, buscando impedir que casos semelhantes possuam decisões distintas e contraditórias.

Esse microssistema é subdividido em dois microssistemas:

a) microssistema de formação concentrada de precedentes obrigatórios: institui um procedimento para que determinadas decisões sejam de observância obrigatória em outros processos, impondo aos tribunais a criação de bancos de dados sobre tais decisões, participação de interessados e *amicus curiae*, intervenção do Ministério Público, fundamentação reforçada, cabimento da reclamação em alguns casos e possibilidade de revisão da tese jurídica;

b) microssistema de gestão e julgamento de casos repetitivos: produz um procedimento de sobrestamento dos processos em que a questão a ser decidida se repete, aplicando-se a tese jurídica definida aos processos pendentes.

Esses microssistemas são compostos pelas normas do CPC e as inseridas na CLT a respeito do julgamento do recurso de revista repetitivo (art. 896-B e art. 896-C). Isso significa que essas normas se inter-relacionam, compatibilizam-se e são complementares.

No processo do trabalho, estão inseridos nesses dois microssistemas o incidente de resolução de demandas repetitivas, os recursos de revista repetitivo e o recurso extraordinário repetitivo. Já a assunção de competência engloba apenas o microssistema de formação de precedente obrigatório.

Vê-se, pois, que todos estão inseridos no microssistema de formação de precedente obrigatório.

Tais precedentes obrigatórios afastam-se da ideia de que o processo atinge apenas as partes, produzindo efeito obrigatório para as demandas futuras, o que significa que atingirá outras pessoas não introduzidas no processo.

Nesse contexto, esses incidentes têm um procedimento qualificado tendo duas facetas:

1) julgam o recurso, a remessa necessária ou o processo de competência originária de onde se originou o incidente;

2) fixam tese jurídica de observância obrigatória para outros processos, pendentes e futuros (NCPC, art. 978, parágrafo único).

Percebe-se, com isso, que nesses incidentes, a criação da tese jurídica é seu próprio objeto.

Partindo dessa afirmação, pensamos que a declaração incidental de cláusula convencional em dissídios individuais pode se tornar uma tese jurídica no julgamento do caso repetitivo, inserindo-a como objeto do incidente.

Nesse caso, embora o art. 896, § 8º, da CLT, descreva que o relator poderá admitir a manifestação de pessoa e da entidade com interesse na controvérsia, acreditamos que pela interpretação sistemática deste dispositivo com o art. 611-A, § 5º, da CLT, passa a ser obrigatória a intimação das pessoas e entidades subscritoras do instrumento coletivo para participarem da formação da tese jurídica, quando se discutir a validade das cláusulas do instrumento coletivo.

Noutras palavras, nos demais casos a manifestação da pessoa ou entidade com interesse na controvérsia poderá ser admitida pelo relator do incidente, mas na hipótese de discussão de validade da cláusula convencional deverão ser intimados os subscritores da norma coletiva.

Com tal imposição, preserva-se o direito dos sindicatos e demais subscritores da norma coletiva discutirem a validade da cláusula antes de se firmar precedente obrigatório, o qual atingirá, no futuro, o conteúdo da cláusula e, consequentemente, os próprios subscritores do instrumento coletivo.

3. VÍCIO GERADO PELA INOBSERVÂNCIA DO LITISCONSÓRCIO NECESSÁRIO

O art. 115, parágrafo único, do CPC descreve que no "litisconsórcio passivo necessário, o juiz determinará ao autor que requeira a citação de todos que devam ser litisconsortes, dentro do prazo que assinar, sob pena de extinção do processo".

Trata-se, pois, de inclusão de novos sujeitos passivos na inicial, provocando a retificação do polo passivo. Atente-se que primeiro o juiz deve determinar que o autor indique os novos sujeitos, incluindo-os na inicial. Apenas se não incluí-los é que poderá gerar a extinção do processo sem resolução do mérito.

Pode acontecer de o juiz, no entanto, não determinar que o autor inclua os litisconsortes preteridos, prosseguindo o processo sem os demais sujeitos que deveria integrar obrigatoriamente a relação processual.

Nesse caso, ganha relevância o *caput* do art. 115 do CPC, o qual declina que

> Art. 115. A sentença de mérito, quando proferida sem a integração do contraditório, será:
>
> I - nula, se a decisão deveria ser uniforme em relação a todos que deveriam ter integrado o processo;
>
> II - ineficaz, nos outros casos, apenas para os que não foram citados.

O primeiro caso versa sobre o litisconsórcio necessário unitário (inciso I), ou seja, quando ele é obrigatório e a decisão deverá ser uniforme para todos os litisconsortes. Nessa hipótese, a sentença será nula e ineficaz, seja para as partes que estão integrando o processo, seja para os litisconsortes preteridos[7]. Desse modo, na hipótese de ação anulatória de cláusula convencional, como a decisão deve ser uniforme para todos os litisconsortes, caso não seja formado o litisconsórcio a decisão será nula.

Já na hipótese de litisconsórcio simples incide o inciso II do art. 115 do CPC/15. Nesse caso, a decisão é válida para aqueles que participaram do processo e ineficaz para os litisconsortes que não integram a relação processual. É o que acontecerá com a ação individual para declaração incidental de nulidade de cláusula convencional, vez que nesse caso o litisconsórcio é simples, já que a decisão poderá ser diferente entre os litisconsorte (p. ex: sentença declara incidentalmente a nulidade de cláusula convencional que transforma a reintegração em mera indenização, determinando que a empresa e não o sindicato reintegre o trabalhador). Assim, caso o sindicato não participe do processo, a decisão será válida para a empresa e para o empregado, sendo ineficaz em relação ao sindicato que poderá discutir a cláusula, se for o caso, em outro processo.

---

7. ASSIS, Araken. *Processo civil brasileiro, volume II: parte geral: institutos fundamentais:* tomo 1. São Paulo: Editora Revista dos Tribunais, 2015. p. 250.

4. DIREITO INTERTEMPORAL

O C. TST no artigo em comentário não analisou o conteúdo do art. 611-A, § 5º, da CLT, apenas tratando da regra de direito intertemporal.

Nesse contexto, aplicou ao caso a teoria do isolamento dos atos processuais, vez que é no momento do ajuizamento da ação que o autor indica os integrantes do polo passivo. Desse modo, apenas para as ações ajuizadas depois de 11.11.2017 (data da entrada em vigor da Lei nº 13.467/2017) aplica-se o art. 611-A, § 5º, da CLT, pois no momento ajuizamento das ações anteriores a esta data não se exigia a formação do litisconsórcio.

4
CUSTAS PROCESSUAIS (ART. 4º)

> **IN nº 41/2018. Art. 4º** O art. 789, *caput*, da CLT aplica-se nas decisões que fixem custas, proferidas a partir da entrada em vigor da Lei nº 13.467/2017.

Lei nº 13.467/17 (Reforma trabalhista)
Art. 789. Nos dissídios individuais e nos dissídios coletivos do trabalho, nas ações e procedimentos de competência da Justiça do Trabalho, bem como nas demandas propostas perante a Justiça Estadual, no exercício da jurisdição trabalhista, as custas relativas ao processo de conhecimento incidirão à base de 2% (dois por cento), observado o mínimo de R$ 10,64 (dez reais e sessenta e quatro centavos) e o máximo de quatro vezes o limite máximo dos benefícios do Regime Geral de Previdência Social, e serão calculadas:
I – quando houver acordo ou condenação, sobre o respectivo valor; (Redação dada pela Lei nº 10.537, de 27.8.2002)
II – quando houver extinção do processo, sem julgamento do mérito, ou julgado totalmente improcedente o pedido, sobre o valor da causa; (Redação dada pela Lei nº 10.537, de 27.8.2002)
III – no caso de procedência do pedido formulado em ação declaratória e em ação constitutiva, sobre o valor da causa; (Redação dada pela Lei nº 10.537, de 27.8.2002)
IV – quando o valor for indeterminado, sobre o que o juiz fixar. (Redação dada pela Lei nº 10.537, de 27.8.2002)

1. VALOR MÍNIMO E MÁXIMO DAS CUSTAS PROCESSUAIS

Antes do advento da Lei nº 13.467/2017, o *caput* do art. 789 da CLT previa apenas o valor mínimo das custas processuais, sendo o montante de R$ 10,64, correspondente ao valor mínimo para o pagamento da Guia Darf.

Antigamente, o recolhimento das custas processuais era realizado por meio de guia Darf, que deveria ser juntada aos autos para comprovar seu efetivo pagamento. Referida guia poderia ser eletrônica, sempre que o pagamento fosse efetuado mediante transferência eletrônica de fundos, ou em documento original (ou cópia declarada autêntica – art. 830 da CLT) (OJ nº 158 da SDI-I do TST).

Atualmente, o pagamento é disciplinado pela Instrução Normativa nº 20 do TST, impondo que seja feito, **exclusivamente, por GRU – Guia de Recolhimento da União**, estabelecendo os incisos I e VIII:

> *I – O pagamento das custas e dos emolumentos no âmbito da Justiça do Trabalho deverá ser realizado, exclusivamente, mediante Guia de Recolhimento da União – GRU Judicial, em 4 (quatro) vias, sendo ônus da parte interessada realizar seu correto preenchimento, observando-se as seguintes instruções:*
>
> *a) o preenchimento da GRU Judicial será online, no sítio da Secretaria do Tesouro Nacional na internet;*
>
> *b) o pagamento da GRU – Judicial poderá ser efetivado em dinheiro, na Caixa Econômica Federal e no Banco do Brasil S/A, ou em cheque, apenas no Banco do Brasil S/A. (...)*
>
> *VIII – O comprovante de pagamento efetuado por meio de transferência eletrônica de fundos deverá ser apresentado pela parte em duas vias: a primeira será anexada ao processo, a segunda ficará arquivada na secretaria.*

De acordo com a Instrução Normativa nº 2, de 22 de maio de 2009, da Secretaria do Tesouro Nacional, apenas há o estabelecimento de valor mínimo na modalidade GRU Cobrança (R$ 50,00). Nas demais modalidades de GRU impressas (Simples e Judicial) não há nenhuma previsão referente ao valor mínimo.

Dessa forma, acreditamos que a fixação do valor de R$ 10,64 pelo art. 789 apenas era justificável quando o recolhimento das custas processuais era realizado mediante guia Darf e não por meio da GRU, como ocorre nos dias atuais. Com efeito, a Lei nº 13.467/2017 perdeu a oportunidade de fazer essa adequação.

De qualquer modo, tendo natureza de taxa, necessário observar o valor mínimo descrito no art. 789 da CLT.

Na redação dada pela Lei nº 13.467/2017, o *caput* do art. 789 da CLT passou a estabelecer não somente o limite mínimo do valor das custas processuais (R$10,64), mas também o seu limite máximo: quatro vezes o valor máximo dos benefícios do Regime Geral de Previdência Social.[1]

O dispositivo objetiva evitar que as custas processuais atinjam valores muito altos à parte vencida que tenha sofrido condenações de montante elevado. A alteração legislativa, portanto, teve a clara finalidade de beneficiar os reclamados que sejam condenados a valores expressivos.[2]

2. DIREITO INTERTEMPORAL

As custas processuais devem constar da decisão judicial, como impõe o art. 832, § 2º, da CLT. Desse modo, diferentemente do processo civil, em que as custas são calculadas pelas partes, no processo do trabalho as custas processuais são definidas como requisito da sentença.

Assim, alterando-se as regras relacionadas às custas processuais antes da decisão ou da realização de acordo, no momento da prolação da sentença ou da formalização do acordo já incidirão as novas regras, ante a teoria do isolamento dos atos processuais. É por isso que o C. TST no artigo em comentário determinou a incidência do novel dispositivo para as decisões proferidas a partir de 11.11.2017 (da entrada em vigor da Lei nº 13.467/2017).

---

1. Nos termos da Portaria MF nº 13, de 16 de janeiro de 2018, o valor máximo dos benefícios da Previdência Social é de R$ 5.645,80, que multiplicado por 4 equivale a R$ 22.583,20.
2. Nesse sentido: MAIOR, Jorge Luiz Souto. Os 201 ataques da "reforma" aos trabalhadores. Disponível em: http://www.jorgesoutomaior.com/blog/os-201-ataques-da-reforma-aos-trabalhadores. Acesso em: 10 maio 2017.

5

HONORÁRIOS PERICIAIS (ART. 5º)

> **IN nº 41/2018. Art. 5º** O art. 790-B, *caput* e §§1º a 4º, da CLT, não se aplica aos processos iniciados antes de 11 de novembro de 2017 (Lei nº 13.467/2017).

Lei nº 13.467/17 (Reforma Trabalhista)
Art. 790-B. A responsabilidade pelo pagamento dos honorários periciais é da parte sucumbente na pretensão objeto da perícia, **ainda que** beneficiária **da** Justiça gratuita.
§ 1º Ao fixar o valor dos honorários periciais, o juízo deverá respeitar o limite máximo estabelecido pelo Conselho Superior da Justiça do Trabalho.
§ 2º O juízo poderá deferir parcelamento dos honorários periciais.
§ 3º O juízo não poderá exigir adiantamento de valores para realização de perícias.
§ 4º Somente no caso em que o beneficiário da Justiça gratuita não tenha obtido em juízo créditos capazes de suportar a despesa referida no caput, ainda que em outro processo, a União responderá pelo encargo.

1. PERITO

Entre os meios de prova admitidos temos a prova pericial, utilizada quando a prova do fato depender de conhecimento técnico ou científico. Ela consiste em exame, vistoria ou avaliação (NCPC, art. 464).

Nesse caso, o juiz designará um perito, considerado auxiliar da Justiça (NCPC, art. 156). É permitido, ainda, a indicação de assistentes pelas partes, no prazo de 15 dias da nomeação do perito (NCPC, art. 465).

Os peritos serão escolhidos entre profissionais legalmente habilitados, devidamente inscritos em cadastro mantido pelo tribunal ao qual o juiz está vinculado. Para formação de referido cadastro, os tribunais devem realizar consulta pública, por meio de divulgação na rede mundial de computadores ou em jornais de grande circulação, além de consulta direta a universidades, a conselhos de classe, ao Ministério Público, à Defensoria Pública e à Ordem dos Advogados do Brasil, para a indicação de profissionais ou de órgãos técnicos interessados (NCPC, art. 156, §§ 1º e 2º).

Para a manutenção do cadastro, os tribunais devem realizar avaliações e reavaliações periódicas, considerando a formação profissional, a atualização do conhecimento e a experiência dos peritos interessados (NCPC, art. 156, § 3º).

Na localidade onde não houver inscrito no cadastro disponibilizado pelo tribunal, a nomeação do perito é de livre escolha pelo juiz e deverá recair sobre profissional ou órgão técnico ou científico comprovadamente detentor do conhecimento necessário à realização da perícia (NCPC, art. 156, § 5º).

Consigne-se que o art. 3º da Lei nº 5.584/70 revogou tacitamente o art. 826 da CLT, passando a estabelecer:

> **Art. 3º** *Os exames periciais serão realizados por perito único designado pelo Juiz, que fixará o prazo para entrega do laudo.*
>
> *Parágrafo único. Permitir-se-á a cada parte a indicação de um assistente, cujo laudo terá que ser apresentado no mesmo prazo assinado para o perito,*[1] *sob pena de ser desentranhado dos autos.*

Embora referido artigo faça alusão a perito único e designação apenas pelo juiz, pensamos que, em razão da lacuna antológica existente, o Novo CPC deve ser aplicado, permitindo-se a nomeação de mais de um perito, nos casos de perícia complexa (NCPC, art. 475), bem como possibilitando a nomeação do perito pelas partes, desde

---

1. Havendo regra própria no processo do trabalho, não é aplicado o art. 433 do CPC, que permite ao assistente técnico a manifestação no prazo comum de 10 dias após a intimação das partes da apresentação do laudo do perito.

que sejam plenamente capazes e a causa possa ser resolvida por autocomposição (NCPC, art. 471). Nesse caso, a perícia consensual substitui, para todos os efeitos, a que seria realizada por perito nomeado pelo juiz (art. 471, § 3º).

2. HONORÁRIOS PERICIAIS

Os honorários periciais são devidos ao perito indicado pelo juiz, pela realização de perícia de qualquer espécie (contábil, médica etc.).

A responsabilidade pelo seu pagamento é da parte sucumbente na pretensão objeto da perícia (CLT, art. 790-B), ou seja, aquele que perdeu o objeto da perícia é o responsável pelo pagamento.

- **Exemplo:** reclamante postula pagamento de adicional de insalubridade, ficando constatado que o local não é insalubre. Nesse caso, o reclamante é responsável pelo pagamento da perícia, mesmo que tenha, por exemplo, outros pedidos no processo em relação aos quais ele seja vencedor.

Observa-se, portanto, que, mesmo se a parte for vencedora em todos os demais pedidos realizados, se tiver sido sucumbente no pedido objeto a perícia, deverá realizar o pagamento dos honorários periciais.

Ademais, a sucumbência é definida pela decisão judicial e não pela conclusão da perícia. Noutras palavras, ainda que a perícia, por exemplo, conclua pela existência da insalubridade, mas na sentença o julgador, convencido por outros elementos dos autos, julgue improcedente o pedido, o reclamante será o sucumbente.

3. VALOR DOS HONORÁRIOS PERICIAIS

De acordo com o art. 790-B, § 1º, da CLT, acrescentado pela Lei nº 13.467/17, ao fixar o valor dos honorários periciais, o juízo deverá respeitar o limite máximo estabelecido pelo Conselho Superior da Justiça do Trabalho.

Antes da referida lei, o Conselho Superior da Justiça do Trabalho previa o limite máximo para os honorários periciais apenas na hipótese de beneficiário da Justiça gratuita (Resolução nº 66/2010). Da mesma forma estabeleceu o CNJ por meio da Resolução nº 232/2016.

Com a entrada em vigor da Lei nº 13.467/17, no entanto, impõe-se a limitação máxima de tais valores, **independentemente de a parte ser beneficiária da Justiça gratuita**, o que exigirá a modificação da Resolução nº 66/2010 do CSJT.

Ao estabelecer um teto máximo ao valor dos honorários periciais, o dispositivo busca evitar que a perícia realizada gere honorários com valores muito elevados à parte responsável pelo seu pagamento.

De qualquer modo, o art. 790-B, § 1º, da CLT é norma que depende de regulamentação pelo Conselho Superior de Justiça, que poderá, em alguns casos, estabelecer que os honorários podem ultrapassar o valor máximo definido na resolução.

4. PARCELAMENTO DOS HONORÁRIOS PERICIAIS

O pagamento dos honorários periciais pode ser realizado de forma parcelada pelo sucumbente do objeto da perícia, nos termos do art. 790-B, § 2º, da CLT.

Esse dispositivo, atraindo a cultura brasileira de parcelamento de débitos, objetiva atenuar, sem isentar, os responsáveis pelo pagamento dos honorários periciais. A quantidade de parcelas será definida em caso concreto pelo julgador.

5. ADIANTAMENTO DE VALORES DOS HONORÁRIOS PERICIAIS

Os arts. 82 e 95 do NCPC determinam que as despesas processuais, nelas incluídos os honorários periciais, devem ser antecipadas por aqueles que requerem, cabendo ao autor nas hipóteses de requerimento por ambas as partes, pelo juiz ou pelo Ministério Público. Aliás, o art. 465, § 4º, do NCPC descreve que "o juiz poderá autorizar o pagamento de até cinquenta por cento dos honorários arbitrados a favor do perito no início dos trabalhos, devendo o remanescente ser pago apenas ao final, depois de entregue o laudo e prestados todos os esclarecimentos necessários".

Antes da Lei nº 13.467/17, a CLT apenas disciplinava a responsabilidade pelo pagamento final dos honorários do perito, nada versando sobre sua antecipação.

Diante da omissão da CLT, passou-se a questionar se os dispositivos do CPC que permitiam a antecipação do pagamento dos honorários periciais eram aplicáveis ao processo do trabalho. De acordo com o C. TST, conquanto a CLT fosse omissa a respeito da antecipação dos honorários periciais, os artigos do CPC são incompatíveis com o processo do trabalho, afastando-se assim sua aplicação subsidiária (CLT, art. 769). Isso ocorre porque, na seara trabalhista, vige a gratuidade da Justiça. Nesse sentido, declinou na Orientação Jurisprudencial nº 98 da SDI-II o que segue:

> **OJ nº 98 da SDI – II do TST.** *Mandado de segurança. Cabível para atacar exigência de depósito prévio de honorários periciais.*
>
> *É ilegal a exigência de depósito prévio para custeio dos honorários periciais, dada a incompatibilidade com o processo do trabalho, sendo cabível o mandado de segurança visando à realização da perícia, independentemente do depósito.*

A Lei nº 13.467/17 acompanhou o entendimento do C. TST e acrescentou o § 3º ao artigo 790-B da CLT, vedando que o juízo exija o adiantamento dos valores para a realização de perícias.

Cumpre destacar que antes da Lei nº 13.467/17 o C. TST entendia que a impossibilidade de adiantamento dos honorários periciais apenas era aplicada às ações decorrentes da relação de emprego, não sendo aproveitada nas ações derivadas da relação de trabalho, em que serão aplicados os arts. 82 e 95 do NCPC, conforme disciplinou o art. 6º, parágrafo único, da Instrução Normativa nº 27 do TST.

Com a nova previsão do art. 790-B, § 3º, da CLT, essa distinção não poderá mais ser realizada, considerando-se que o dispositivo celetista não faz qualquer ressalva para a proibição do adiantamento dos honorários periciais.

Conclui-se, portanto, que, seja nas ações decorrentes da relação de emprego, seja nas derivadas da relação de trabalho, não se permite que o juízo exija o adiantamento do pagamento dos honorários periciais, com base no art. 790, § 3º, da CLT.

De qualquer maneira, pensamos que essa vedação não obsta o juízo de antecipar os honorários periciais custeados pela União, na hipótese de beneficiário da Justiça gratuita, como previsto no art. 2º, § 2º, da Resolução nº 66/2010 do CSJT.

6. RESPONSABILIDADE DO BENEFICIÁRIO DA JUSTIÇA GRATUITA

6.1. Disciplina anterior à Lei nº 13.467/17 (Reforma Trabalhista)

Em período anterior à Lei nº 10.537/02, parte da jurisprudência defendia que o benefício da Justiça gratuita, apesar de abranger as custas, não alcançava os honorários periciais. Argumentava-se que, enquanto as custas eram devidas aos cofres públicos, os honorários periciais eram destinados ao particular (perito), de modo que este não poderia deixar de auferir o pagamento pela perícia realizada.[2] Alguns tribunais ainda adotavam o entendimento de que o reclamante poderia ser condenado ao pagamento dos honorários periciais apenas se possível a retenção de seus créditos de outros pedidos procedentes da demanda.

Com a Lei nº 10.537/02, o art. 790-B da CLT passou a declinar expressamente que, sendo a parte sucumbente beneficiária da Justiça gratuita, esta não seria responsável pelo pagamento dos honorários periciais.

O dispositivo tinha como objetivo a efetivação do direito fundamental à "assistência jurídica integral e gratuita aos que comprovarem insuficiência de recursos" (CF/88, art. 5º, LXXIV).

Desse modo, ainda que a parte tivesse sido vencida na questão relativa à perícia, não deveria arcar com os honorários do perito quando fosse beneficiária da Justiça gratuita, uma vez que eles estavam inseridos na gratuidade deferida, nos termos do art. 98, § 1º, VI, do NCPC.[3]

Mesmo nesses casos, não se podia exigir que o perito prestasse seus serviços sem qualquer retribuição, pois o *expert* não faz assistencialismo nos autos, mas exerce *munus* público e atividade profissional que deve ser remunerada.

---

2. SILVA, Homero Batista Mateus da. *Curso de direito do trabalho aplicado*, v. 9: Processo do trabalho. 2. ed. São Paulo: Revista dos Tribunais, 2015. p. 123.
3. Art. 98. § 1º A gratuidade da Justiça compreende: (...) VI – os honorários do advogado e do perito e a remuneração do intérprete ou do tradutor nomeado para apresentação de versão em português de documento redigido em língua estrangeira;

Dessa forma, o Estado se incumbia de arcar com os honorários periciais, a fim de resguardar o benefício da Justiça gratuita e não violar direito de outrem, como declina a Súmula nº 457 do C. TST:

> **Súmula nº 457 do TST.** *Honorários periciais. Beneficiário da Justiça gratuita. Responsabilidade da União pelo pagamento. Resolução nº 66/2010 do CSJT. Observância.*
>
> *A União é responsável pelo pagamento dos honorários de perito quando a parte sucumbente no objeto da perícia for beneficiária da assistência judiciária gratuita, observado o procedimento disposto nos arts. 1º, 2º e 5º da Resolução n.º 66/2010 do Conselho Superior da Justiça do Trabalho – CSJT.*

Observa-se que referida súmula faz referência à Resolução nº 66/2010, que prevê:

> **Art. 1º** *Os Tribunais Regionais do Trabalho deverão destinar recursos orçamentários para:*
>
> *I – o pagamento de honorários periciais, sempre que à parte sucumbente na pretensão for concedido o benefício da Justiça gratuita;*
>
> *II – o pagamento de honorários a tradutores e intérpretes, que será realizado após atestada a prestação dos serviços pelo juízo processante, de acordo com a tabela constante do Anexo.*
>
> *§ 1º Os valores serão consignados sob a rubrica "Assistência Judiciária a Pessoas Carentes", em montante estimado que atenda à demanda da Região, segundo parâmetros que levem em conta o movimento processual.*
>
> *§ 2º O juiz poderá ultrapassar em até 3 (três) vezes os valores fixados na tabela constante do Anexo, observados o grau de especialização do tradutor ou intérprete e a complexidade do trabalho, comunicando-se ao Corregedor do Tribunal.*
>
> **Art. 2º** *A responsabilidade da União pelo pagamento de honorários periciais, em caso de concessão do benefício da Justiça gratuita, está condicionada ao atendimento simultâneo dos seguintes requisitos:*
>
> *I – fixação judicial de honorários periciais;*
>
> *II – sucumbência da parte na pretensão objeto da perícia;*
>
> *III – trânsito em julgado da decisão.*

§ 1º A concessão da Justiça gratuita a empregador, pessoa física, dependerá da comprovação de situação de carência que inviabilize a assunção dos ônus decorrentes da demanda judicial.

§ 2º O pagamento dos honorários poderá ser antecipado, para despesas iniciais, em valor máximo equivalente a R$ 350,00 (trezentos e cinquenta reais), efetuando-se o pagamento do saldo remanescente após o trânsito em julgado da decisão, se a parte for beneficiária de Justiça gratuita.

§ 3º No caso de reversão da sucumbência, quanto ao objeto da perícia, caberá ao reclamado-executado ressarcir o Erário dos honorários periciais adiantados, mediante o recolhimento da importância adiantada em GRU – Guia de Recolhimento da União, em código destinado ao Fundo de "Assistência Judiciária a Pessoas Carentes", sob pena de execução específica da verba. (NR)

Art. 3º Em caso de concessão do benefício da Justiça gratuita, o valor dos honorários periciais, observado o limite de R$ 1.000,00 (um mil reais), será fixado pelo juiz, atendidos:

I – a complexidade da matéria;

II – o grau de zelo profissional;

III – o lugar e o tempo exigidos para a prestação do serviço;

IV – as peculiaridades regionais.

Parágrafo único. A fixação dos honorários periciais, em valor maior do que o limite estabelecido neste artigo, deverá ser devidamente fundamentada.

Art. 4º Havendo disponibilidade orçamentária, os valores fixados nesta Resolução serão reajustados anualmente no mês de janeiro, com base na variação do IPCA-E do ano anterior ou outro índice que o substitua, por ato normativo do Presidente do Tribunal.

Art. 5º O pagamento dos honorários efetuar-se-á mediante determinação do presidente do Tribunal, após requisição expedida pelo Juiz do feito, observando-se, rigorosamente, a ordem cronológica de apresentação das requisições e as deduções das cotas previdenciárias e fiscais, sendo o valor líquido depositado em conta bancária indicada pelo perito, tradutor ou intérprete.

Parágrafo único. O valor dos honorários será atualizado pelo IPCAE ou outro índice que o substitua, a partir da data do arbitramento até o seu efetivo pagamento. (...)

Da análise da Resolução nº 66/2010 supracitada é possível verificar que o pagamento dos honorários periciais ao beneficiário da Justiça gratuita somente seria custeado pela União quando **cumulativamente** fossem preenchidos 3 requisitos:

1) o juiz fixar;

2) sucumbência da parte na pretensão objeto da perícia; e

3) trânsito em julgado.

Do primeiro requisito exclui-se o pagamento do assistente do perito, uma vez que ele é indicado pela parte (Súmula nº 341 do TST). O segundo indica que, somente quando a parte beneficiária da Justiça gratuita for sucumbente no objeto da perícia, a União suportará com o ônus dos honorários periciais, até porque, se a parte for vencedora no objeto da perícia, será a outra parte (em regra, o empregador) que deverá pagar os honorários do perito. Por fim, o terceiro requisito impõe que a discussão tenha sido sepultada por meio da formação da coisa julgada.

Interessante notar que a referida resolução permitiu ao juiz a antecipação dos honorários periciais no caso do beneficiário da Justiça gratuita, de modo que, no final, sendo o beneficiário da Justiça gratuita vencedor no objeto da perícia, a parte vencida deveria ressarcir os cofres públicos.

Registramos ainda que a resolução em comentário, dando amplo acesso ao Judiciário, admitiu a concessão da Justiça gratuita ao empregador, desde que seja pessoa física e comprovasse a situação de carência que inviabilizasse a assunção dos ônus decorrentes da demanda judicial.

Com efeito, vislumbra-se que a sistemática adotada era de isentar o beneficiário da Justiça gratuita do pagamento dos honorários periciais, incumbindo-lhe à União.[4]

O NCPC, acompanhando o entendimento do C. TST, passou a disciplinar expressamente o pagamento dos honorários periciais

---

4. Excepcionalmente, parte de doutrina permitia o pagamento dos honorários periciais pelo beneficiário da Justiça gratuita quando este fosse alertado pelo magistrado de que a perícia judicial era desnecessária, para que não houvesse prejuízo aos cofres públicos. SOUZA, Rodrigo Trindade de (org.). AMARAL, Márcio Lima do; SANTOS JÚNIOR, Rubens Fernando Clamer dos; SEVERO, Valdete Souto (coords.). *CLT comentada: pelos juízes do trabalho da 4ª Região*. 2. ed. São Paulo: LTr, 2017. p. 449.

quando a responsabilidade for do beneficiário da Justiça gratuita, estabelecendo o art. 95, §§ 3º a 5º, o que segue:

> § 3º Quando o pagamento da perícia for de responsabilidade de beneficiário de gratuidade da Justiça, ela poderá ser:
>
> I – custeada com recursos alocados no orçamento do ente público e realizada por servidor do Poder Judiciário ou por órgão público conveniado;
>
> II – paga com recursos alocados no orçamento da União, do Estado ou do Distrito Federal, no caso de ser realizada por particular, hipótese em que o valor será fixado conforme tabela do tribunal respectivo ou, em caso de sua omissão, do Conselho Nacional de Justiça.
>
> § 4º Na hipótese do § 3º, o juiz, após o trânsito em julgado da decisão final, oficiará a Fazenda Pública para que promova, contra quem tiver sido condenado ao pagamento das despesas processuais, a execução dos valores gastos com a perícia particular ou com a utilização de servidor público ou da estrutura de órgão público, observando-se, caso o responsável pelo pagamento das despesas seja beneficiário de gratuidade da Justiça, o disposto no art. 98, § 2º.
>
> § 5º Para fins de aplicação do § 3º, é vedada a utilização de recursos do fundo de custeio da Defensoria Pública.

Observa-se que o NCPC manteve a sistemática da Resolução nº 66/2010, quando a perícia for realizada por perito particular, impondo seu pagamento pela União no valor descrito na respectiva resolução.

Além disso, inovou ao possibilitar, de forma expressa, a realização de perícia por servidores do Poder Judiciário ou de outros órgãos públicos conveniados, conforme se verifica no art. 95, § 3º, I, do NCPC. De acordo com Carreira Alvim, referida previsão teve o objetivo de "neutralizar a jurisprudência que se formou nos tribunais, contrária à indicação de servidores de entes públicos para a realização de prova técnica, por falta de previsão legal, devendo o adiantamento ser feito pelo Estado, ao qual incumbe prestar assistência judiciária aos necessitados".[5]

---

5. ALVIM, J. E. Carreira. *Comentários ao Novo Código de Processo Civil: Lei 13.015/15*, v. 2: Arts. 82 ao 148. Curitiba: Juruá, 2015, p. 100.

6.2. Disciplina após a Lei nº 13.467/17 (Reforma Trabalhista)

A Lei nº 13.467/2017, ao modificar o art. 790-B, *caput*, altera consideravelmente essa sistemática, prevendo que a responsabilidade pelo pagamento dos honorários periciais é da parte sucumbente na pretensão objeto da perícia, **ainda** que beneficiária da Justiça gratuita.

Passou a estabelecer, portanto, que a concessão do benefício da gratuidade na Justiça não exime a parte do pagamento dos honorários periciais.

Aparentemente, o objetivo desse dispositivo é impor maior responsabilidade aos reclamantes no momento de formular pedidos que exigem a prova pericial.

Aliás, o que faz o legislador reformador no *caput* do art. 790-B é transformar a antiga a isenção do pagamento dos honorários periciais em dispensa provisória do pagamento dessa despesa, desde que ocorra a hipótese do § 4º do art. 790-B. Melhor explicando:

Tema de grande relevância e pressuposto básico para a análise do benefício da Justiça gratuita é verificar se ele confere apenas o acesso gratuito à Justiça ou a efetiva isenção no pagamento das despesas processuais.

A doutrina do processo civil reconhece o benefício da Justiça gratuita como um facilitador de acesso à Justiça,[6] afastando-lhe apenas a responsabilidade provisória de arcar com a antecipação das despesas processuais, quando a parte não tiver recursos financeiros. Isso não significa que ficará isento do pagamento dessas despesas no final do processo, caso vencido. Nas palavras de Pontes de Miranda, citado por Carreira Alvim:

> *O benefício da Justiça gratuita é direito à dispensa provisória de despesas, exercível em relação jurídica processual, perante o juiz que promete a prestação jurisdicional. É instituto de direito pré-processual.*[7]

No mesmo sentido, o doutrinador Rafael Alexandria de Oliveira:

---

6. NERY JR., Nelson; NERY, Rosa Maria de Andrade. *Comentários ao Código de Processo Civil*. São Paulo: Revista dos Tribunais, 2015. p. 473.
7. ALVIM, J. E. Carreira. *Comentários ao novo Código de Processo Civil: Lei 13.105/15*, v. 2: Art. 82 ao 148. Curitiba: Juruá, 2015. p. 114.

> O benefício da Justiça gratuita atua no âmbito da responsabilidade provisória pelo custeio do processo. Não atua no âmbito da responsabilidade definitiva. O beneficiário estará dispensado do adiantamento de despesas; não, porém, do pagamento dessas mesmas despesas ao final do processo, se restar vencido. Ou seja: ainda que seja beneficiário da gratuidade da Justiça, o vencido tem o dever de, observado o disposto no § 3º do art. 98, arcar com o pagamento do que lhe foi dispensado e ainda ressarcir a parte adversária, vencedora, quanto ao que ela adiantou ao longo do processo.[8]

No processo do trabalho, o benefício da Justiça gratuita sempre foi visto como a isenção do pagamento das despesas processuais, como expressamente declina o art. 790-A, *caput*, da CLT. Não se fala, pois, em simples facilitador de acesso à Justiça. Isso se justifica porque, nessa seara, não se impõe a antecipação de despesas processuais, o que significa que o acesso à Justiça laboral é gratuito, seja para o empregado, seja para o empregador. Desse modo, como as despesas processuais são exigidas depois do trânsito em julgado (CLT, art. 789, § 1º), o beneficiário da Justiça gratuita fica isento de pagá-las.

Essa diferença entre o processo civil e o processo do trabalho tem como foco o fato de este efetivar direitos fundamentais de segunda dimensão, o que torna a Justiça do Trabalho uma justiça distributiva.

A Lei nº 13.467/17 foge, contudo, à essa realidade e cria uma nova sistemática para o beneficiário da Justiça gratuita na seara laboral.

Mantém a gratuidade de acesso à Justiça do Trabalho, impedindo a obrigação de antecipar as despesas processuais, e a natureza de isenção do pagamento das despesas pelo beneficiário (CLT, art. 790, *caput*). No entanto, sendo o beneficiário da Justiça gratuita **vencido**, deverá suportar o pagamento:

a) **dos honorários periciais**, caso seja sucumbente no objeto da perícia e tenha obtido créditos capazes de suportar tais

---

8. OLIVEIRA, Rafael Alexandria de. Benefício da Justiça gratuita. In: WAMBIER, Teresa Arruda Alvim *et al. Breves comentários ao Novo Código de Processo Civil*. 2. ed. São Paulo: Revista dos Tribunais, 2016. p. 375.

honorários, ainda que o recebimento dos créditos derive de outro processo (CLT, art. 790-B, § 4º).

b) **dos honorários sucumbenciais**, caso tenha obtido créditos capazes de suportar tais honorários, ainda que o recebimento dos créditos derive de outro processo. Não existindo créditos a receber, o débito ficará com a exigibilidade suspensa, somente podendo ser executado se nos 2 anos subsequente ao trânsito em julgado o credor demonstrar que deixou de existir a situação de insuficiência de recursos que justificou a concessão da gratuidade (CLT, art. 791-A, § 4º).

c) **das custas processuais**, na hipótese de não apresentar, no prazo de 15 dias, motivo legalmente justificável para sua ausência na audiência inaugural (CLT, art. 844, § 2º[9]).

Vê-se por essa nova sistemática que, nas hipóteses dos honorários periciais e dos honorários advocatícios, haverá condenação do beneficiário da Justiça gratuita ao pagamento de tais verbas, o qual ficará condicionado ao preenchimento dos requisitos dos arts. 790-B, § 4º, e 791-A, § 4º, da CLT. Nesses casos, portanto, deixa de ser isenção para se transformar em dispensa provisória da responsabilidade.

De qualquer modo, no caso dos honorários periciais, se não preenchidos os requisitos do art. 790-B, § 4º, da CLT, teoricamente retorna-se ao *status* de isenção, vez que o pagamento será realizado pela União.

Em suma, na hipótese de beneficiário da Justiça gratuita, o *caput* do art. 790-B e seu § 4º devem ser analisados de forma sistemática.

6.2.1. Pagamento dos honorários periciais com créditos obtidos em juízo

Como dito, a nova sistemática imposta pela Lei nº 13.467/17 exige o pagamento dos honorários periciais pelo beneficiário da Justiça gratuita sucumbente no objeto da perícia, quando tiver algum crédito a receber em juízo.

---

9. *Vide* os comentários desse dispositivo no capítulo 11, em que defendemos sua inconstitucionalidade, por violação à dignidade da pessoa, ao acesso ao Judiciário e ao princípio da igualdade.

Observa-se que o dispositivo leva em consideração não apenas o processo em que tiver sido realizada a prova pericial, como também outros ajuizados na Justiça do Trabalho, dificultando que a responsabilidade pelo pagamento dos honorários recaia sobre a União.

Esse entendimento já havia sido aplicado por alguns tribunais antes da Lei nº 10.537/02, sob o fundamento de que, apesar de a parte ser pobre, nos termos da lei, os créditos acumulados na Justiça do Trabalho possibilitariam o pagamento dos honorários periciais: "é como se ela deixasse momentaneamente o espectro da pobreza jurídica quando da emissão do alvará judicial, perdendo os benefícios da Justiça gratuita, voltando a recuperá-los depois, se for o caso".[10]

Com a chegada da Lei nº 10.537/02, o art. 790-B da CLT foi alterado, isentando o beneficiário da Justiça gratuita do pagamento dos honorários periciais, afastando-se, assim, tal discussão.

Agora, com o advento da Lei nº 13.467/17 (Reforma Trabalhista), o legislador restaura a discussão e passa a prever expressamente a possibilidade de utilizar os créditos obtidos em juízos para o pagamento dos honorários periciais.

Embora essa modificação tenha como fundamento desestimular ações temerárias, pensamos que ela viola o princípio da igualdade material, na medida em que **inibe indiretamente o acesso à ordem jurídica dos menos favorecidos**.

Como bem pondera a doutrina, os jurisdicionados devem ser analisados sob três ângulos diferentes: hipossuficiente, economicamente suficiente e hipersuficiente:

> Se para o economicamente suficiente pode servir de útil fator inibidor de demandas infundadas, **para o hipossuficiente pode significar bloqueio intransponível a obstar toda e qualquer ação**, enquanto que, para o rico, o risco de arcar com as verbas da sucumbência sequer será levado em conta, ao decidir se irá a juízo[11] (grifo nosso).

---

10. SILVA, Homero Batista Mateus da. *Curso de direito do trabalho aplicado*, v. 9: Processo do trabalho. 2. ed. São Paulo: Revista dos Tribunais, 2015. p. 124.
11. MARCACINI, Augusto Tavares Rosa. *Assistência jurídica, assistência judiciária e Justiça gratuita*. Rio de Janeiro: Forense, 1996. p. 55.

Nesse contexto, o critério objetivo criado pelo legislador (receber outros créditos capazes de suportar as despesas, no mesmo ou em outro processo) não significa que o beneficiário tem condições de arcar com tais despesas sem atingir seu próprio sustento ou de sua família, até porque, em regra, as ações são ajuizadas quando o trabalhador está desempregado, de modo que as verbas recebidas (na sua grande maioria, salariais) suprem seu próprio sustento.

Aliás, as causas de natureza cível, que não têm a hipossuficiência e a vulnerabilidade reconhecidas na sua base, como ocorre no processo do trabalho, possuem mecanismos de gratuidade plena (Juizados Especiais, antes da fase recursal). Mesmo o CPC não tem regra semelhante à inserida na CLT. A Lei nº 13.467/17 cria, portanto, norma desproporcional aos interesses tutelados na seara laboral.

Não se pode negar ainda que a prova pericial é prova técnica, o que significa que depende de conhecimento técnico para se definir a existência ou não do fato indicado. Desse modo, determinar indiretamente à parte beneficiária da Justiça gratuita que tenha conhecimentos técnicos ou científicos é exigir mais do que se impõe do próprio julgador, criando verdadeiro mecanismo de persuasão e, consequentemente, de restrição de acesso ao judiciário.

O acesso à Justiça, descrito no art. 5º, XXXV, da CF/88, não representa apenas abertura das portas do Judiciário, mas sim a concessão ao jurisdicionado de mecanismos eficazes para viabilizar a tutela do bem da vida postulado em juízo.

Com efeito, a nosso juízo, o **critério objetivo** instituído no art. 790-B, § 4º, da CLT viola o acesso à Justiça (CF/88, art. 5º, LXXIV) e o princípio da igualdade, sob seu aspecto material (CF/88, art. 5º, *caput*).[12]

Essa conclusão não afasta a possibilidade de o julgador, **no caso concreto**, entender que o montante das verbas recebidas retira do reclamante a condição de beneficiário, impondo-lhe o pagamento das despesas. Noutras palavras, a interpretação de tais dispositivos conforme a Constituição Federal não pode ser literal (receber créditos

---

12. A Procuradoria Geral da República ajuizou a ADI 5.766 requerendo a declaração de inconstitucionalidade da expressão "ainda que beneficiária da Justiça gratuita", do *caput* e do § 4º do art. 790-B da CLT, alterado pela Lei nº 13.467/17. No mesmo sentido da inconstitucionalidade é o entendimento do enunciado nº 100 da 2ª Jornada de direito material e processual do trabalho.

capazes de suportar as despesas), exigindo análise do caso concreto para verificar se tais créditos não atingem o próprio sustento do reclamante ou de sua família.

É que nesse caso o beneficiário deixa de ser hipossuficiente, tornando-se capaz de arcar com o pagamento dos honorários periciais. Queremos dizer, demonstra-se que o beneficiário perde tal qualidade, não sendo mais carente de recursos. É essa ainda a lógica do processo civil, ou seja, apenas se perder a qualidade de hipossuficiente é que o beneficiário da Justiça gratuita poderá ser executado sobre as despesas processuais e honorários advocatícios (CPC, art. 98, § 3º).

6.3. Condição suspensiva de exigibilidade

A Lei 13.467/17, ao tratar dos honorários advocatícios no art. 791-A, estabelece no seu § 4º o que segue:

> § 4º Vencido o beneficiário da Justiça gratuita, desde que não tenha obtido em juízo, ainda que em outro processo, créditos capazes de suportar a despesa, as obrigações decorrentes de sua sucumbência ficarão sob condição suspensiva de exigibilidade e somente poderão ser executadas se, nos dois anos subsequentes ao trânsito em julgado da decisão que as certificou, o credor demonstrar que deixou de existir a situação de insuficiência de recursos que justificou a concessão de gratuidade, extinguindo-se, passado esse prazo, tais obrigações do beneficiário.

Verifica-se por esse dispositivo que o legislador previu duas hipóteses de exigir do beneficiário da Justiça gratuita o pagamento dos honorários advocatícios:

1) obter em juízo, ainda que em outro processo, créditos capazes de suportar a despesa;

2) ficar sob condição suspensiva pelo prazo de 2 anos a contar do trânsito em julgado da sentença.

A primeira hipótese também é prevista para os honorários periciais, como analisado no tópico anterior.

A segunda hipótese impõe a condenação ao beneficiário da Justiça gratuita dos honorários advocatícios sujeitando a obrigação a uma condição e a um termo decorrente da lei: sua exigibilidade fica automaticamente suspensa até que sobrevenha a demonstração da mudança de cenário financeiro (condição suspensiva); se isso não ocorrer em 2 anos a contar do trânsito em julgado, a obrigação se extingue (termo resolutivo).[13]

Agora indaga-se: essa segunda hipótese aplica-se aos honorários periciais?

Pensamos que não. Isso se justifica porque o art. 790-B, § 4º, da CLT, ao tratar dos honorários periciais, foi enfático em impor o pagamento ao beneficiário apenas se obtiver em juízo créditos capazes de suportar a despesas. Não existindo tais crédito, não deixou dúvida: "a União responderá pelo encargo".

Não se aplica, portanto, aos honorários periciais a parte final do art. 791-A, § 4º, da CLT.

7. RESPONSABILIDADE PELO PAGAMENTO DOS HONORÁRIOS DO ASSISTENTE TÉCNICO

O art. 3º da Lei nº 5.584/70, o qual revogou tacitamente o art. 826 da CLT, disciplina:

> Art. 3º Os exames periciais serão realizados por perito único designado pelo Juiz, que fixará o prazo para entrega do laudo.
>
> Parágrafo único. Permitir-se-á a cada parte a indicação de um assistente, cuja laudo terá que ser apresentado no mesmo prazo assinado para o perito, sob pena de ser desentranhado dos autos.

Pelo referido dispositivo depreende-se que o perito será indicado pelo juiz, facultando-se às partes a indicação de assistentes.

Os honorários do perito indicado pelo juiz, como já visto, serão pagos pela parte sucumbente na pretensão objeto da perícia, conforme dispõe o art. 790-B da CLT.

Por outro lado, o assistente do perito (assistente técnico) é profissional de confiança da própria parte, não se sujeitando ainda a impedimento e suspeição, como declinado no art. 466, § 1º, do NCPC.

---

13. OLIVEIRA, Rafael Alexandria de. Benefício da Justiça gratuita. *In:* WAMBIER, Teresa Arruda Alvim *et al. Breves comentários ao Novo Código de Processo Civil.* 2. ed. São Paulo: Revista dos Tribunais, 2016. p. 390.

Assim, sendo a indicação do assistente técnico mera faculdade, bem como profissional de confiança da própria parte que o indicou, o ônus pelo pagamento de seus honorários fica a cargo de quem o nomeou, ainda que vencedor no objeto da perícia (Súmula nº 341 do TST).

Por fim, cumpre destacar que o art. 84 do NCPC impõe que a remuneração do assistente técnico está incluída nas despesas processuais, o que já era previsto no art. 20, § 3º, CPC/73. No entanto, tal dispositivo não se aplica ao processo do trabalho, pois este tem regra própria sobre as despesas processuais disposta nos arts. 789, 789-A e 789-B da CLT, não havendo, portanto, omissão a legitimar a aplicação do Novo CPC.[14]

8. DIREITO INTERTEMPORAL

A Lei nº 13.467/17 entrou em vigor a partir de 11.11.17 atingindo diversos aspectos dos honorários periciais, como comentamos nesse tópico.

Diante disso, haverá divergência acerca da aplicação das alterações, especialmente do art. 790-B, *caput* e § 4º, da CLT para os processos em curso, ou seja, os processos iniciados antes da referida lei que já possuem perícia determinada ou que terão perícias determinadas.

É sabido que vigora no direito processual a teoria do isolamento dos atos processuais, segundo o qual o processo, embora seja uno, deriva de um complexo de atos processuais que podem ser vistos de forma isolada para efeito de aplicação da nova lei. Assim, a lei nova terá aplicação perante o ato a ser iniciado (NCPC, arts. 14[15]).

Na hipótese dos honorários periciais o ato que lhe dá origem é a prova pericial, de modo que, se já iniciada tal prova antes da Lei nº 13.467/17, esta não incidirá.

Na realidade, o CPC, atento às peculiaridades probatórias, estabeleceu em seu art. 1.047 o que segue:

---

14. SILVA, Bruno Freire e. *O novo CPC e o processo do trabalho I: Parte Geral.* São Paulo: LTr, 2015. p. 87.
15. Art. 14. A norma processual não retroagirá e será aplicável imediatamente aos processos em curso, respeitados os atos processuais praticados e as situações jurídicas consolidadas sob a vigência da norma revogada.

Art. 1.047. *As disposições de direito probatório adotadas neste Código aplicam-se apenas às provas requeridas ou determinadas de ofício a partir da data de início de sua vigência.*

Trata-se de regra aplicável ao processo do trabalho, ante a omissão da CLT e compatibilidade com esse ramo processual, além de afastar a instabilidade na interpretação das regras de direito intertemporal relacionadas aos honorários periciais.

Com efeito, a nosso juízo, a sistemática dos honorários periciais descrita na Lei 13.467/2017 somente será aplicada para as provas periciais requeridas ou determinadas de ofício depois de 11.11.2017, data da entrada em vigor da referida lei.

O C. TST, porém, não adotou essa tese, como se verifica no art. 5º da Instrução Normativa nº 41 em comentário.

Verifica-se pelo referido art. 5º que o C. TST adotou a teoria da unidade processual no referido caso, vez que impôs a aplicação de uma única regra durante o trâmite do processo, qual seja: a lei antiga, se o processo foi iniciado antes de 11.11.2017 e; a Lei nº 13.467/2017 para os processos iniciados a partir da aludida data. Assim agiu porque entendeu que os riscos do processo, inclusive quanto aos honorários periciais, devem ser definidos no momento do ajuizamento da ação.

6

HONORÁRIOS ADVOCATÍCIOS (ART. 6º)

> IN nº 41/2018. Art. 6º Na Justiça do Trabalho, a condenação em honorários advocatícios sucumbenciais, prevista no art. 791-A, e parágrafos, da CLT, será aplicável apenas às ações propostas após 11 de novembro de 2017 (Lei nº 13.467/2017). Nas ações propostas anteriormente, subsistem as diretrizes do art. 14 da Lei nº 5.584/1970 e das Súmulas nºs 219 e 329 do TST.

Lei nº 13.467/17 (Reforma trabalhista)

Art. 791-A. Ao advogado, ainda que atue em causa própria, serão devidos honorários de sucumbência, fixados entre o mínimo de 5% (cinco por cento) e o máximo de 15% (quinze por cento) sobre o valor que resultar da liquidação da sentença, do proveito econômico obtido ou, não sendo possível mensurá-lo, sobre o valor atualizado da causa.

§ 1º Os honorários são devidos também nas ações contra a Fazenda Pública e nas ações em que a parte estiver assistida ou substituída pelo sindicato de sua categoria.

§ 2º Ao fixar os honorários, o juízo observará:

I – o grau de zelo do profissional;

II – o lugar de prestação do serviço;

III – a natureza e a importância da causa;

IV – o trabalho realizado pelo advogado e o tempo exigido para o seu serviço.

§ 3º Na hipótese de procedência parcial, o juízo arbitrará honorários de sucumbência recíproca, vedada a compensação entre os honorários.

§ 4º Vencido o beneficiário da justiça gratuita, desde que não tenha obtido em juízo, ainda que em outro processo, créditos capazes de suportar a despesa, as obrigações decorrentes de sua sucumbência ficarão sob condição suspensiva de exigibilidade e somente poderão ser executadas se, nos dois anos subsequentes ao trânsito em julgado da decisão que as certificou, o credor demonstrar que deixou de existir a situação de insuficiência de recursos que justificou a concessão de gratuidade, extinguindo-se, passado esse prazo, tais obrigações do beneficiário.

§ 5º São devidos honorários de sucumbência na reconvenção.

1. HISTÓRICO

Com o advento da Constituição Federal de 1988, o advogado foi exaltado à atividade essencial à administração da justiça (art. 133). Diante dessa expressa indispensabilidade, a Lei nº 8.906/94 estabeleceu que fosse atividade privativa do advogado postular a **qualquer** órgão do Poder Judiciário e aos juizados especiais (art. 1º, I). Conferiu o Estatuto da OAB, portanto, a capacidade postulatória exclusiva aos advogados.

Ocorre, no entanto, que o C. TST, ao interpretar o art. 133 da CF/88, não lhe concedeu tal amplitude, entendendo que a indispensabilidade dos advogados na administração da justiça se dá por meio do quinto constitucional e da participação dos advogados na comissão dos concursos para a magistratura e do Ministério Público. A propósito, entendeu o Tribunal Superior do Trabalho que o Estatuto da OAB não revogou o art. 791 da CLT[1], o qual prevê a aplicação do *jus postulandi* ao processo do trabalho, que consiste na possibilidade de as próprias partes irem a juízo, sem serem representadas por advogados.

O Supremo Tribunal Federal, provocado a analisar o art. 1º, I, da Lei nº 8.906/94, por meio da ADIN 1.127-8, considerou inconstitucional a expressão "qualquer" descrita no referido artigo, admitindo que na Justiça do Trabalho o advogado é dispensável. Garantiu a C. Corte, portanto, a capacidade postulatória da parte no processo trabalhista (*jus postulandi*), afastando a exclusividade do advogado.

Diante dessa sistemática, o C. TST manteve seu entendimento acerca da condenação dos honorários advocatícios na Justiça laboral (Súmula nº 329 do TST), o qual não era devido pela mera sucumbência, exigindo para sua concessão a presença cumulativa de dois requisitos:

1) estar assistido pelo sindicato da categoria;

2) ser beneficiário da justiça gratuita (Súmula nº 219, I, do TST).

O C. TST embasava sua restrição nos seguintes argumentos:

---

1. Art. 791 - Os empregados e os empregadores poderão reclamar pessoalmente perante a Justiça do Trabalho e acompanhar as suas reclamações até o final. (...)

a) na existência do *jus postulandi*, pois é faculdade da parte contratar advogado; e

b) no art. 14 da Lei nº 5.584/70, que permite tão somente a condenação dos honorários quando o empregado estiver assistido pelo sindicato, além de ser beneficiário da justiça gratuita.

Noutras palavras, como no processo do trabalho a parte pode atuar sem advogado, caso o contrate a parte contrária não poderá ficar responsável pelo pagamento de seus honorários, ficando a cargo, exclusivamente, do contratante. Além disso, não tendo condições de arcar com os honorários de seu advogado, deverá se valer da assistência judiciária gratuita, prevista no art. 14 da Lei nº 5.584/70, que impõe a assistência de forma gratuita pelo sindicato da categoria, ainda que o trabalhador não seja associado ao sindicato da categoria (art. 18 da Lei 5.584/70).

Por outro lado, o C. TST autoriza a condenação dos honorários advocatícios pela mera sucumbência na ação rescisória e nas lides que não derivassem da relação de emprego. Além disso, os honorários também seriam devidos quando o ente sindical figurasse como substituto processual, como forma de estimular a atuação coletiva do sindicato.

Em resumo, a Súmula nº 219 do TST, que versa sobre os honorários advocatícios, tem o seguinte teor:

> **Súmula nº 219 do TST.** *Honorários advocatícios. Cabimento*
>
> *I - Na Justiça do Trabalho, a condenação ao pagamento de honorários advocatícios não decorre pura e simplesmente da sucumbência, devendo a parte, concomitantemente: a) estar assistida por sindicato da categoria profissional; b) comprovar a percepção de salário inferior ao dobro do salário mínimo ou encontrar-se em situação econômica que não lhe permita demandar sem prejuízo do próprio sustento ou da respectiva família. (art.14,§1º, da Lei nº 5.584/1970).*
>
> *II - É cabível a condenação ao pagamento de honorários advocatícios em ação rescisória no processo trabalhista.*
>
> *III – São devidos os honorários advocatícios nas causas em que o ente sindical figure como substituto processual e nas lides que não derivem da relação de emprego.*

> *IV – Na ação rescisória e nas lides que não derivem de relação de emprego, a responsabilidade pelo pagamento dos honorários advocatícios da sucumbência submete-se à disciplina do Código de Processo Civil (arts. 85, 86, 87 e 90).*
>
> *V - Em caso de assistência judiciária sindical ou de substituição processual sindical, excetuados os processos em que a Fazenda Pública for parte, os honorários advocatícios são devidos entre o mínimo de dez e o máximo de vinte por cento sobre o valor da condenação, do proveito econômico obtido ou, não sendo possível mensurá-lo, sobre o valor atualizado da causa (CPC de 2015, art. 85, § 2º).*
>
> *VI - Nas causas em que a Fazenda Pública for parte, aplicar-se-ão os percentuais específicos de honorários advocatícios contemplados no Código de Processo Civil.*

Antes mesmo da Lei nº 13.467/17 já defendíamos[2] o cancelamento dessa súmula, especialmente do item I.

Com o advento da referida lei, promove-se verdadeira revolução acerca da condenação dos honorários advocatícios, o que viabilizará o cancelamento das Súmulas nº 219 e 329 do TST.

É que antes da referida lei, em regra, tínhamos apenas os honorários contratuais e assistenciais nessa seara, aplicando-se os honorários sucumbenciais somente na ação rescisória e nas lides que não derivassem da relação de emprego. A partir de agora, passa-se a ser regra a condenação em honorários sucumbenciais.

2. MODALIDADES DE HONORÁRIOS

Inicialmente, é necessário diferenciar as modalidades de honorários existentes: contratuais, sucumbenciais e assistenciais.

Honorários contratuais são aqueles que decorrem de relação de prestação de serviços firmada entre o advogado e seu cliente. É, portanto, puramente contratual, de modo que as partes os definem por comunhão de vontades. Tendo contrato escrito é considerado como título executivo extrajudicial (Lei nº 8.906/94, art. 24 c/c NCPC, art. 784, XII). A Justiça do Trabalho é incom-

---

2. MIESSA, Élisson; CORREIA, Henrique. *Súmulas e Orientações Jurisprudenciais do TST comentadas e organizadas por assunto.* 8.ed. Salvador: Editora JusPodivm, 2016. p. 984.

petente para a discussão acerca de tais honorários, inclusive para sua execução[3].

Os **honorários de sucumbência** são os fixados pelo juiz na decisão e devem ser pagos pelo vencido. Deriva, pois, do fato objetivo da derrota[4]. Com o advento da Lei nº 13.467/17, eles passam a ser previstos no art. 791-A, *caput*, da CLT.

Os **honorários assistenciais** são aqueles que derivam da assistência judiciária gratuita. No processo do trabalho, eles eram devidos ao sindicato.

3. HONORÁRIOS DE SUCUMBÊNCIA

Os honorários advocatícios sucumbenciais passam a ser disciplinados expressamente no art. 791-A, *caput*, da CLT, alterando consideravelmente a sistemática anterior em que o C. TST, na Súmula nº 219, somente admitia sua condenação nas ações rescisórias e lides que não derivassem da relação de emprego.

Como seu próprio nome indica, os honorários sucumbenciais são aqueles que decorrem da derrota da parte (sucumbência). Portanto, o vencido ficará responsável por pagar os honorários do advogado do vencedor. "Isso significa que o advogado do vencedor tem direito de receber honorários de sucumbência, mas o advogado do vencido não ostenta igual direito"[5].

Eles são considerados pedidos implícitos, o que significa que independentemente de pedido, devem ser analisados pelo juízo (Súmula nº 256 do STF). Desse modo, com ou sem pedido, caso tais honorários não sejam examinados na decisão judicial, ela será considerada *citra petita*, viabilizando a interposição dos embargos de declaração por omissão (CLT, art. 897-A). Havendo a condenação na seara trabalhista, sua execução, evidentemente, será de competência da Justiça do Trabalho.

---

3. Súmula nº 363 do STJ. TST-E-RR-48900-38.2008.5.15.0051, SBDI-I, rel. Min. Lelio Bentes Corrêa, 30.8.2012 (Informativo nº 20).
4. ASSIS, Araken. *Processo civil brasileiro, volume II: parte geral: institutos fundamentais*: tomo 1. São Paulo: Editora Revista dos Tribunais, 2015. p. 403.
5. CAMARGO, Luiz Henrique Volpe. *Breves comentários ao Novo Código de Processo Civil*. Org. WABIER, Teresa Arruda Alvim; DIDIER Jr, Fredier; TALAMINI, Eduardo e DANTAS, Bruno. Revista dos Tribunais. 2ª ed. 2016. p. 321.

Aliás, o art. 85, § 18, do NCPC, aplicável subsidiariamente ao processo do trabalho, admite que não sendo estabelecidos os honorários sucumbenciais na decisão, após o trânsito em julgado, será permitido o ajuizamento de ação autônoma para a definição e cobrança. Essa ação autônoma, a nosso ver, será de competência da Justiça do Trabalho, porque decorrente de decisão judicial trabalhista. Noutras palavras, conferindo-se à Justiça do Trabalho a competência para analisar os honorários na causa principal, consequentemente, na ação autônoma, que é acessória, também deverá ter competência.

3.1. Titularidade

A titularidade dos honorários sucumbenciais é do advogado, ainda que esteja atuando em causa própria.

Os honorários, por se tratarem de forma de remuneração do advogado, são considerados como crédito de natureza alimentar (art. 85, § 14).

Disso resulta que, havendo sucumbência recíproca, ambas as partes deverão pagar honorários advocatícios, pois não se trata de crédito das partes a permitir compensação entre os honorários devidos (CLT, art. 791-A, § 3º).

Além disso, havendo honorários em face da Fazenda Pública o advogado poderá requerer a expedição, de forma autônoma, da requisição de pequeno valor ou do precatório para pagamento dos honorários advocatícios.

3.2. Valor dos honorários

O art. 85, § 2º, do NCPC declina que os honorários serão fixados entre 10 e 20% sobre o valor da condenação, do proveito econômico obtido ou, não sendo possível mensurá-lo, sobre o valor atualizado da causa.

O C. TST, nas hipóteses que permitia a condenação de honorários sucumbenciais (ações rescisórias e lides que não derivem de relação de emprego), autorizava no item IV da Súmula nº 219 do TST a aplicação da disciplina do NCPC (arts. 85, 86, 87 e 90).

Entretanto, a Lei nº 13.467/2017 determinou que, no processo do trabalho, os honorários sucumbenciais devem ser fixados entre 5 e 15% sobre o valor que resultar da liquidação da sentença, do proveito econômico obtido ou, não sendo possível mensurá-lo, sobre o valor atualizado da causa.

Desse modo, a nosso juízo, após o advento da referida lei esses percentuais devem ser aplicados em todas as ações submetidas à Justiça do Trabalho, inclusive, nas ações rescisórias e nas lides que não derivem de relação de emprego (TST, IN 27/2005).

É importante destacar que o legislador optou, no processo do trabalho, por definir como base de cálculo o valor que resultar da liquidação de sentença e não o valor da condenação como no processo civil, o que significa que nas condenações de obrigação de pagar o montante dos honorários será ilíquido, sendo quantificado no momento da liquidação.

Ademais, na procedência parcial a base de cálculos dos honorários dos advogados das partes será a mesma (valor que resultar da liquidação da sentença ou do proveito econômico obtido), ou seja, levará em conta os pedidos julgados procedentes. No entanto, nada obsta de a porcentagem dos honorários ser diferente para cada advogado, observados os critérios do art. 791-A, § 2º, da CLT[6].

3.3. Critérios para fixação do valor dos honorários

O art. 791-A, § 2º, da CLT, determina que, ao fixar os honorários, o juízo deverá observar:

> I – o grau de zelo do profissional;
>
> II - o lugar de prestação do serviço;
>
> III - a natureza e a importância da causa;
>
> IV - o trabalho realizado pelo advogado e o tempo exigido para o seu serviço.

Tais critérios têm como objetivo viabilizar a definição do valor dos honorários advocatícios entre o mínimo e o máximo descrito no *caput* do art. 791-A da CLT, ou seja, como o *caput* concede uma margem para o julgador (5% a 15%), cumpre-lhe definir o montante com base em referidos critérios.

---

6. Nesse sentido: STJ-REsp 634.651/RJ, Rel. Ministra ELIANA CALMON, SEGUNDA TURMA, julgado em 05/04/2005, DJ 16/05/2005, p. 309. Em sentido oposto, entendendo que as bases são distintas: STJ-REsp 585.831/RJ, Relator Ministro Teori Albino Zavascki, DJU de 21.6.04.

3.4. Honorários advocatícios no cumprimento de sentença, execução e recursos

O art. 85, § 1º, do CPC estabelece que "são devidos honorários advocatícios na reconvenção, no cumprimento de sentença, provisório ou definitivo, na execução, resistida ou não, e nos recursos interpostos, cumulativamente".

A CLT, por sua vez, não versou sobre o tema, salvo no caso da reconvenção em que o § 5º do art. 791-A fez referência expressa à possibilidade de condenação aos honorários.

Disso resulta a seguinte indagação: aplica-se ao processo do trabalho o art. 85, § 1º, do CPC?

Para uns, a resposta será afirmativa, sob o argumento de que a CLT foi omissa quanto ao tema.

Para outros, houve silêncio eloquente na CLT, impedindo a incidência do CPC no caso. Aliás, quando a CLT quis tratar do tema, fez de forma expressa no § 5º do art. 791-A, da CLT.

A nosso juízo, deverá prevalecer a segunda corrente, afastando a aplicação do art. 85, § 1º, do CPC. Seja pelo silêncio eloquente, seja porque o legislador prezou pelo princípio da simplicidade, facilitando a definição dos honorários advocatícios. Apenas previu os honorários na reconvenção, porque esta tem natureza de ação.

Ademais, quanto à possibilidade de honorários na fase recursal, outro argumento deve ser somado. O legislador criou momento diverso para o cálculo dos honorários na seara trabalhista, o qual será definido, em regra, pelo valor que resultar da liquidação da sentença. Nesse caso, percebe-se que ele é definido, como regra, depois da interposição de recursos, obstando a aplicação do CPC sobre os honorários na fase recursal.

3.5. Honorários advocatícios na desistência, renúncia ou reconhecimento do pedido

A CLT não disciplinou os honorários advocatícios nas hipóteses de desistência, renúncia e reconhecimento do pedido, razão pela qual pensamos ser aplicável o art. 90 do CPC, ante sua compatibilidade com a seara laboral.

Com efeito, nesses casos, os honorários serão pagos pela parte que desistiu, renunciou ou reconheceu. Aliás, sendo parcial a desistência, a renúncia ou o reconhecimento, a responsabilidade pelos honorários será proporcional à parcela reconhecida, à qual se renunciou ou da qual se desistiu (§ 1º).

Os honorários advocatícios, em regra, são definidos pela sucumbência. No entanto, verifica-se pelo referido dispositivo que o CPC consagrou, nesses casos, o princípio da causalidade, ou seja, direcionou o pagamento àquele que deu causa indevida ao processo. Desse modo, "responde o autor por ter dado causa ao processo e depois desistido dele ou renunciado ao direito material; responde o réu por ter exigido do autor a propositura da ação e reconhecido seu pedido em juízo"[7].

De qualquer maneira é necessário fazer algumas observações no âmbito laboral.

Na hipótese de **desistência**, pensamos que somente haverá incidência dos honorários advocatícios após a apresentação da contestação, vez que antes de sua presença nos autos não há como, objetivamente, demonstrar a realização de labor pelo advogado da parte contrária. Ademais, como já dito, havendo desistência parcial incidirá os honorários, quando for o caso, apenas sobre a proporção dos pedidos desistidos.

No que tange ao **reconhecimento jurídico do pedido**, cumpre destacar o § 4º do art. 90 o qual descreve que "se o réu reconhecer a procedência do pedido e, simultaneamente, cumprir integralmente a prestação reconhecida, os honorários serão reduzidos pela metade". Trata-se de disposição que se compatibiliza com o art. 467 da CLT, ou seja, não havendo pagamento das verbas rescisórias incontroversas na primeira audiência haverá incidência da multa de 50% e dos honorários advocatícios. Agora, reconhecendo as verbas incontroversas e já formulando seu pagamento na audiência, não haverá a incidência da multa e os honorários serão pagos pela metade.

3.6. Honorários advocatícios no arquivamento

Como visto, em regra, os honorários advocatícios são definidos pela sucumbência. Admite-se ainda sua incidência por aplicação

---

7. NEVES, Daniel Amorim Assumpção. *Manual de direito processual civil – volume único*. 8. ed. Salvador: Ed. JusPodivm, 2016. p. 216.

do princípio da causalidade, como analisado no tópico anterior, de modo que seu pagamento é direcionado àquele que deu causa indevida ao processo.

Pensamos que o arquivamento da reclamação trabalhista (extinção do processo sem resolução do mérito), insere-se no princípio da causalidade, devendo seguir as mesmas diretrizes do pedido de desistência, já que, *mutatis mutandis*, o arquivamento é uma modalidade de desistência autorizada pela CLT.

Com efeito, como regra, não haverá incidência dos honorários advocatícios, vez que o arquivamento ocorre antes da apresentação da contestação. Excepcionalmente, se apresentada a contestação, haverá a incidência dos honorários.

3.7. Honorários advocatícios no acordo

3.7.1. Acordo judicial

O art. 90, § 2º, do NCPC declina que nas hipóteses de transação, ou seja, nos acordos judiciais, caso as partes não disponham sobre as despesas, elas serão divididas igualmente. Esse dispositivo é aplicável ao processo do trabalho, tendo em vista a omissão na CLT a respeito do tema e a sua compatibilidade com essa seara processual.

A divisão igualitária das despesas processuais pressupõe ausência de manifestação expressa das partes, tal como prevê também o art. 789, § 3º, da CLT.

As despesas processuais correspondem a todos os gastos que as partes têm com o processo. Trata-se de gênero que tem como espécies as custas, os emolumentos, os honorários do perito e assistentes, dentre outros gastos com o processo.

Contudo, **os honorários advocatícios**, por terem o advogado como titular e não a parte, **não são considerados como despesa processual propriamente dita**.

Nesse contexto, caso os **advogados não tenham participado do termo de transação**, os honorários advocatícios devem ser fixados pelo juiz, nos termos do art. 791-A da CLT. Esse entendimento deriva do art. 844 do CC/02, o qual estabelece que "a transação não aproveita, nem prejudica senão aos que nela intervierem, ainda que diga respeito a coisa indivisível". Assim, considerando que os honorários advocatícios são destinados à remuneração do advogado e não integram as despesas relacionadas às partes, eles não podem ser transacionados sem a presença dos próprios advogados[8].

Por outro lado, "se houver participação do advogado no temo de transação sem qualquer ressalva de honorários, presume-se que cada parte arcará com os honorários de seu advogado" [9].

Ainda em relação aos honorários advocatícios nos acordos judiciais, o art. 90, § 3º, do NCPC declina que, "se a transação ocorrer antes da sentença, as partes ficam dispensadas do pagamento das custas processuais remanescentes, se houver". Esse dispositivo objetiva claramente estimular que as partes realizem a autocomposição. No entanto, ele não é aplicado ao direito processual do trabalho, uma vez que neste ramo processual não há adiantamento de despesas processuais, não havendo que se falar, portanto, em despesas remanescentes.

3.7.2. Acordo extrajudicial

O art. 855-B da CLT, acrescentado pela Lei nº 13.467/2017, declina que nos casos de homologação de acordo extrajudicial é obrigatória a representação das partes por advogado.

Conquanto haja participação do advogado, por se tratar de jurisdição voluntária, não há sucumbência, de modo que cada interessado arcará com os honorários de seu advogado, não incidindo os honorários sucumbenciais[10]. Aplica-se analogicamente o art. 88 do NCPC.

3.8. Honorários advocatícios no litisconsórcio

O art. 87 do NCPC disciplina a fixação dos honorários advocatícios e das despesas processuais nos casos de litisconsórcio ativo ou passivo, o qual deve ser aplicado subsidiariamente ao processo

---

8. CAMARGO, Luiz Henrique Volpe. Comentários ao art. 90 do NCPC. In: WAMBIER, Teresa Arruda Alvim et al. *Breves comentários ao Novo Código de Processo Civil de acordo com as alterações da lei nº 13.256/2016*. 2. ed. São Paulo: Editora Revista dos Tribunais, 2016. p. 365.
9. CAMARGO, Luiz Henrique Volpe. Comentários ao art. 90 do NCPC. In: WAMBIER, Teresa Arruda Alvim et al. *Breves comentários ao Novo Código de Processo Civil de acordo com as alterações da lei nº 13.256/2016*. 2. ed. São Paulo: Editora Revista dos Tribunais, 2016. p. 365.
10. NEVES, Daniel Amorim Assumpção. *Novo Código de Processo Civil Comentado*. Salvador: Editora JusPodivm, 2016. p. 144.

do trabalho, ante a omissão da CLT e a compatibilidade com a seara laboral.

De acordo com o dispositivo, havendo litisconsórcio, os vencidos respondem proporcionalmente pelas despesas e pelos honorários. Essa proporcionalidade deve ser estabelecida de modo expresso na sentença. Não havendo previsão na sentença, os vencidos respondem solidariamente pelas despesas e pelos honorários.

Essa regra, porém, não se aplica para os casos de responsabilidade subsidiária. Nessas hipóteses, a obrigação é do responsável principal, de modo que apenas não havendo o pagamento será transferida para o responsável secundário (subsidiário).

3.9. Honorários advocatícios na sucumbência recíproca

A sucumbência recíproca ocorre quando o reclamante obtém procedência parcial de seus pedidos, de modo que se torna vencedor e vencido na demanda. Da mesma forma, a parte contrária será vencida e vencedora em parte dos pedidos.

Nesses casos, ambas as partes deverão pagar honorários advocatícios, sendo divididos proporcionalmente entre eles (CPC, art. art. 86, *caput*). No entanto, está impedida a compensação entre os honorários advocatícios (CLT, art. 791-A, § 3º).

> *Exemplo: reclamante postula o pagamento de horas extras no valor de R$ 5.000,00 e indenização por danos morais no importe de R$ 5.000,00. Em sentença, julga-se procedente apenas o pedido das horas extras, condenando-se ao pagamento de honorários advocatícios correspondente a 10%. Nesse caso, o reclamante é vencedor das horas extras e vencido no pedido de indenização, devendo pagar os honorários sucumbenciais do advogado da reclamada, no importe de R$ 500,00. Do mesmo modo, o reclamado é vencedor no pedido de indenização, mas vencido no pedido de horas extras, devendo arcar com os honorários sucumbenciais do advogado da reclamante, no montante de R$ 500,00.*

Impede-se a compensação porque esta ocorre quando duas pessoas forem ao mesmo tempo, credora e devedora uma da outra, extinguindo-se a obrigação, até onde se compensarem (CC/02, art. 368).

No caso, a titularidade dos honorários é do advogado das partes e não das próprias partes, conforme estabelece o art. 85, § 14º do CPC e o art. 23 da Lei nº 8.906/94[11], o que significa que os advogados possuem apenas créditos e não débitos que possam ser compensados.

3.9.1. Base de cálculo dos honorários na sucumbência recíproca

Na hipótese de sucumbência recíproca (procedência parcial), a base de cálculos dos honorários dos advogados das partes provocará discussão na doutrina e na jurisprudência, especialmente acerca do significado da expressão "proveito econômico obtido".

Para uns, o art. 791-A, *caput*, da CLT elegeu três critérios em ordem sucessiva como base de cálculos dos honorários: 1º – valor que resultar da liquidação da sentença; 2º – proveito econômico obtido; e 3º – valor da causa. Considerando que a apuração do valor da condenação está ligada aos pedidos procedentes, e que proveito econômico obtido significa benefício alcançado, ambos estão relacionados à parte procedente, de modo que a base de cálculos deverá ser única[12] levando sempre em conta o valor dos pedidos julgados procedentes. No entanto, nada obsta que a porcentagem dos honorários seja diferente para cada advogado (p. ex., 10% para o patrono do reclamante e 5% para o da reclamada), observados os critérios do art. 791-A, § 2º, da CLT.

Para outros, proveito econômico para o reclamado significa aquilo que deixou de ser condenado, ou seja, a diferença entre o valor do pedido e o montante da condenação.[13] Portanto, se o reclamante postula R$ 30.000,00 e a decisão condena a reclamada em R$ 20.000,00, estabelecendo honorários sucumbenciais de 10%, o reclamado terá de

---

11. Art. 23. Os honorários incluídos na condenação, por arbitramento ou sucumbência, pertencem ao advogado, tendo este direito autônomo para executar a sentença nesta parte, podendo requerer que o precatório, quando necessário, seja expedido em seu favor.
12. Nesse sentido, STJ-REsp 634.651/RJ, Rel. Ministra Eliana Calmon, Segunda Turma, julgado em 05/04/2005, *DJ* 16/05/2005, p. 309. Em sentido oposto, entendendo que as bases são distintas, STJ– REsp 585.831/RJ, Relator Ministro Teori Albino Zavascki, *DJU* de 21.6.04.
13. TEIXEIRA FILHO, Manoel Antônio. *O processo do trabalho e a reforma trabalhista – As alterações introduzidas no processo do trabalho pela Lei n. 13.467/17*. São Paulo: LTr, 2017. p. 133. THEODORO JÚNIOR, Humberto. *Curso de direito processual civil*, v. I: *Teoria geral do direito processual civil, processo de conhecimento e procedimento comum*. 56. ed. rev. atual. e ampl. Rio de Janeiro: Forense, 2015. p. 300; CAMARGO, Luiz Henrique Volpe. Comentários ao art. 85 do NCPC. In: WAMBIER, Teresa Arruda Alvim et al. *Breves comentários ao Novo Código de Processo Civil de acordo com as alterações da lei nº 13.256/2016*. 2. ed. São Paulo: Revista dos Tribunais, 2016. p. 350.

pagar R$ 2.000,00 de honorários (10% sobre R$ 20.000,00) e o reclamante, R$ 1.000,00 (10% sobre R$ 10.000,00 – parte vencida).

Na realidade, os pedidos improcedentes provocam uma sentença de natureza declaratória. Desse modo, se existissem apenas pedidos improcedentes os honorários seriam arbitrados com base no valor da causa, que corresponde ao somatório de todos os pedidos. Agora, quando existem pedidos procedentes e improcedentes (sucumbência recíproca), não se pode utilizar o valor integral da causa como base de cálculo, sob pena de o reclamante pagar honorários sobre aquilo que venceu. Por isso, pensamos que deve ser deduzido do valor da causa a parte que o reclamante venceu e sobre a parte vencida incidem os honorários.

Outra discussão que será levantada é se os honorários de sucumbência incidirão quando **parcela de um pedido for parcialmente procedente**, sendo denominados por alguns como sucumbência parcial, como dispõe a doutrina alemã.

Exemplo: 1) reclamante postula o pagamento de diferenças salariais decorrente do desvio de função e acúmulo de função, sendo julgado parcialmente procedentes em decorrência do desvio de função; 2) reclamante postula 3 horas extras diárias sendo vencedor em 2 horas extras e vencido em 1 hora.

Parte da doutrina tem defendido que a sucumbência deve ser analisada pelo próprio pedido formulado, sendo sucumbente sempre que o pedido for integralmente indeferido[14]. Assim, no exemplo anterior, não haveria sucumbência do reclamante, já que seus pedidos não foram totalmente improcedentes. Justifica-se tal posicionamento no fato de que o processo do trabalho tem a peculiaridade de ter poderosa inclinação pela cumulação de pedidos, bem como para que o pedido acessório relacionado aos honorários não possa, por vezes, provocar condenação superior ao que o reclamante tem direito na demanda. Assim, usa-se a mesma sistemática da Súmula nº 326 do STJ, a qual descreve que "na indenização por dano moral, a condenação em montante inferior ao postulado na inicial não implica a sucumbência recíproca". Nesse sentido, o Enunciado nº 99 da 2ª Jornada de direito material e processual do trabalho:

---
14. SOUZA JUNIOR, Antônio Umberto de [et al.]. *Reforma trabalhista: análise crítica da Lei 13.467/2017.* São Paulo: Rideel, 2017. p. 384.

Enunciado nº 99 – Sucumbência recíproca

O juízo arbitrará honorários de sucumbência recíproca (art. 791-A, par. 3º, da CLT) apenas em caso de indeferimento total do pedido específico. O acolhimento do pedido, com quantificação inferior ao postulado, não caracteriza sucumbência parcial, pois a verba postulada restou acolhida. Quando o legislador mencionou "sucumbência parcial", referiu-se ao acolhimento de parte dos pedidos formulados na petição inicial.

Para outros, embora não se negue que o processo do trabalho tenha maior cumulação de pedidos, na hipótese de procedência parcial dentro do pedido haverá a concessão de honorários de sucumbência. Justifica-se que pensar de forma diversa é admitir que os honorários, no caso, são devidos pelo princípio da causalidade. Noutras palavras, os honorários com base na sucumbência pressupõem que a parte seja vencida, ainda que parcialmente. Já os honorários com fundamento na causalidade tem como foco aquele de deu causa indevida à movimentação do judiciário. Desse modo, acolher a posição anterior é afirmar que será aplicado o princípio da causalidade no processo do trabalho e não o princípio da sucumbência, vez que apenas quando o reclamante movimentar de forma indevida o judiciário (improcedência do seu pedido) que haverá condenação em honorários. Assim, indicam que vigorando o princípio da sucumbência na seara trabalhista, deve incidir os honorários, ainda que a procedência seja sobre parcela do pedido.

De qualquer maneira, a improcedência é sobre o bem da vida pleiteado e não sobre o valor a ele atribuído. Assim, se o reclamante postula horas extras acima da 8ª diária e 44ª semanal dando ao pedido o valor de R$ 30.000,00, caso seja julgado procedente seu pedido de horas extras, mas o valor tenha alcançado o montante de R$ 15.000,00, não há sucumbência parcial.

3.9.2. Sucumbência em parte mínima

Nos termos do art. 86, parágrafo único, do CPC, aplicável ao processo do trabalho, "se um litigante sucumbir em parte mínima do pedido, o outro responderá, por inteiro, pelas despesas e pelos honorários".

A delimitação do que será parte mínima do pedido é um conceito legal indeterminado, de modo que incumbe ao juízo, em cada caso concreto, defini-lo.

3.10. Honorários sucumbenciais na cumulação de pedidos

A cumulação de pedidos é classificada em:

• **cumulação própria:** quando são formulados diversos pedidos, pretendendo a cumulação simultânea de todos eles. Essa modalidade de cumulação é subdividida em:

a) **cumulação simples:** quando há diversos pedidos que não possuem uma relação de prejudicialidade entre eles, podendo ser acolhidos de forma simultânea. Eles são totalmente independentes.

> • **Exemplo:** postula-se o pagamento de horas extras e 13º salário.

(A + B)

b) **cumulação sucessiva:** na hipótese de existir prejudicialidade entre os pedidos, de modo que o segundo pedido somente será analisado se o anterior for julgado procedente.

> • **Exemplo:** João postula o reconhecimento do vínculo e o pagamento do aviso-prévio. A concessão do aviso-prévio passa, inicialmente, pelo reconhecimento do vínculo.

(procedente A ➔ B)

• **cumulação imprópria:** quando se formulam diversos pedidos ao mesmo tempo, mas apenas um deles será atendido. Noutras palavras, o acolhimento de um pedido impossibilita o acolhimento do outro. Essa modalidade de cumulação se subdivide em:

a) **cumulação alternativa:** o autor formula mais de um pedido, sem estabelecer uma ordem de preferência, de modo que a concessão de qualquer um deles o deixará satisfeito (NCPC, art. 326, parágrafo único)[15].

---

15. A cumulação alternativa difere do pedido alternativo. Aquele tem mais de um pedido (cumulação de pedidos). Já o pedido alternativo é um único pedido, mas, por força do contrato ou da lei, pode

- **Exemplo:** a convenção coletiva garante ao trabalhador o direito ao convênio médico ou à cesta básica. Não ocorrendo a concessão de nenhum deles, pode o trabalhador já escolher na inicial qual benefício pretende receber ou poderá cumular os pedidos (convênio médico ou cesta básica) e deixar a escolha a critério do juiz.

(A ou B)

b) **cumulação subsidiária:** ocorre quando há prejudicialidade entre os pedidos, de modo que o segundo somente será analisado se o anterior for julgado improcedente. Assim, nos termos do art. 326 do NCPC, aplicável ao processo do trabalho, "é lícito formular mais de um pedido em ordem subsidiária, a fim de que o juiz conheça do posterior, quando não acolher o anterior".

Nesses casos, não se exige que haja compatibilidade entre os pedidos (NCPC, art. 327, § 3º).

- **Exemplo:** reclamante informa que foi dispensada durante período que era integrante da CIPA, tendo, portanto, garantia de emprego. Postula, dessa forma, a reintegração do emprego e, subsidiariamente, a indenização do período correspondente.

(improcedente A ➔ B)

Nas cumulações simples e sucessiva, a improcedência de qualquer dos pedidos faz surgir a sucumbência, devendo a reclamada arcar com honorários sobre os pedidos procedentes e o reclamante sobre os pedidos julgados improcedente.

Na cumulação alternativa, havendo procedência de um dos pedidos não há sucumbência recíproca, vez que a obrigação pode ser

---

ser cumprido por mais de uma forma (NCPC, art. 325). Exemplo: empregador concede prêmio ao trabalhador que for mais assíduo (única prestação). O prêmio poderá ser um curso ou uma viagem, a ser escolhido a critério do empregador (duas formas de satisfação). Não ocorrendo a concessão do prêmio, pode o trabalhador postular a concessão do prêmio (pedido único), que poderá ser satisfeito de qualquer das duas formas.

cumprida satisfatoriamente por qualquer uma das formas, incidindo honorários apenas para a reclamada.

Já no pedido subsidiário, o deferimento deste provocará a procedência parcial e, consequentemente, haverá sucumbência recíproca. Nesse caso, a base de cálculo para os honorários a serem suportados pela reclamada será o pedido procedente e a do reclamante a diferença entre o pedido principal e o subsidiário.

3.11. Honorários advocatícios nas ações contra a Fazenda Pública

O art. 791-A, § 1º declina que os honorários sucumbenciais são devidos nas ações contra a Fazenda Pública sem fazer nenhuma restrição à fixação dos valores mínimo e máximo, tal como prevê o art. 85, § 3º do NCPC.

Antes da alteração realizada pela Lei nº 13.467/2017, o C. TST determinava na Súmula nº 219, VI, que nas causas em que a Fazenda Pública fosse parte, deveriam ser aplicados os percentuais específicos do NCPC.

Com efeito, o art. 85, §§ 3º e 4º, do NCPC determina que o juízo deverá observar percentuais específicos quando a Fazenda Pública for parte, como se verifica *in verbis*:

> *§ 3º Nas causas em que a Fazenda Pública for parte, a fixação dos honorários observará os critérios estabelecidos nos incisos I a IV do § 2º e os seguintes percentuais:*
>
> *I - mínimo de dez e máximo de vinte por cento sobre o valor da condenação ou do proveito econômico obtido até 200 (duzentos) salários-mínimos;*
>
> *II - mínimo de oito e máximo de dez por cento sobre o valor da condenação ou do proveito econômico obtido acima de 200 (duzentos) salários-mínimos até 2.000 (dois mil) salários-mínimos;*
>
> *III - mínimo de cinco e máximo de oito por cento sobre o valor da condenação ou do proveito econômico obtido acima de 2.000 (dois mil) salários-mínimos até 20.000 (vinte mil) salários-mínimos;*
>
> *IV - mínimo de três e máximo de cinco por cento sobre o valor da condenação ou do proveito econômico obtido acima de*

20.000 (vinte mil) salários-mínimos até 100.000 (cem mil) salários-mínimos;

V - mínimo de um e máximo de três por cento sobre o valor da condenação ou do proveito econômico obtido acima de 100.000 (cem mil) salários-mínimos.

§ 4º Em qualquer das hipóteses do § 3º:

I - os percentuais previstos nos incisos I a V devem ser aplicados desde logo, quando for líquida a sentença;

II - não sendo líquida a sentença, a definição do percentual, nos termos previstos nos incisos I a V, somente ocorrerá quando liquidado o julgado;

III - não havendo condenação principal ou não sendo possível mensurar o proveito econômico obtido, a condenação em honorários dar-se-á sobre o valor atualizado da causa;

IV - será considerado o salário-mínimo vigente quando prolatada sentença líquida ou o que estiver em vigor na data da decisão de liquidação.

5º Quando, conforme o caso, a condenação contra a Fazenda Pública ou o benefício econômico obtido pelo vencedor ou o valor da causa for superior ao valor previsto no inciso I do § 3o, a fixação do percentual de honorários deve observar a faixa inicial e, naquilo que a exceder, a faixa subsequente, e assim sucessivamente.

§ 6º Os limites e critérios previstos nos §§ 2o e 3o aplicam-se independentemente de qual seja o conteúdo da decisão, inclusive aos casos de improcedência ou de sentença sem resolução de mérito.

O tratamento diferenciado concedido à Fazenda Pública no tocante aos honorários advocatícios tem como justificativa o bem jurídico protegido, qual seja, o erário público[16].

Pelo mesmo motivo, pensamos que tais limitações devem ser observadas no processo do trabalho, aplicando-se supletivamente os dispositivos do NCPC, nesse particular. No entanto, dever-se-á limitar aos limites mínimo e máximo permitidos pelo *caput* do art. 791-A, da CLT. Desse modo, na seara laboral, os honorários advocatícios em face da Fazenda Pública deverão ter os seguintes parâmetros:

---

16. ABELHA, Marcelo. *Manual de direito processual civil*. 6. ed. Rio de Janeiro: Forense, 2016. p. 241.

I - mínimo de cinco e máximo de quinze por cento sobre o valor da condenação ou do proveito econômico obtido até 200 (duzentos) salários-mínimos;

II - mínimo de cinco e máximo de dez por cento sobre o valor da condenação ou do proveito econômico obtido acima de 200 (duzentos) salários-mínimos até 2.000 (dois mil) salários-mínimos;

III - mínimo de cinco e máximo de oito por cento sobre o valor da condenação ou do proveito econômico obtido acima de 2.000 (dois mil) salários-mínimos até 20.000 (vinte mil) salários-mínimos;

IV - mínimo de três e máximo de cinco por cento sobre o valor da condenação ou do proveito econômico obtido acima de 20.000 (vinte mil) salários-mínimos até 100.000 (cem mil) salários-mínimos;

V - mínimo de um e máximo de três por cento sobre o valor da condenação ou do proveito econômico obtido acima de 100.000 (cem mil) salários-mínimos.

3.12. Honorários advocatícios e beneficiário da justiça gratuita

Nos termos do art. 791-A, § 4º, da CLT, vencido o beneficiário da justiça gratuita[17], se ele não tiver obtido, ainda que em outro processo, créditos capazes de suportarem a despesa, as obrigações decorrentes da sucumbência ficarão sob condição suspensiva de exigibilidade e somente poderão ser executadas se, nos dois anos subsequentes ao trânsito em julgado da decisão que as certificou, o credor demonstrar que deixou de existir a insuficiência de recursos. Se decorrido o prazo e não demonstrada a existência de recursos financeiros, as obrigações do beneficiário são extintas.

Verifica-se por esse dispositivo que o legislador previu duas hipóteses de se exigir do beneficiário da justiça gratuita o pagamento dos honorários advocatícios:

1) obter em juízo, ainda que em outro processo, créditos capazes de suportar a despesa;

2) ficar sob condição suspensiva pelo prazo de 2 anos a contar do trânsito em julgado da sentença.

---

17. No tocante ao benefício da justiça gratuita, remetemos o leitor ao tópico 4 dos comentários ao art. 790 da CLT.

Na primeira hipótese, a nosso juízo, a autorização concedida ao magistrado de viabilizar o pagamento dos honorários advocatícios com créditos recebidos pelo beneficiário no juízo, ainda que em outro processo, depende de dois requisitos cumulativos:

- **o crédito já deve existir no momento da decisão judicial**, impedindo decisão condicionada ao recebimento de créditos futuros, até porque a sentença deve ser certa e exigível. No caso de crédito futuro aplica-se a parte final do art. 791-A, § 4º, da CLT.

- **o julgador, no caso concreto, entender que o montante das verbas recebidas é capaz de retirar a condição beneficiário do reclamante.**

    Noutras palavras, a interpretação constitucional dos arts. 790-B, § 4º e 791-A, § 4º, da CLT não pode ser literal (receber créditos capazes de suportar as despesas), exigindo análise do caso concreto para verificar se tais créditos não atingem o próprio sustento do reclamante ou de sua família. É que nesse caso o julgador estabelecerá que houve perda da qualidade de beneficiário, impondo o pagamento dos honorários. Aplicar esses dispositivos de forma meramente gramatical violará o acesso à justiça (CF/88, art. 5º art. LXXIV) e o princípio da igualdade, sob seu aspecto material (CF/88, art. 5º, *caput*), como já anunciamos nos comentários realizado no art. 790 da CLT[18].

A segunda hipótese é subsidiária à primeira, ou seja, não havendo créditos a receber capazes de ultrapassar o padrão de sobrevivência do homem médio, o beneficiário da justiça gratuita será condenado aos honorários advocatícios sujeitando a obrigação a uma condição e a um termo decorrente da lei: sua exigibilidade fica automaticamente suspensa até que sobrevenha a demonstração da mudança de cenário financeiro (condição suspensiva); se isso não ocorrer em 2 anos a contar do trânsito em julgado a obrigação se extingue (termo resolutivo)[19].

---

18. A Procuradoria Geral da República ajuizou a ADI 5766 requerendo a declaração de inconstitucionalidade da expressão "desde que não tenha obtido em juízo, ainda que em outro processo, créditos capazes de suportar a despesa", do § 4º do art. 791-A da CLT alterado pela Lei nº 13.467/17.

19. OLIVEIRA, Rafael Alexandria de. Benefício da justiça gratuita. *In*: WAMBIER, Teresa Arruda Alvim *et al*. *Breves comentários ao novo código de processo civil*. 2. ed. São Paulo: Editora Revista dos Tribunais, 2016. p. 390.

Nesse caso, havendo o recebimento de créditos futuros (judiciais ou não) capazes de retirar a condição de beneficiário da justiça gratuita, até dois anos do trânsito em julgado da decisão, os honorários advocatícios serão cobrados na forma do art. 791-A, § 4º, da CLT. Nessa hipótese, impõe-se à parte contrária ou ao próprio advogado credor a prova da perda da qualidade de beneficiário da justiça gratuita, não podendo decorrer de atuação *ex officio*.

Vê-se, pois, que a primeira hipótese pode decorrer de atuação de ofício, vez que se trata de créditos já existentes (como regra, do próprio processo), enquanto a segunda depende de comprovação pela parte contrária ou pelo advogado credor do recebimento de créditos futuros capazes de viabilizar a perda da qualidade de beneficiário.

Por fim, ressalta-se que, quanto aos honorários periciais, o recebimento de verbas posteriores não autoriza a cobrança. Isso ocorre porque o art. 790-B, § 4º, da CLT, ao tratar dos honorários periciais, não faz a ressalva existente no § 4º do art. 791-A da CLT (honorários advocatícios), de modo que não existindo créditos no momento da decisão, o encargo ficará com a União.

3.13. Honorários advocatícios na reconvenção

Assim como previsto na parte inicial do art. 85, § 1º, do NCPC, o art. 791-A, § 5º, da CLT estabelece que na reconvenção também são cabíveis os honorários sucumbenciais.

Isso ocorre porque a reconvenção, embora seja uma modalidade de resposta do réu, não é defesa e, sim, verdadeiro contra-ataque, vez que no mesmo processo o reclamado (réu) ajuíza ação em face do autor. Tanto é assim que deve ser formulado pedido certo e determinado, incidindo as diretrizes do art. 840 da CLT (CPC, art. 324, § 2º). Tem, portanto, natureza de ação.

Nesse caso, o processo será único, mas terá uma demanda originária e outra reconvencional. Busca, assim, a aplicação do princípio da economia processual.

Esse entendimento já era aplicável à Justiça Comum mesmo antes do CPC/15, entendendo o STJ que os honorários fixados na ação principal são independentes dos fixados na ação reconvencional[20].

---

20. STJ - EDcl no AgRg no Ag 1366252/GO, Rel. Ministro JOÃO OTÁVIO DE NORONHA, QUARTA TURMA, julgado em 07/06/2011, DJe 14/06/2011.

Portanto, sendo vencido o reclamante (réu-reconvindo) deverá arcar com os honorários do advogado da reclamada (autor-reconvinte).

Por outro lado, sendo vencido a reclamada (autor-reconvinte), ou seja, julgada improcedente a reconvenção, deverá suportar os honorários do advogado do reclamante (réu-reconvindo). Nesse caso, embora a reconvenção com o Novo CPC seja formulada na própria contestação, o que significa que não tem valor da causa a subsidiar a base de cálculo dos honorários, ela deve delimitar o pedido, observando, pois, os requisitos do art. 840 da CLT (CPC, art. 324, § 2º), de modo que a base para os cálculos dos honorários será o proveito pretendido na reconvenção, isto é, a somatória dos seus pedidos.

4. HONORÁRIOS ASSISTENCIAIS

Os **honorários assistenciais** são aqueles que derivam da assistência judiciária gratuita. No processo do trabalho, eles eram devidos ao sindicato.

Com o advento da Lei nº 13.467/17 pensamos que os honorários assistenciais deixam de existir. Explico.

A Lei 1.060/50 passou a estabelecer normas para a concessão de assistência judiciária gratuita aos necessitados, com o objetivo de garantir a primeira onda de acesso ao judiciário. Desse modo, na Justiça comum, não tendo a pessoa condições de arcar com o pagamento dos honorários de seu advogado, poderá se valer da Defensoria Pública ou, na sua falta, de convênio firmado com a Ordem dos Advogados do Brasil. Percebe-se que, nesse caso, a pessoa necessitada não precisará pagar os honorários de seu advogado. Isso não impede que, ajuizada a demanda e sendo vencedora, a parte contrária seja condenada ao pagamento dos honorários sucumbenciais, que são revertidos ao advogado.

No processo do trabalho, embora o art. 14 da LC nº 80/94 admita a atuação da Defensoria Pública junto à Justiça laboral, a Lei nº 5.584/70, em seu art. 14, declina que "na Justiça do Trabalho, a assistência judiciária a que se refere a Lei nº 1.060, de 5 de fevereiro de 1950, será prestada pelo sindicato da categoria profissional a que pertencer o trabalhador", "ainda que não seja associado ao sindicato da categoria" (art. 18 da Lei 5.584/70). Portanto, no âmbito laboral, sempre se defendeu que a assistência judiciária gratuita era prestada pelo sindicato.

Dessa forma, na Justiça comum, quando a assistência judiciária gratuita não for exercida pela Defensoria Pública, ou seja, quando se tratar de atuação de advogado particular, ele receberá honorários assistenciais por meio do convênio da OAB e, se for o caso, os honorários sucumbenciais da parte contrária.

Por sua vez, na seara trabalhista, o sindicato não receberá do trabalhador, já que é pressuposto lógico da assistência judiciária gratuita a desnecessidade de pagamento dos honorários ao seu advogado. No entanto, não existe convênio para recompor os gastos do sindicato. Nesse contexto, admitia-se a condenação da parte contrária ao pagamento dos honorários advocatícios assistenciais, os quais eram revertidos ao sindicato (Lei 5.584/70, art. 16).

Portanto, percebe-se que, nesse caso, havia verdadeira junção dos honorários assistenciais com os honorários sucumbenciais.

Isso nos levava a uma situação *sui generis* no processo do trabalho: na hipótese de assistência judiciária gratuita (beneficiário da justiça gratuita + assistido pelo sindicato), como a parte contrária já era obrigada a pagar os honorários assistenciais, não havia condenação ao pagamento dos honorários sucumbenciais.

Essa afirmação tinha um reflexo importante, qual seja, nesse caso os honorários **não** eram de titularidade do advogado, mas sim do sindicato (Lei 5.584/70, art. 16).

E o advogado do sindicato, como recebia?

Na assistência judiciária gratuita obrigatória o vínculo formado era entre o empregado e o sindicato assistente e não diretamente com o advogado. Este é contratado pelo sindicato e não pelo empregado. Assim, como o sindicato tinha o dever de prestar assistência judiciária gratuita aos integrantes da categoria, o ordenamento recompunha seus gastos com a condenação da parte contrária ao pagamento dos honorários. O advogado do sindicato, por sua vez, cobrava diretamente do sindicato, conforme estipulado entre eles. Nada impedia, porém, de o sindicato e o advogado acordarem que os honorários assistenciais seriam revertidos ao advogado.

No entanto, com a chegada da Lei nº 13.467/17 esse cenário deve ser alterado.

A Constituição Federal de 1988, em seu art. 5º, LXXIV, impôs ao Estado o dever de prestar "assistência jurídica integral e gratuita aos que comprovarem insuficiência de recursos".

Trata-se, pois, de dever dirigido ao Estado e não aos particulares.

Tanto é assim que a Constituição Federal de 1988 incumbiu à Defensoria Pública "fundamentalmente, a orientação jurídica, a promoção dos direitos humanos e a defesa, em todos os graus, judicial e extrajudicial, dos direitos individuais e coletivos, de forma integral e gratuita, aos necessitados, na forma do inciso LXXIV do art. 5º desta Constituição Federal" (art. 134).

Embora o art. 14 da LC nº 80/94 admita a atuação da Defensoria Pública junto à Justiça laboral, como dito, sempre se atribuiu ao sindicato referida assistência no processo do trabalho, por dois fundamentos:

1) resquícios do regime anterior à Constituição Federal, em que os sindicatos auxiliavam o Estado na prestação de serviços públicos;

2) pelo art. 14 da Lei nº 5.584/70, que impõe a assistência judiciária gratuita ao sindicato.

No que tange ao primeiro fundamento, tais resquícios foram mantidos pela CLT em razão da contribuição sindical obrigatória. É que, antes da Lei nº 13.467/17, sendo a contribuição obrigatória para todos os integrantes da categoria, o art. 592 da CLT impunha que ela fosse destinada, dentre outros objetivos, para custear a assistência jurídica (incisos I, a, II, a, III, a e IV, a), o que era reforçado pelo o art. 514, *b*, da CLT ao estabelecer como dever do sindicato o de "manter serviços de assistência jurídica para os associados".

Contudo, com a alteração dos arts. 578, 579 e 582 da CLT pela Lei nº 13.467/17 e, consequentemente, com a extinção da contribuição sindical obrigatória, pensamos que tais resquícios deixam de existir, de modo que o sindicato, sendo pessoa jurídica de direito privado, deixa de ter o dever legal de prestar **gratuitamente** a assistência judiciária.

Nada obsta e tudo recomenda, que o sindicato em seu estatuto conceda tal assistência, mas nesse caso será por disposição estatuária e não legal.

O segundo fundamento também não subsiste.

O art. 14 da Lei nº 5.584/70 estabelece que:

> *Art. 14. Na Justiça do Trabalho, a assistência judiciária a que se refere a Lei nº 1.060, de 5 de fevereiro de 1950, será prestada pelo Sindicato da categoria profissional a que pertencer o trabalhador.*
>
> *§ 1º A assistência é devida a todo aquele que perceber salário igual ou inferior ao dobro do mínimo legal, ficando assegurado igual benefício ao trabalhador de maior salário, uma vez provado que sua situação econômica não lhe permite demandar, sem prejuízo do sustento próprio ou da família. (...)*

No entanto, referido artigo (*caput* e § 1º) foi revogado tacitamente pela Lei nº 10.288/01 ao incluir o § 10 no art. 789 da CLT, com a seguinte redação:

> *§ 10. O sindicato da categoria profissional prestará assistência judiciária gratuita ao trabalhador desempregado ou que perceber salário inferior a cinco salários mínimos ou que declare, sob responsabilidade, não possuir, em razão dos encargos próprios e familiares, condições econômicas de prover à demanda. (Incluído pela Lei nº 10.288, de 2001)*

Esse dispositivo foi posteriormente revogado pela Lei nº 10.537/02, dando nova redação ao art. 789 e seguintes da CLT. Assim, sendo certo que não houve expressa restauração do art. 14, *caput* e § 1º, da Lei nº 5.584/70, não há que se falar em repristinação, tendo em vista que o ordenamento brasileiro veda a repristinação tácita, como descreve o art. 2º, § 3º do Decreto-Lei nº 4.657, de 4 de setembro 1942 (LINDB).

Portanto, pensamos que, com o advento da Lei nº 13.467/17, a assistência judiciária gratuita exercida pelo sindicato deixa de ser obrigatória, podendo ser desempenhada quando prevista no estatuto da entidade, com os requisitos por ele estabelecidos[21].

---

21. Também entendendo que não há imposição legal de que os sindicatos ministrem assistência judiciária gratuita, mas determinando que os honorários sejam revertidos ao trabalhador. TEIXEIRA FILHO, Manoel Antônio. *O processo do trabalho e a reforma trabalhista – As alterações introduzidas no processo do trabalho pela Lei n. 13.467/17*. São Paulo: Ltr, 2017. p. 86.

Por sua vez, a assistência judiciária gratuita obrigatória passa a ser dever da Defensoria Pública da União, por força do art. 14 da LC nº 80/94.

Essa mudança de *status* da assistência sindical (de obrigatória para facultativa) produz reflexos diretamente nos honorários advocatícios.

É que sendo meramente facultativa a assistência não há que se falar em honorários assistenciais. Aliás, como já visto, antigamente "transformava-se" os honorários sucumbenciais em assistenciais, já que eram devidos apenas na hipótese de assistência pelo sindicato. Agora, existindo expressamente os honorários sucumbenciais e sendo mera faculdade do sindicato a assistência judicial, deixam de existir os honorários assistenciais, sendo devidos apenas os honorários sucumbenciais.

Ademais, o art. 791-A, § 3º, da CLT descreve que os honorários são devidos nas ações em que a parte estiver assistida pelo sindicato da categoria. Considerando que o *caput* desse artigo versa sobre os honorários sucumbenciais, evidentemente, que seu parágrafo também deve tratar de tais honorários, de modo que o dispositivo reconhece a existência dos honorários sucumbenciais e não mais dos assistenciais.

Essa discussão não é meramente acadêmica, produzindo efeito direto no beneficiário dos honorários, já que, sendo honorários sucumbenciais, eles são de titularidade do advogado e não do sindicato. Nada impede que o próprio advogado, contratualmente, estabeleça que os honorários serão revertidos ao sindicato, tendo em vista que se trata de crédito disponível do próprio advogado.

Percebe-se, pois, que há inversão total da sistemática anterior. Queremos dizer, antes os honorários assistenciais eram do sindicato, o qual poderia reverter, contratualmente, ao advogado. Agora os honorários por serem sucumbenciais são de titularidade do advogado que pode, contratualmente, reverter ao sindicato.

Por fim, caso haja assistência sindical e o assistido seja vencido, ele poderá ser condenado ao pagamento dos honorários sucumbenciais, observado o § 4º do art. 791-A, da CLT, tal como analisado nos tópicos anteriores.

5. HONORÁRIOS ADVOCATÍCIOS NA SUBSTITUIÇÃO PROCESSUAL PELO SINDICATO

A substituição processual no direito processual civil é vista como exceção, admitindo-se sua aplicação tão somente quando norma expressa a permitir (NCPC, art. 18). No processo do trabalho, porém, a substituição processual ganha maior relevância, ante a desigualdade existente entre os integrantes da relação empregatícia que, consequentemente, espraia-se para a relação processual. A postulação, por intermédio da entidade de classe, desonera (ainda que parcialmente) o trabalhador do ônus de enfrentar individualmente seu empregador em juízo, devendo a defesa coletiva de direitos ser incentivada nessa seara, como meio de ampliar o acesso à justiça dos cidadãos trabalhadores.

Nesse sentido, a Constituição Republicana de 1988, já em seu art. 8º, III, conferiu ao sindicato a legitimidade, de forma ilimitada[22], para tutelar os interesses metaindividuais dos integrantes da categoria.

A coletivização das demandas rompe o período do liberalismo jurídico, quando era exaltado o individualismo processual fundado na legitimação ordinária, caminhando para o reconhecimento das lesões a direitos difusos, coletivos e individuais homogêneos, tudo como forma de decidir, de forma mais célere, efetiva e de modo uniforme, as demandas da sociedade.

Assim, como forma de exaltar o processo coletivo e observando decisão do STF (RE 214.668-4), a Corte Trabalhista cancelou a Súmula nº 310 do TST admitindo a ampla legitimidade do sindicato para representar os integrantes da categoria.

No entanto, a efetiva coletivização das demandas e o fortalecimento dos entes sindicais passavam pela alteração do entendimento do TST acerca do pagamento dos honorários advocatícios na hipótese de substituição processual.

Isso porque o C. TST, inicialmente, restringia a concessão dos honorários advocatícios às hipóteses em que a parte estivesse assistida por sindicato da categoria profissional e comprovasse a percepção de salário inferior ao dobro do salário-mínimo ou se encontrasse em

---

22. STF - RE 214.668-4. Rel. Min. Joaquim Barbosa. DJ. 24.8.2007.

situação econômica que não lhe permitia demandar sem prejuízo do próprio sustento ou da respectiva família. Noutros termos, somente admitia a concessão de honorários no caso de representação do sindicato, vez que na hipótese de substituição tornava-se quase que inviável a demonstração da miserabilidade dos substituídos.

Ademais, com o cancelamento da Súmula nº 310 do TST, a exigência de declaração de pobreza dos substituídos seria o mesmo que ressurgir o rol de substituídos, o que é vedado na demanda coletiva, que visa, dentre outros objetivos, a "despersonalizar" o processo, identificando os trabalhadores apenas no momento da liquidação.

Além disso, a não concessão de honorários advocatícios na substituição processual fomentava a atuação individual pelo sindicato, o que ia de encontro ao moderno processo, que caminha para a coletivização das demandas.

Nesse contexto, o TST alterou seu posicionamento, passando a conceder os honorários advocatícios, pela mera sucumbência, na hipótese de substituição processual, como se verifica pela Súmula nº 219, V, do TST *in verbis*:

> V - Em caso de assistência judiciária sindical ou de substituição processual sindical, excetuados os processos em que a Fazenda Pública for parte, os honorários advocatícios são devidos entre o mínimo de dez e o máximo de vinte por cento sobre o valor da condenação, do proveito econômico obtido ou, não sendo possível mensurá-lo, sobre o valor atualizado da causa (CPC de 2015, art. 85, § 2º).

Citamos trecho de precedente dessa súmula, reforçando nossa fundamentação acerca do tema:

> Nada mais justo do que lhe assegurar os honorários advocatícios, tendo em vista o escopo jurídico de incentivar a promoção da defesa judicial dos direitos e interesses individuais e coletivos da categoria profissional, visando a eficácia social do dispositivo constitucional; tendo em vista o escopo político de fortalecer e tornar eficaz a ação sindical e sua afirmação no plano social no conflito entre o capital e o trabalho, despersonalizando a lide trabalhista; tendo em vista o escopo social no sentido da segurança das relações entre o capital e o trabalho, pois propicia solução uniforme dos conflitos coletivos, evitando-se a atomização das

demandas e a instabilidade das relações jurídicas e das decisões judiciais e, finalmente, tendo em vista o escopo da economia, no sentido de que, na maior concentração de atores sociais e atos em menor tempo pode-se atingir a solução do conflito de interesses[23].

De qualquer maneira, o art. 791-A, § 1º, da CLT passa a prever expressamente os honorários advocatícios nos casos de substituição processual pelo sindicato.

Esse dispositivo provocará o cancelamento ou, no mínimo, a alteração do item V da súmula 219, do TST, tendo em vista que o C. TST aplicava analogicamente a disciplina do art. 85, § 2º, do NCPC.

No entanto, com o advento da Lei nº 13.467/17, nos casos em que houver substituição processual pelo sindicato, serão aplicados os mesmos percentuais do *caput* do art. 791-A da CLT (de 5 a 15%), não incidindo, consequentemente, as porcentagens constantes no art. 85, § 2º, do NCPC (de 10% a 20%). Noutras palavras, havendo norma expressa na CLT, não será aplicado o CPC.

Nessa hipótese, trata-se de honorários sucumbenciais e, portanto, de titularidade do advogado.

Por fim, cumpre destacar que na substituição processual o sindicato atua em nome próprio, de modo que, sendo vencido, deverá arcar com os honorários sucumbenciais da parte contrária.

6. DIREITO INTERTEMPORAL

A Lei nº 13.467/17 promoveu verdadeira revolução sobre os honorários advocatícios no direito processual do trabalho, como se verificou pelos comentários anteriores.

Diante disso, haverá divergência acerca da aplicação do art. 791-A da CLT para os processos em curso, ou seja, os processos iniciados antes da referida lei e julgados já na vigência da lei.

Pelo menos três teses serão formadas com argumentos fortes para ambos os lados.

- **primeira corrente**: os honorários advocatícios irão incidir nos processos em curso, sob o fundamento de que os ho-

---

23. TST-RR-701011-49.2000.5.17.5555, 1ª Turma, Rel. Min Vieira de Mello Filho. DJ 1.12.2006.

norários sucumbenciais têm natureza processual, aplicando-se a teoria do isolamento dos atos processuais, segundo a qual o processo, embora uno, deriva de um complexo de atos processuais que podem ser vistos de forma isolada para efeito de aplicação da nova lei. Assim, a lei nova terá aplicação perante o ato a ser iniciado (CPC/2015, arts. 14[24]), de modo que, sendo proferida a decisão sob a égide da Lei nº 13.467/17, já deverão constar os honorários sucumbenciais.

- **segunda corrente:** as novas regras incidirão apenas para os processos iniciados após a entrada em vigor da Lei nº 13.467/17, sob o argumento de que os honorários têm natureza híbrida, não podendo gerar surpresa às partes litigantes e impor algo não existente no início da demanda.

- **terceira tese:** embora os honorários advocatícios tenham natureza híbrida, as novas regras incidem nos processos em que a sentença foi proferida sob a égide da Lei 13.467/17, pois é na sentença que surge a sucumbência.

Na realidade, o pressuposto básico para a definição do direito intertemporal dos honorários sucumbenciais é delimitar sua natureza jurídica.

É sabido que os honorários sucumbenciais vêm regulados no Código de Processo Civil e, agora, na CLT, impondo a existência de uma relação processual. Isso nos levaria a definir sua natureza como processual.

Tais honorários são, porém, de titularidade do advogado, tendo natureza alimentar e destinados a remunerar a prestação de serviços do advogado. Além disso, criam dever patrimonial para as partes, tendo, pois, reflexos materiais (substanciais), ou seja, geram direito subjetivo de crédito ao advogado em relação à parte vencida ou a que deu causa indevida à movimentação do processo. Têm, portanto, contornos de direito material, tanto que a própria decisão será de mérito no capítulo acessório dos honorários.

---

24. Art. 14. A norma processual não retroagirá e será aplicável imediatamente aos processos em curso, respeitados os atos processuais praticados e as situações jurídicas consolidadas sob a vigência da norma revogada.

A propósito:

> *Os honorários advocatícios não interferem no modo como a tutela jurisdicional será prestada no processo. Eles visam a remunerar o advogado por seu trabalho. É certo que da condenação em honorários depende a prestação de uma tutela jurisdicional integral, de modo que a necessidade do processo não reverta em dano àquele que utilizou esse instrumento para o reconhecimento de um direito. Trata-se, no entanto, de condenação imposta em face de situação diversa daquela discutida no mérito do processo, que se sujeita a fatos constitutivos distintos e **dá azo à formação de outro direito material, pertencente ao advogado e não à parte**. Em tal contexto, alterar a disciplina dos honorários advocatícios pode comprometer a compensação do dano que o processo impõe à parte que tem razão [...]*[25] (grifo nosso)

Disso resulta que os honorários advocatícios têm natureza híbrida: são instituto de direito processual material.

Essa afirmação afasta o entendimento da primeira corrente no sentido de se aplicar tão somente a teoria do isolamento dos atos processuais, obstando a incidência imediata do art. 791-A da CLT.

Qual, no entanto, o marco temporal para a aplicação dos honorários de sucumbência? O ajuizamento da ação ou a prolação da sentença?

O E. STJ entende que o **marco temporal é a prolação da sentença**, uma vez que é dela que decorre a sucumbência e, consequentemente, é ela que faz surgir o direito aos honorários de sucumbência. Adota, pois, a terceira tese. Nesse contexto, antes da sentença o advogado tem mera expectativa de direito de receber a verba sucumbencial, nascendo seu direito no momento da prolação da sentença.[26] No mesmo caminho, decidiu a 1ª Turma do E. STF, já analisando a Lei nº 13.467/17:

> AGRAVO INTERNO. RECURSO EXTRAORDINÁRIO COM AGRAVO. HONORÁRIOS ADVOCATÍCIOS NO

---

25. LOPES, Bruno Vasconcelos Carrilho (Coords. Flávio Luiz Yarshell e Fábio Guidi Tabosa Pessoa). Direito intertemporal. Coleção Grandes Temas do Novo CPC (Coord. Geral. Fredie Didier Jr.), V. 7. Salvador: JusPodivm, 2016, p. 106.
26. STJ – REsp nº 1.465.535-SP. Rel. Min. LUIS FELIPE SALOMÃO. Julgado: 21.6.2016.

PROCESSO DO TRABALHO. ART. 791-A DA CONSOLIDAÇÃO DAS LEIS DO TRABALHO, INTRODUZIDO PELA LEI 13.467/2017. INAPLICABILIDADE A PROCESSO JÁ SENTENCIADO.

1. A parte vencedora pede a fixação de honorários advocatícios na causa com base em direito superveniente – a Lei 13.467/2017, que promoveu a cognominada "Reforma Trabalhista".

2. O direito aos honorários advocatícios sucumbenciais surge no instante da prolação da sentença. Se tal crédito não era previsto no ordenamento jurídico nesse momento processual, não cabe sua estipulação com base em lei posterior, sob pena de ofensa ao princípio da irretroatividade da lei.

3. Agravo interno a que se nega provimento[27]

Pensamos, contudo, que no direito processual do trabalho não havia expectativa de direito ao recebimento e condenação aos honorários sucumbenciais, pois, como regra, eles não eram devidos. Assim, diante da expressiva alteração na sistemática dos honorários sucumbenciais, acreditamos que o marco temporal deve ser o ajuizamento da reclamação trabalhista ou o aditamento desta para incluir os honorários, sob pena de causar surpresa às partes.

Queremos dizer: os riscos e os ônus decorrentes do ajuizamento da reclamação devem ser delimitados nesse momento, pois, como dito, os honorários também atuam no âmbito do direito material.

Cabe destacar ainda que o C. TST na OJ nº 421 da SDI-I utilizou esse posicionamento para as ações de indenização por danos morais ajuizadas na Justiça Comum e posteriormente remetidas à Justiça do Trabalho, por força da EC nº 45/04, vez que autorizou a condenação dos honorários advocatícios, pois no momento do ajuizamento da ação (ponto de definição dos riscos) a parte tinha que contratar advogado.

Pensar de forma diversa é gerar surpresa para o reclamante e violar o devido processo legal para o reclamado que, a depender do estágio do processo, não terá oportunidade para impugnar a incidência ou não dos honorários.

---

27. STF- Ag.Reg. no Recurso Extraordinário com agravo 1.014.675-MG. Rel. Min. Alexandre de Moraes. DJE. 12.4.18.

Aliás, a sucumbência não é o único fato gerador dos honorários, podendo decorrer do princípio da causalidade, como ocorre, por exemplo, na desistência, renúncia ou reconhecimento jurídico do pedido. Desse modo, a definição do marco temporal como sendo a sentença não é capaz de justificar os honorários advocatícios nesses casos, vez que não se fala em sucumbência.

Com efeito, pensamos que um único marco temporal deve ser utilizado, seja para os honorários decorrentes da sucumbência, seja para os honorários derivados da causalidade: a data do ajuizamento da reclamação, de modo que, sendo ajuizada antes da Lei nº 13.467/17, não há de se aplicar o art. 791-A da CLT. Nesse sentido, o Enunciado nº 98 da Jornada de direito material e processual do trabalho, *in verbis*:

> **Enunciado nº 98** – Honorários de sucumbência. Inaplicabilidade aos processos em curso
>
> Em razão da natureza híbrida das normas que regem honorários advocatícios (material e processual), a condenação à verba sucumbencial só poderá ser imposta nos processos iniciados após a entrada em vigor da Lei 13.467/2017, haja vista a garantia de não surpresa, bem como em razão do princípio da causalidade, uma vez que a expectativa de custos e riscos é aferida no momento da propositura da ação.

O mesmo caminho trilhou o C. TST no art. 6º da Instrução Normativa nº 41 em comentário ao estabelecer que na "Justiça do Trabalho, a condenação em honorários advocatícios sucumbenciais, prevista no art. 791-A, e parágrafos, da CLT, será aplicável apenas às ações propostas após 11 de novembro de 2017 (Lei nº 13.467/2017)".

Portanto, pelo referido art. 6º, o C. TST adotou a teoria da unidade processual para os honorários advocatícios, vez que impôs a aplicação de uma única regra durante o trâmite do processo, qual seja: a disciplina antiga, se o processo foi iniciado antes de 11.11.17 e a Lei nº 13.467/17 para os processos iniciados a partir da aludida data.

7

LITIGÂNCIA DE MÁ-FÉ (ART. 7º)

> **IN nº 41/2018. Art. 7º** Os arts. 793-A, 793-B e 793-C, § 1º, da CLT têm aplicação autônoma e imediata.

Lei nº 13.467/17 (Reforma trabalhista)
Art. 793-A. Responde por perdas e danos aquele que litigar de má-fé como reclamante, reclamado ou interveniente.
Art. 793-B. Considera-se litigante de má-fé aquele que:
I – deduzir pretensão ou defesa contra texto expresso de lei ou fato incontroverso;
II – alterar a verdade dos fatos;
III – usar do processo para conseguir objetivo ilegal;
IV – opuser resistência injustificada ao andamento do processo;
V – proceder de modo temerário em qualquer incidente ou ato do processo;
VI – provocar incidente manifestamente infundado;
VII – interpuser recurso com intuito manifestamente protelatório.
Art. 793-C. § 1º Quando forem dois ou mais os litigantes de má-fé, o juízo condenará cada um na proporção de seu respectivo interesse na causa ou solidariamente aqueles que se coligaram para lesar a parte contrária.

1. INDENIZAÇÃO POR PERDAS E DANOS

O processo é pautado – ao menos na jurisdição contenciosa – pelo conflito de interesses entre as partes. Conquanto busquem interesses diametralmente opostos, deve ser preservada a lealdade entre as partes, de modo a conservar o princípio da boa-fé.

O art. 793-A da CLT aborda a responsabilidade do litigante de má-fé pela indenização por perdas e danos da parte contrária. Essa indenização não decorre de forma automática da litigância de má-fé, devendo a parte contrária ter realmente sofrido danos em razão da conduta praticada pelo litigante de má-fé[1].

A indenização pelo pagamento da indenização pelas perdas e danos ocasionadas pela litigância de má-fé corresponde à indenização pelos prejuízos sofridos constante no art. 793-C da CLT podendo, desse modo, ser fixada de ofício ou requerimento.

Antes mesmo da Lei nº 13.467/17, já se aplicava, de forma subsidiária ao processo do trabalho, os dispositivos referentes à litigância de má-fé constantes nos arts. 79 a 81 do NCPC.

2. LITIGÂNCIA DE MÁ-FÉ

O art. 793-B da CLT reproduziu integralmente o art. 80 do CPC, como se verifica pelo quadro a seguir:

CLT	NCPC
Art. 793-B. Considera-se litigante de má-fé aquele que:	**Art. 80.** Considera-se litigante de má-fé aquele que:
I – deduzir pretensão ou defesa contra texto expresso de lei ou fato incontroverso;	I – deduzir pretensão ou defesa contra texto expresso de lei ou fato incontroverso;
II – alterar a verdade dos fatos;	II – alterar a verdade dos fatos;
III – usar do processo para conseguir objetivo ilegal;	III – usar do processo para conseguir objetivo ilegal;
IV – opuser resistência injustificada ao andamento do processo;	IV – opuser resistência injustificada ao andamento do processo;
V – proceder de modo temerário em qualquer incidente ou ato do processo;	V – proceder de modo temerário em qualquer incidente ou ato do processo;
VI – provocar incidente manifestamente infundado;	VI – provocar incidente manifestamente infundado;
VII – interpuser recurso com intuito manifestamente protelatório.	VII – interpuser recurso com intuito manifestamente protelatório.

Referido dispositivo elenca as hipóteses de configuração da litigância de má-fé.

---

1. NEVES, Daniel Amorim Assumpção. *Novo Código de Processo Civil Comentado*. Salvador: Editora JusPodivm, 2016. p. 124.

Parte da doutrina considera o rol exemplificativo, viabilizando sua incidência em outras hipóteses violadoras do dever processual de boa-fé[2].

Para outros, com os quais pensamos estar a razão, o rol do dispositivo é exaustivo (taxativo), tendo em vista que normas restritivas de direito devem ter interpretação restritiva[3]. De qualquer modo, como o rol é repleto de cláusulas gerais[4], seu preenchimento decorre da análise concreta de cada caso submetido ao judiciário.

Ademais, "a taxatividade é relativa às hipóteses caracterizadoras da litigância de má-fé, mas não à incidência restrita do instituto, porque o preceito da norma comentada por ser aplicado nos processos regulados por leis extravagantes, como por exemplo na ação popular (CF 5º, LXXIII), na ACP (LACP 18), na ação coletiva (CDC, arts. 81, par. único, 87 e 91 e ss.), no MS, nas falências etc.[5]"

Passamos a analisar pontualmente cada um dos itens do art. 793-B da CLT.

2.1. Dedução de pretensão ou defesa contra texto expresso de lei ou fato incontroverso

O inciso I do art. 793-B da CLT declina que se considera litigância de má-fé a dedução de pretensão ou defesa contra texto expresso de lei ou fato incontroverso.

Diante das diversas interpretações que podem ser realizadas no texto legal, apenas se configurarão como litigância de má-fé as situações teratológicas, ou seja, nas quais as alegações da parte sejam realizadas sem nenhuma seriedade.[6]

---

2. GAJARDONI, Fernando da Fonseca. Comentários ao art. 77 do NCPC. In: WAMBIER, Teresa Arruda Alvim et al. *Breves comentários ao novo código de processo civil.* São Paulo: Editora Revista dos Tribunais, 2016. p. 303.
3. NEVES, Daniel Amorim Assumpção. *Novo Código de Processo Civil Comentado.* Salvador: Editora JusPodivm, 2016. p. 120.
4. No conceito legal indeterminado o julgador preenche o conceito e seus efeitos. Já na cláusula geral o julgador preenche o conceito, mas os efeitos já estão previamente descritos na norma.
5. NERY JUNIOR; Nelson; NERY, Rosa Maria de Andrade. *Comentários ao Código de processo civil.* São Paulo: Editora Revista dos Tribunais, 2015. p. 414.
6. NEVES, Daniel Amorim Assumpção. *Novo Código de Processo Civil Comentado.* Salvador: JusPodivm, 2016. p. 121.

Não se nega, assim, que as partes possam utilizar fundamentos baseados em interpretações diversas ou minoritárias a respeito de determinado tema, mesmo porque isso pode até mesmo alterar a interpretação realizada pelo Tribunal. O objetivo do artigo, portanto, é vedar a utilização de argumentos totalmente infundados, isto é, que não tenham nenhum respaldo doutrinário.

Nesse sentido, a improcedência dos pedidos, por si só, não significa que a lide deve ser considerada temerária, com a consequente aplicação de sanções à litigância de má-fé. Para a caracterização da lide temerária deve haver uma clara ausência de qualquer possibilidade de êxito da ação no momento de sua propositura ou no momento de apresentação da defesa.[7]

O art. 34, VI, da Lei nº 8.906/94, aliás, considera que advogar contra literal disposição de lei corresponde a infração disciplinar, ressalvados os casos em que a fundamentação se basear na inconstitucionalidade ou injustiça de lei ou ainda em pronunciamento judicial anterior.

Dessa forma, a utilização de argumentos que sejam contrários a texto expresso de lei ou a fato incontroverso caracteriza a litigância de má-fé, ocasionando a aplicação de sanções à parte, podendo ainda gerar sanções de natureza disciplinar ao advogado da parte.

Ainda se considera litigância de má-fé a pretensão ou defesa contra fato incontroverso. Os fatos incontroversos são aqueles alegados por uma parte e não negados pela parte contrária. O dispositivo objetiva, assim, vedar a prática do *venire contra factum proprium*, ou seja, a realização de comportamento contraditório no processo.[8]

2.2. Alteração da verdade dos fatos

Nos termos do art. 793-B, II, da CLT, a alteração da verdade dos fatos é também considerada litigância de má-fé.

Essa disposição decorre da previsão do art. 77, I, do NCPC, o qual elenca como dever das partes, de seus procuradores e de todos

---

7. ASSIS, Araken de. *Processo civil brasileiro*, v. II, t. 1: *Parte Geral: institutos fundamentais:* São Paulo Revista dos Tribunais, 2015. p. 282.
8. MEDINA, José Miguel Garcia. *Novo Código de Processo Civil comentado: com remissões e notas comparativas ao CPC/1973.* São Paulo: Revista dos Tribunais, 2015. p. 162.

aqueles que de qualquer forma participem do processo, expor os fatos conforme a verdade.

O dispositivo contempla as seguintes situações: a) afirmação de fato inexistente; b) negação de fato existente; e c) atribuição de versão mentirosa para um fato que é verdadeiro.[9]

Apesar de o dispositivo da CLT, assim como no NCPC, não fazer referência à necessidade de que a alteração da verdade dos fatos ocorra de forma intencional, entendemos que, para a caracterização da litigância de má-fé, exige-se que a parte utilize, de forma consciente, falsas alegações durante o processo, ou seja, que faça afirmações que sabem serem falsas, objetivando induzir o julgador a erro (dolo).[10]

Não se impede ainda a visão parcial dos fatos: "a deturpação intencional dela é que é vedada".[11]

2.3. Uso do processo para a obtenção de objetivo ilegal

O art. 793-B, III, da CLT prevê que a litigância de má-fé também se caracteriza quando alguma das partes usa do processo para conseguir objetivo ilegal.

Nesse caso, diferentemente da previsão do inciso I (dedução de pretensão ou de defesa contra texto expresso de lei), a litigância de má-fé não é caracterizada pelo objeto do processo, mas sim por sua própria finalidade.[12]

É válido destacar que o inciso corresponde às hipóteses de atuação unilateral ou bilateral. A atuação bilateral vem estampada no art. 142 do NCPC, que vaticina:

> (...) convencendo-se, pelas circunstâncias, de que autor e réu se serviram do processo para praticar ato simulado ou conseguir fim vedado por lei, o juiz proferirá decisão que impeça

---

9. NERY JUNIOR; Nelson; NERY, Rosa Maria de Andrade. *Comentários ao Código de Processo Civil.* São Paulo: Revista dos Tribunais, 2015. p. 414.
10. NEVES, Daniel Amorim Assumpção. *Novo Código de Processo Civil Comentado.* Salvador: JusPodivm, 2016. p. 121. Em sentido contrário, defendendo que a caracterização da litigância de má-fé é também configurada com a culpa ou o erro inescusável, NERY JUNIOR; Nelson; NERY, Rosa Maria de Andrade. *Comentários ao Código de Processo Civil.* São Paulo: Revista dos Tribunais, 2015. p. 415.
11. GAJARDONI, Fernando da Fonseca. Comentários ao art. 81. In: WAMBIER, Teresa Arruda Alvim (coord.) *et al. Breves comentários ao Novo Código de Processo Civil.* 2. ed. São Paulo: Revista dos Tribunais, 2016. p. 304.
12. ASSIS, Araken de. *Processo civil brasileiro,* v. II, t. 1: *Parte Geral: Institutos fundamentais:* São Paulo: Revista dos Tribunais, 2015. p. 286.

os objetivos das partes, aplicando, de ofício, as penalidades da litigância de má-fé.

Havendo, portanto, colusão e/ou simulação, o referido artigo as considera atos **objetivamente** contrários à boa-fé, impondo, consequentemente, a aplicação de multa pela litigância de má-fé (art. 81 do NCPC). Aliás, se a decisão embasada em tais vícios transitar em julgado, viabilizará sua desconstituição por meio de ação rescisória (NCPC, art. 966, III).

2.3.1. Ação rescisória de decisão homologatória de acordo fundada em colusão e incidência da multa por litigância de má-fé

O processo é pautado – ao menos na jurisdição contenciosa – pelo conflito de interesses entre as partes, sob pena de faltar interesse processual. Nesse contexto, quando as partes, de comum acordo, utilizam do processo judicial, apenas com o intuito de fraudar a lei ou prejudicar terceiros, temos a chamada colusão das partes, que dá origem à extinção do processo sem resolução do mérito, quando verificada antes do trânsito em julgado, ou, na hipótese de já estar transitado em julgado, dá ensejo ao vício de rescindibilidade descrito no art. 966, III, do NCPC.

Com o ajuizamento da ação rescisória, e considerando que a colusão das partes contraria a boa-fé exigida no processo judicial, passou-se a discutir a possibilidade de incidir a multa por litigância de má-fé na ação rescisória pelos atos praticados no processo originário.

O C. TST adotou posicionamento que veda a incidência da litigância de má-fé por ato decorrente do processo originário, como se verifica do teor da OJ nº 158 da SDI-II, *in verbis*:

> **Orientação Jurisprudencial nº 158 da SDI – II do TST.** Ação rescisória. Declaração de nulidade de decisão homologatória de acordo em razão de colusão (art. 485, III, do CPC). Multa por litigância de má-fé. Impossibilidade.
>
> A declaração de nulidade de decisão homologatória de acordo, em razão da colusão entre as partes (art. 485, III, do CPC138), é sanção suficiente em relação ao procedimento adotado, não havendo que ser aplicada a multa por litigância de má-fé.

E assim agiu porque entende que, sendo as relações distintas, os atos praticados no processo originário não podem gerar litigância de má-fé na ação rescisória, uma vez que a própria lei já definiu qual será o efeito gerado: a rescisão do julgado.

Além disso, aduz que, em regra, no processo da ação rescisória não existe ato capaz de gerar a incidência da litigância de má-fé, não se podendo valer do processo originário para tanto. Argumenta ainda que a colusão é analisada com base em indícios, enquanto a litigância de má-fé impõe um fato concreto.

Desse modo, para o C. TST não se aplica a litigância de má-fé na ação rescisória decorrente de colusão das partes. Nesse sentido, seguem alguns precedentes:

> "(...) Esta Subseção Especializada tem adotado o entendimento de que o fato de ter sido reconhecida a nulidade do acordo homologado, em face de colusão entre as partes, é sanção suficiente com relação ao procedimento adotado, razão pela qual não é o caso de aplicação da multa de litigância de má-fé. (...)."[13]
>
> "(...) Litigância de má-fé. Multa e indenização. A condenação em litigância de má-fé demanda a indicação precisa dos fatos concretos que a motivaram de forma que a conduta da parte subsuma a uma das hipóteses taxativas elencadas no art. 17 do CPC, não sendo suficiente a simples afirmação genérica de que houve ajuizamento de reclamação trabalhista para fins ilícitos e fraudulentos. No caso da colusão, ela dificilmente é provada mediante provas concretas e diretas, sendo deduzida por meio de indícios e da aplicação das regras de experiência comum subministradas pela observação do que ordinariamente acontece (art. 335 do CPC), o que dificulta a caracterização de litigância de má-fé. Destacam-se, ainda, precedentes desta Subseção Especializada no sentido de não aplicarem a multa de litigância de má-fé nos casos de rescisão de acordo judicial homologado em face de colusão, tendo como uma das partes a ora recorrente. Recurso Ordinário provido, neste tópico, para excluir da condenação o pagamento de multa e indenização de 1% e 10%, respectivamente, do valor da causa, decorrentes da litigância de má-fé. (...)"[14]

---

13. TST-ROAR-187/2005-000-24-00. Re. Min. Pedro Paulo Manus, *DJ* 18.3.06.
14. TST – ROAR 24000-03.2005.5.24.0000. Rel. Min. José Simpliciano Fontes de F. Fernandes, *DEJT* 22.8.2008.

Ressalta-se que o entendimento do E. TST deve ser bem analisado. Isso porque somente não caberá a incidência da litigância quando se invocarem fatos do processo originário, o que significa que, se as partes praticarem os atos descritos no art. 793-B da CLT (art. 80 do NCPC) no processo da ação rescisória, será plenamente cabível a incidência da litigância de má-fé.

De qualquer modo, pensamos que o Novo CPC atinge a *ratio decidendi* (fundamentos determinantes) da referida orientação, devendo provocar seu cancelamento.

A colusão das partes, no Novo CPC, deverá ser analisada em três enfoques:

1) verificada antes do trânsito em julgado;

2) verificada após a formalização de acordo judicial;

3) verificada após o trânsito em julgado de decisão de judicial.

Na primeira hipótese, a solução vem descrita no art. 142 do NCPC, que estabelece:

> (...) convencendo-se, pelas circunstâncias, de que autor e réu se serviram do processo para praticar ato simulado ou conseguir fim vedado por lei, o juiz proferirá decisão que impeça os objetivos das partes, aplicando, de ofício, as penalidades da litigância de má-fé.

Percebe-se pelo supramencionado dispositivo que, diferentemente do CPC/73 que não previa efeitos para a colusão e/ou simulação,[15] o novel código as considera atos **objetivamente** contrários à boa-fé, impondo, consequentemente, a aplicação de multa pela litigância de má-fé (art. 81 do NCPC).

Noutras palavras, o art. 142 do NCPC não cria um ato discricionário ao juiz, mas impõe um poder-dever ao magistrado de aplicar as penalidades pela litigância de má-fé de forma imediata, quando constatar a colusão e/ou a simulação entre as partes.

---

15. CPC/73. Art. 129. Convencendo-se, pelas circunstâncias da causa, de que autor e réu se serviram do processo para praticar ato simulado ou conseguir fim proibido por lei, o juiz proferirá sentença que obste aos objetivos das partes.

Na segunda hipótese (colusão ou simulação verificada após o acordo judicial), acreditamos que, com a vigência do NCPC, a decisão homologatória de acordo judicial somente poderá ser atacada por meio de ação anulatória, nos termos do art. 966, § 4º, do NCPC, sendo incabível a ação rescisória para tal fim.[16]

Nesse caso, a ação anulatória tem como principal objetivo anular o ato jurídico perfeito que reconhece e envolve o ato jurídico estatal, e não propriamente a sentença homologatória do acordo.[17] Com efeito, a anulação do ato de vontade (acordo entre as partes) acarreta como consequência a desconstituição do ato homologatório posterior, de modo que o processo originário deverá ser retomado do momento em que ocorreu o ato anulado. Assim, retomando seu caminhar, o processo será extinto sem resolução de mérito, vez que o juiz deverá aplicar o disposto no art. 142 do NCPC, inclusive incidindo as penalidades da litigância de má-fé.

Na terceira hipótese (verificação de colusão ou simulação entre as partes após o trânsito em julgado da decisão), caberá ação rescisória, com fundamento no art. 966, III, do NCPC.

Pensamos contudo que, nesse caso, a simples desconstituição da sentença por meio da ação rescisória não pode ser considerada sanção suficiente ao intuito das partes de fraudar a lei ou terceiros.

Isso porque o legislador reconheceu objetivamente que a colusão e a simulação são atos contrários à boa-fé, impondo obrigatoriamente a incidência da litigância de má-fé. Embora no ordenamento anterior tal conclusão pudesse ser extraída de uma interpretação sistemática, no atual código o legislador foi claro e enfático: havendo colusão ou simulação haverá incidência da litigância de má-fé.

Assim, conquanto o processo originário e a ação rescisória sejam processos distintos, nessa última será o momento adequado para a aplicação da litigância de má-fé, inclusive de ofício, já que o processo originário transitou em julgado. Ressalta-se que tal aplicação tem

---

16. Em sentido contrário, autorizando a ação rescisória, a Súmula nº 259 do TST.
17. MARINONI, Luiz Guilherme; ARENHART, Sérgio Cruz, MITIDIERO, Daniel. *Novo curso de processo civil: tutela dos direitos mediante procedimento comum*, v. II. São Paulo: Revista dos Tribunais, 2015, p. 599.

como enfoque a conduta praticada no processo originário, e não o seu comportamento na ação rescisória.[18]

Acreditamos, portanto, que, do mesmo modo que o art. 142 impõe um poder-dever ao magistrado de aplicar as penalidades decorrentes da litigância de má-fé antes do trânsito em julgado, tal entendimento deverá incidir após o trânsito em julgado da decisão, não bastando a mera procedência do juízo rescindendo. É válido lembrar que nesses casos a simulação ou colusão entre as partes provoca indevidamente a movimentação do Poder Judiciário em dois processos distintos: no processo originário e na ação rescisória.

Dessa forma, pensamos que a OJ 158 da SDI II do TST deverá ser cancelada ou pelo menos alterada, no sentido de permitir a incidência da litigância de má-fé por ato simulado ou em colusão decorrente do processo originário.[19]

Por fim, cabe destacar que, diante da gravidade desse vício, o art. 967, III, *b*, do NCPC expressamente contempla a legitimidade do Ministério Público para o ajuizamento da ação rescisória, sendo certo que o prazo decadencial para o Órgão Ministerial começa a fluir da ciência da fraude (Súmula nº 100, VI, do TST; NCPC, art. 975, § 3º). Do mesmo modo, o Ministério Público do Trabalho terá legitimidade para ajuizar a ação anulatória na segunda hipótese, vez que buscará tutelar a ordem jurídica (CF/88, art. 127, *caput*; NCPC, art. 178, I; LC 75/93, art. 83, I).

2.4. Oposição de resistência injustificada ao andamento do processo

Nos termos do art. 793-B, IV, da CLT, considera-se litigante de má-fé aquele que opuser resistência injustificada ao andamento do processo.

Nesse caso, a caracterização da litigância de má-fé corresponde à oposição de resistência "injustificada". Abrange, assim, comportamentos comissivos ou omissivos.[20]

---

18. YARSHELL, Flávio Luiz. *Ação rescisória: juízos rescindente e rescisório*. São Paulo: Malheiros, 2005. p. 406-407.
19. MIESSA, Élisson; CORREIA, Henrique. *Súmulas e Orientações Jurisprudenciais do TST comentadas e organizadas por assunto*. 8. ed. Salvador: JusPodivm, 2016. p. 1.689.
20. ASSIS, Araken de. *Processo civil brasileiro*, v. II, t. 1: *Parte Geral: Institutos fundamentais*. São Paulo: Revista dos Tribunais, 2015. p. 288.

Desse modo, qualquer ato que possa prejudicar o trâmite procedimental é considerado litigância de má-fé.

2.5. Atuação de modo temerário em qualquer incidente ou ato do processo

O art. 793-B, V, da CLT considera litigante de má-fé a parte que proceder de modo temerário em qualquer incidente ou ato do processo.

É considerado temerário "qualquer comportamento açodado e anormal com a consciência da falta de razão em assim proceder".[21] O dispositivo expressamente prevê que a conduta poderá ocorrer em qualquer ato ou incidente do processo, não incidindo apenas na inicial ou na contestação.

> Como o dispositivo não se limita a prever a conduta em relação a incidentes processuais, prevendo expressamente outros atos do processo, a interposição de recursos, de ações incidentais ou acessórias bem como a conduta durante a instrução probatória, também podem ser tipificadas como atos de litigância de má-fé.[22]

O procedimento temerário provém de dolo ou de culpa grave, não se caracterizando nas hipóteses de mera imprudência ou simples imperícia.[23]

2.6. Provocação de incidente manifestamente infundado

O art. 793-B, VI, da CLT prevê que a parte que provocar incidente manifestamente infundado será considerada litigante de má-fé.

Nos casos em que os incidentes são instaurados pelas partes sem que haja fundamento sério, ou seja, com alegações manifestamente

---

21. NEVES, Daniel Amorim Assumpção. *Novo Código de Processo Civil Comentado*. Salvador: JusPodivm, 2016. p. 122.
22. NEVES, Daniel Amorim Assumpção. *Novo Código de Processo Civil Comentado*. Salvador: JusPodivm, 2016. p. 122.
23. NERY JUNIOR; Nelson; NERY, Rosa Maria de Andrade. *Comentários ao Código de Processo Civil*. São Paulo: Revista dos Tribunais, 2015. p. 415; ASSIS, Araken de. *Processo civil brasileiro*, v. II, t. 1: *Parte Feral: Institutos fundamentais*. São Paulo: Revista dos Tribunais, 2015. p. 288.

infundadas, fica caracterizada a intenção protelatória em sua provocação, sendo a parte considerada litigante de má-fé.

É válido destacar que essa hipótese apenas abrange os incidentes descritos pela lei ou as pretensões que são incidentalmente arguidas pelas partes. Os recursos possuem regra específica no art. 793-B, VII, da CLT.[24]

2.7. Interposição de recurso com intuito manifestamente protelatório

O inciso VII do art. 793-B da CLT considera ato de litigância de má-fé a interposição de recurso com intuito manifestamente protelatório.

Os recursos são considerados protelatórios quando não têm fundamento fático e/ou jurídico sério relacionado à decisão recorrida, apenas com o objetivo de retardar o fluxo normal do procedimento.

Alguns recursos possuem previsão específica de aplicação de penalidades nos casos de serem interpostos com intuito protelatório. É o caso dos embargos de declaração (NCPC, art. 1.026, §§ 2º a 4º) e do agravo interno (NCPC, art. 1.021, § 4º).

Tanto as multas específicas pela interposição de recursos protelatórios nos casos expressamente previstos (embargos de declaração e agravo interno) como a multa pela litigância de má-fé têm como objetivo penalizar os sujeitos que não atuam de forma ética no processo, buscando, portanto, preservar a lealdade entre as partes, a fim de conservar o princípio da boa-fé.

Desse modo, parte da doutrina e o C. TST[25] (no caso dos embargos declaratórios), por entenderem que existe regra própria para os embargos protelatórios, declaram que não se aplica a multa genérica do art. 81 do NCPC (CLT, art. 793-B, VII). Vedam, portanto, a cumulação dos arts. 81 (CLT, arts. 793-B, VII, e 793-C) e 1.026, §§ 2º e 3º/1.021, § 4º, do NCPC.

---

24. ASSIS, Araken de. *Processo civil brasileiro*, v. II, t. 1: *Parte Geral: Institutos fundamentais*. São Paulo: Revista dos Tribunais, 2015. p. 288. Em sentido contrário, considerando a interposição de recursos como hipótese abrangida pelo dispositivo, NERY JUNIOR; Nelson; NERY, Rosa Maria de Andrade. *Comentários ao Código de Processo Civil*. São Paulo: Revista dos Tribunais, 2015. p. 415.
25. TST-RR – 90500-91.2006.5.05.0017, Relator Ministro Guilherme Augusto Caputo Bastos, 2ª Turma, *DEJT* 9.9.2011.

Para outros, que pensamos estar a razão, o tema deve ser analisado diferenciando os aspectos das sanções produzidas pela litigância de má-fé.

É que a litigância de má-fé pode provocar três espécies de sanções:

1) imposição de multa que deverá ser superior 1% e inferior a 10% do valor corrigido da causa;

2) indenizar a parte contrária pelos prejuízos que esta sofreu; e

3) arcar com os honorários advocatícios e com todas as despesas que o lesado efetuou (NCPC, art. 81, *caput*, e CLT, art. 793-C).

A primeira tem natureza punitiva e, portanto, a mesma natureza das multas dos arts. 1.021, § 4º, e 1.026, §§ 2º e 3º, do NCPC, correspondentes às multas específicas do agravo interno protelatório e dos embargos de declaração protelatórios, respectivamente, de modo que não podem ser cumuladas, sob pena de *bis in idem*.

Já a segunda tem natureza reparatória, não se identificando com a natureza da multa do agravo interno e dos embargos de declaração protelatórios, de modo que podem ser cumuladas.

Nesse sentido, as lúcidas palavras do doutrinador Ticiano Alves e Silva:

> Tem-se, ainda, que a multa prevista para os embargos de declaração protelatórios não pode ser cumulada com aquela outra prevista no art. 81 do NCPC (multa por litigância de má-fé) e aplicada em razão da interposição de recurso com intuito manifestamente protelatório (art. 80, VII, NCPC). Prevalece aqui a especialidade e a proibição de dupla punição pelo mesmo fato (*bis in idem*).
>
> Nada impede, porém, a cumulação da multa por embargos de declaração protelatórios com a indenização pelos prejuízos que a parte contrária sofreu em decorrência do ato de litigância de má-fé (art. 81, *caput*, NCPC). Aquela tem natureza punitiva; esta, por outro lado, finalidade reparatória. Não há *bis in idem*, dada a finalidade diversa de uma e de outra.[26]

---

26. SILVA, Ticiano Alves e. Os embargos de declaração no Novo Código de Processo Civil. In: *Processo nos tribunais e meios de impugnação às decisões judiciais*. Coleção Novo CPC Doutrina Selecionada, v. 6. Coord. DIDIER JR., Fredie. Org: MACEDO, Lucas Buril de; PEIXOTO, Ravi; FREIRE, Alexandre. Salvador: JusPodivm, 2016. p. 942.

Em resumo, não se admite a cumulação da multa do agravo interno e dos embargos de declaração protelatórios (NCPC, arts. 1.021, § 4º, e 1.026, §§ 2º e 3º) com a multa de litigância de má-fé superior a 1% e inferior a 10% do valor corrigido da causa. No entanto, permite-se a cumulação das multas específicas do agravo interno e dos embargos de declaração protelatórios com a indenização que a parte contrária sofreu pelos prejuízos provocados em razão da litigância de má-fé, já que possuem naturezas distintas. O mesmo entendimento se aplica aos honorários advocatícios.

3. DOIS OU MAIS LITIGANTES DE MÁ-FÉ

O § 1º do art. 793-C da CLT prevê que, quando forem 2 ou mais litigantes de má-fé, o juiz condenará cada um na proporção de seu respectivo interesse na causa ou solidariamente aqueles que se coligaram para lesar a parte contrária.

A hipótese abordada pelo dispositivo abrange os casos de litisconsórcio e intervenção de terceiros.

Cabe mencionar que o dispositivo prevê duas soluções possíveis nos casos em que houver dois ou mais litigantes de má-fé:

1) cada um será condenado na proporção de seu respectivo interesse na causa;

2) a condenação será solidária se os litigantes tiverem se coligado para lesar a parte contrária.

A primeira hipótese ocorre quando a litigância de má-fé é provocada por partes distintas com o mesmo propósito, qual seja, o de lesar a parte contrária sem que haja nenhuma espécie de conluio na prática da infração.

A segunda hipótese é verificada quando duas ou mais partes, em conluio, combinarem a prática da mesma infração, lesionando a parte contrária.

Aliás, nos casos em que o interesse de cada litigante na causa não for possível de mensuração, o juiz deverá condená-los de forma solidária, presumindo-se que os litigantes coligaram para lesar a parte contrária[27].

---

27. ALVIM, J.E. Carreira. *Comentários ao Novo Código de Processo Civil: Lei 13.105/15: volume 1 – arts. 1º ao 81*. Curitiba: Juruá, 2015. p. 421.

Na condenação solidária, a totalidade do valor da multa poderá ser exigida de somente um dos devedores. O devedor que pagar integralmente a dívida poderá voltar-se contra os demais codevedores solidários para o pagamento das respectivas cotas[28]. No processo civil, a multa poderá ser cobrado dos outros corresponsáveis nos próprios autos. No processo do trabalho, pensamos que a Justiça do Trabalho não terá competência para tal cobrança.

4. DIREITO INTERTEMPORAL (LEI Nº 13.467/17)

Com a chegada Lei nº 13.467/17, o legislador inseriu os arts. 793-A a 793-C da CLT, trazendo para dentro da CLT os atos que ensejam a litigância de má-fé, bem como as penalidades a serem aplicadas.

Como já dito, referidos artigos são reproduções literais dos arts 79 a 81 do CPC/15, os quais já eram aplicados subsidiariamente ao processo do trabalho, ante a omissão da CLT na época e a compatibilidade com esse ramo processual que se submete ao princípio da boa-fé objetiva.

No entanto, o C. TST, no art. 7º da Instrução Normativa nº 41, declinou que os arts. 793-A, 793-B e 793-C, § 1º, da CLT têm aplicação autônoma, buscando sinalizar que eles devem ser aplicados independentemente das regras do CPC de 2015, incidindo imediatamente aos processos em curso na data entrada em vigor da lei.

Curiosamente, quanto à aplicação das penalidades previstas no art. 793-C, caput e §§ 2º e 3º, da CLT, o C. TST, nos arts. 8º e 9º da Instrução Normativa nº 41, estabeleceu que elas somente incidirão para os processos iniciados a partir de 11.11.17, data da entrada em vigor da Lei nº 13.467/17.

Ao que parece, o C. TST entendeu que, para os processos ajuizadas antes de 11.11.17, aplicam-se os artigos do CPC e para as ações posteriores o disposto na CLT.

Essa diferença de tratamento, no máximo, poderia ser aplicada no que tange ao art. 793-C, § 2º da CLT, pois declina que o limite da multa na hipótese de o valor da causa ser irrisório ou inestimável é

---

28. NERY JUNIOR, Nelson; NERY, Rosa Maria de Andrade. *Comentários ao Código de Processo Civil.* São Paulo: Editora Revista dos Tribunais, 2015. p. 419.

de duas vezes o limite máximo dos benefícios do Regime Geral de Previdência Social, enquanto o CPC, no art. 81, impõe como limite 10 vezes o valor do salário mínimo. Nos demais casos, como já aludido, os dispositivos são idênticos, não havendo razão para aplicar a CLT apenas para os processos ajuizados depois da vigência da Lei nº 13.467/17.

8

LITIGÂNCIA DE MÁ-FÉ: INDENIZAÇÃO DA PARTE CONTRÁRIA PELOS PREJUÍZOS SOFRIDOS (ARTS. 8º E 9º)

IN nº 41/2018. Art. 8º A condenação de que trata o art. 793-C, *caput*, da CLT, aplica-se apenas às ações ajuizadas a partir de 11 de novembro de 2017 (Lei nº 13.467/2017).

IN nº 41/2018. Art. 9º O art. 793-C, §§ 2º e 3º, da CLT, tem aplicação apenas nas ações ajuizadas a partir de 11 de novembro de 2017 (Lei nº 13.467/2017).

CLT
Art. 793-C. De ofício ou a requerimento, o juízo condenará o litigante de má-fé a pagar multa, que deverá ser superior a 1% (um por cento) e inferior a 10% (dez por cento) do valor corrigido da causa, a indenizar a parte contrária pelos prejuízos que esta sofreu e a arcar com os honorários advocatícios e com todas as despesas que efetuou.   (...)   § 2º Quando o valor da causa for irrisório ou inestimável, a multa poderá ser fixada em até duas vezes o limite máximo dos benefícios do Regime Geral de Previdência Social.   § 3º O valor da indenização será fixado pelo juízo ou, caso não seja possível mensurá-lo, liquidado por arbitramento ou pelo procedimento comum, nos próprios autos.

1. QUADRO COMPARATIVO COM O NCPC

O art. 793-C da CLT reproduziu o disposto no art. 81 do CPC, à exceção do § 2º, como se verifica no quadro comparativo a seguir:

CLT	NCPC
Art. 793-C. De ofício ou a requerimento, o juízo condenará o litigante de má-fé a pagar multa, que deverá ser superior a 1% (um por cento) e inferior a 10% (dez por cento) do valor corrigido da causa, a indenizar a parte contrária pelos prejuízos que esta sofreu e a arcar com os honorários advocatícios e com todas as despesas que efetuou.	**Art. 81.** De ofício ou a requerimento, o juiz condenará o litigante de má-fé a pagar multa, que deverá ser superior a um por cento e inferior a dez por cento do valor corrigido da causa, a indenizar a parte contrária pelos prejuízos que esta sofreu e a arcar com os honorários advocatícios e com todas as despesas que efetuou.
§ 1º Quando forem dois ou mais os litigantes de má-fé, o juízo condenará cada um na proporção de seu respectivo interesse na causa ou solidariamente aqueles que se coligaram para lesar a parte contrária.	§ 1º Quando forem 2 (dois) ou mais os litigantes de má-fé, o juiz condenará cada um na proporção de seu respectivo interesse na causa ou solidariamente aqueles que se coligaram para lesar a parte contrária.
§ 2º Quando o valor da causa for irrisório ou inestimável, a multa poderá ser fixada em até duas vezes o limite máximo dos benefícios do Regime Geral de Previdência Social.	§ 2º Quando o valor da causa for irrisório ou inestimável, a multa poderá ser fixada em até 10 (dez) vezes o valor do salário mínimo.
§ 3º O valor da indenização será fixado pelo juízo ou, caso não seja possível mensurá-lo, liquidado por arbitramento ou pelo procedimento comum, nos próprios autos.	§ 3º O valor da indenização será fixado pelo juiz ou, caso não seja possível mensurá-lo, liquidado por arbitramento ou pelo procedimento comum, nos próprios autos.

2. PENALIDADES PELA LITIGÂNCIA DE MÁ-FÉ

Se constatada a realização de alguma das práticas de litigância de má-fé, estabelecidas no art. 793-B da CLT, o presente dispositivo prevê que poderão ser aplicadas as seguintes penalidades:

- multa superior a 1% e inferior a 10% do valor corrigido da causa;

- indenização da parte contrária pelos prejuízos causados;

- pagamento dos honorários advocatícios e demais despesas efetuadas.

As sanções pela litigância de má-fé são impostas às partes e não aos seus advogados.[1]

---

1. GAJARDONI, Fernando da Fonseca. Comentários ao art. 81. In: WAMBIER, Teresa Arruda Alvim (coord.) *et al. Breves comentários ao Novo Código de Processo Civil.* 2. ed. São Paulo: Revista dos Tribunais, 2016. p. 307.

É válido destacar que essa sanção possui natureza punitiva, tendo, portanto, a finalidade de punir a parte que tiver praticado qualquer das condutas estabelecidas no art. 793-B da CLT:

> I – deduzir pretensão ou defesa contra texto expresso de lei ou fato incontroverso;
>
> II – alterar a verdade dos fatos;
>
> III – usar do processo para conseguir objetivo ilegal;
>
> IV – opuser resistência injustificada ao andamento do processo;
>
> V – proceder de modo temerário em qualquer incidente ou ato do processo;
>
> VI – provocar incidente manifestamente infundado;
>
> VII – interpuser recurso com intuito manifestamente protelatório.

3. MULTA PELA LITIGÂNCIA DE MÁ-FÉ

A multa pela litigância de má-fé poderá ser aplicada de ofício ou a requerimento, devendo ser superior a 1% e inferior a 10% do valor corrigido da causa, conforme declina o artigo em comentário. Desse modo, constatada uma das condutas do art. 793-B da CLT, independentemente de requerimento, o juiz poderá aplicar aludida multa, definindo o valor da multa de acordo com a gravidade da conduta.

4. INDENIZAÇÃO DA PARTE CONTRÁRIA PELOS PREJUÍZOS SOFRIDOS

Além da multa fixada entre 1% e 10% do valor corrigido da causa, o art. 793-C da CLT prevê que a parte litigante de má-fé deverá indenizar a parte contrária pelos prejuízos sofridos.

Observa-se que o dispositivo repete a previsão constante no art. 793-A da CLT, relacionado à indenização pelas perdas e danos da parte contrária. **Essa indenização não decorre de forma automática da litigância de má-fé, devendo a parte contrária ter sofrido danos em razão da conduta desleal do litigante de má-fé.**[2]

---

2. NEVES, Daniel Amorim Assumpção. *Novo Código de Processo Civil Comentado*. Salvador: JusPodivm, 2016. p. 124.

Antigamente, o CPC/73, em seu art. 18, § 2º, autorizava o julgador a estabelecer desde logo o valor da indenização em montante não superior a 20% sobre o valor da causa. Diante desse dispositivo, permitia-se a fixação equitativa da indenização, afastando a necessidade de comprovação. No entanto, o NCPC suprimiu esse critério legal, de modo que não criou limitação para a indenização, mas passou a exigir a comprovação do dano para sua reparação.

A indenização do dano contemplará tudo o que efetivamente perdeu ou deixou de receber com a conduta desleal.[3]

De qualquer modo, a indenização pode ser aplicada de ofício ou a requerimento, sendo fixada pelo juízo ou, caso não seja possível mensurá-la, liquidada por arbitramento ou pelo procedimento comum (liquidação por artigos, CLT, art. 879, *caput*) nos próprios autos.

5. HONORÁRIOS ADVOCATÍCIOS E DESPESAS EFETUADAS

Somados ao pagamento da multa e da indenização pelas perdas e danos da parte contrária, o litigante de má-fé será condenado a arcar com os honorários advocatícios e despesas.

Conforme explicamos no art. 791-A da CLT, no processo do trabalho são devidos os honorários de sucumbência, de modo que a parte que for sucumbente será responsável pelo pagamento dos honorários da parte contrária. Ocorre que a parte, mesmo se litigante de má-fé, poderá ser vencedora na demanda.

Diante dessa sistemática, a doutrina diverge quanto à previsão do dispositivo.

A primeira corrente acredita que a condenação em honorários e despesas processuais somente poderá ocorrer nos casos em que o litigante de má-fé tiver sido sucumbente no processo. Assim, sendo vencedora na demanda, a parte será condenada apenas à multa e à indenização por perdas e danos.[4]

---

3. GAJARDONI, Fernando da Fonseca. Comentários ao art. 81. In: WAMBIER, Teresa Arruda Alvim (coord.) *et al*. *Breves comentários ao Novo Código de Processo Civil*. 2. ed. São Paulo: Revista dos Tribunais, 2016. p. 311.
4. GAJARDONI, Fernando da Fonseca. Comentários ao art. 81. In: WAMBIER, Teresa Arruda Alvim (coord.) *et al*. *Breves comentários ao Novo Código de Processo Civil*. 2. ed. São Paulo: Revista dos Tribunais, 2016. p. 311.

A segunda corrente declina que essa condenação deve ser desvinculada do resultado do processo, de modo que os honorários sejam calculados com base nos danos suportados pela parte contrária.[5] Pensamos que essa corrente está com a razão, vez que a primeira torna sem utilidade o referido dispositivo, pois, sendo a parte sucumbente, não há necessidade desse dispositivo para condená-la aos honorários, bastando o art. 791-A da CLT.

Na realidade, o que o dispositivo pretende é declarar que a multa e a indenização à parte contrária geram nova condenação e sobre elas deverão incidir os honorários advocatícios. Exemplo:

> A reclamada é condenada a pagar horas extras, multa de 10% e indenização pelos danos sofridos pela parte contrária, respectivamente, nos valores de R$ 10.000,00, R$ 1.000,00 e R$ 5.000,00. Nesse caso, os honorários irão incidir não apenas sobre as horas extras (R$ 10.000,00), mas sobre o valor global (R$ 16.000,00). Do mesmo modo, se a parte é vencedora e, por óbvio, não sofreu condenação, mas é litigante de má-fé, sendo-lhe aplicada, por exemplo, a multa de R$ 5.000,00, sobre esse valor incidirão os honorários advocatícios (5% a 15%) a serem pagos à parte contrária.

O *caput* do art. 791-C da CLT reza ainda que a parte será condenada a pagar as despesas que a parte contrária já efetuou no processo. No entanto, em regra, essa parte não será aplicada ao processo do trabalho, tendo em vista que, na seara laboral, não há adiantamento de despesas, de modo que não teremos despesas já suportadas pela parte contrária.

6. PENALIDADES COMO PRESSUPOSTO RECURSAL

Ao disciplinar as penalidades impostas ao litigante de má-fé, o Código de Processo Civil de 1973 descrevia que elas seriam consideradas custas e reverteriam à parte contrária (CPC/73, art. 35).

Diante desse dispositivo, parte da doutrina admitia que, no processo do trabalho, a multa por litigância de má-fé era um pressuposto recursal, devendo ser previamente recolhida para a interposição do

---

5. NEVES, Daniel Amorim Assumpção. *Novo Código de Processo Civil Comentado*. Salvador: JusPodivm, 2016. p. 124.

recurso. Justificava-se tal posicionamento, uma vez que o art. 789, § 1º, da CLT impõe o recolhimento das custas processuais em caso de recurso, sob pena de deserção, disciplinando-a, pois, como um pressuposto recursal. Assim, sendo a multa por litigância de má-fé considerada custas processuais, ela seria um pressuposto recursal.

O C. TST, no entanto, entendeu que a multa por litigância de má-fé não pode ser considerada custas processuais na seara trabalhista, nos termos da Orientação Jurisprudencial nº 409 da SDI-I do TST:

> **Orientação Jurisprudencial nº 409 da SDI – I do TST.** Multa por litigância de má-fé. Recolhimento. Pressuposto recursal. Inexigibilidade.
>
> O recolhimento do valor da multa imposta como sanção por litigância de má-fé (art. 81 do CPC de 2015 – art. 18 do CPC de 1973) não é pressuposto objetivo para interposição dos recursos de natureza trabalhista.

Isso ocorre porque a CLT tem regramento próprio sobre as custas processuais descritas no art. 789 do CLT, não se aplicando, portanto, o art. 35 do CPC/73 supletivamente. A propósito, quando o CPC quis criar multa como pressuposto processual, o fez de forma expressa, como se verifica pelos artigos 1.026, §§ 2º e 3º, e 1.021, §§ 4º e 5º, ambos do NCPC. Além disso, lecionava o doutrinador Dinamarco, na época do CPC de 1973:

> (...) a sanção à deslealdade processual, imposta pelo art. 17 do Código de Processo Civil,[6] é *pecuniária* e não priva a parte das normais oportunidades de prosseguir participando do processo e defendendo-se. Essa opção legislativa tem o mérito do sensato equilíbrio porque as manobras desleais podem decorrer de maquinações do advogado e não da parte: ela paga sempre pela deslealdade do mandatário (CC, art. 679), mas não fica desfalcada em seu possível direito.[7]

O Novo CPC sepultou de vez a discussão, pois não trata mais as multas impostas por litigância de má-fé como custas processuais,

---

6. NCPC, art. 80.
7. DINAMARCO, Cândido Rangel. *Instituições de direito processual civil*, v. 2. 6. ed. São Paulo: Malheiros, 2009, p. 271.

descrevendo apenas que elas reverterão à parte contrária (NCPC, art. 96).

Nesse sentido é o entendimento do TRT da 12ª Região:

> **Súmula nº 22 do TRT da 12ª Região** – Multa por litigância de má-fé. Recolhimento. Pressuposto recursal. Inexigibilidade.
>
> O recolhimento do valor da multa imposta por litigância de má-fé, nos termos do art. 18 do CPC,[8] não é pressuposto objetivo para interposição de recurso.
>
> **Súmula nº 93 do TRT da 12ª Região** – Litigância de má-fé. Assistência judiciária. Falta de recolhimento das custas. Deserção. Inocorrência.
>
> O litigante de má-fé não perde o direito à assistência judiciária, não estando obrigado a recolher as custas a que foi condenado para ver conhecido o recurso interposto.

Com efeito, havendo a imposição da multa do art. 793-C da CLT, é desnecessário seu recolhimento na interposição do recurso, não sendo assim um pressuposto recursal.

7. BENEFICIÁRIO DA JUSTIÇA GRATUITA

O beneficiário da Justiça gratuita possui os mesmos deveres das demais partes, devendo agir com ética e lealdade processual. Desse modo, praticando um dos atos previstos no art. 793-B da CLT, será considerado litigante de má-fé, podendo ser condenado ao pagamento da multa descrita no art. 793-C em comentário.

Nesse sentido, declina expressamente o art. 98, § 4º, do CPC:

> § 4º A concessão de gratuidade não afasta o dever de o beneficiário pagar, ao final, as multas processuais que lhe sejam impostas.

No final do processo e nos mesmos autos, portanto, o beneficiário da Justiça gratuita será executado a pagar a multa por litigância de má-fé. Como se trata de penalidade, pensamos que a interpretação

---

8. NCPC, art. 81.

desse dispositivo deve ser restritiva, não incidindo a indenização pelos danos causados e os honorários advocatícios.⁹

8. VALOR DA CAUSA IRRISÓRIO OU INESTIMÁVEL

De acordo com o art. 793-C, § 2º, da CLT, "quando o valor da causa for irrisório ou inestimável, a multa poderá ser fixada em até duas vezes o limite máximo dos benefícios do Regime Geral de Previdência Social".[10]

O dispositivo adotou regra distinta da norma prevista pelo art. 81, § 2º, do NCPC, uma vez que este estabelece que nos casos em que o valor da causa for irrisório ou inestimável, a multa pela litigância de má-fé poderá ser fixada em até 10 vezes o valor do salário mínimo.

Como o valor máximo da multa é diferente no CPC e na CLT, nessa hipótese, nos parece pertinente a diferença feita pelo C. TST no art. 9º da IN nº 41/2018 do TST, incidindo a norma celetista apenas para as ações ajuizadas após 11.11.17.

A previsão do art. 793-C, § 2º, da CLT tem como objetivo coibir a prática dos atos contrários à boa-fé processual, mesmo nas ações que tenham como objeto valores irrisórios.

De qualquer maneira, é preciso ficar claro: esse parágrafo somente tem aplicação quando o valor da causa for irrisório ou inestimável. Não sendo o caso, aplica-se o *caput* do art. 793-C.

9. VALOR DA INDENIZAÇÃO

Nos termos do art. 793-C, § 3º, da CLT, o valor da indenização será fixado pelo juízo ou, caso não seja possível mensurá-lo, liquidado por arbitramento ou pelo procedimento comum, nos próprios autos.

O dispositivo aborda a responsabilidade do litigante de má-fé pelo pagamento das perdas e danos sofridos pela parte contrária.

---

9. Em sentido contrário autorizando a incidência de tais penalidades, GAJARDONI, Fernando da Fonseca. Comentários ao art. 81. In: WAMBIER, Teresa Arruda Alvim (coord.) *et al. Breves comentários ao Novo Código de Processo Civil*. 2. ed. São Paulo: Revista dos Tribunais, 2016. p. 311.

10. Nos termos da Portaria MF nº 13, de 16 de janeiro de 2018, o valor máximo dos benefícios da Previdência Social é de R$ 5.645,80.

A indenização do dano contemplará tudo o que efetivamente perdeu ou deixou de receber com a conduta desleal,[11] dependendo de comprovação.

O valor da indenização deverá ser fixado:

- pelo juiz; ou
- caso não seja possível mensurá-lo, liquidado por arbitramento ou pelo procedimento comum (liquidação por artigos), nos próprios autos.

Observa-se que o dispositivo celetista reproduziu a redação o art. 81, § 3º, do NCPC,[12] fazendo referência à liquidação por arbitramento e à liquidação pelo procedimento comum.

É sabido que o Novo CPC substituiu a denominação liquidação por artigos para liquidação pelo procedimento comum, mantendo a mesma sistemática anterior, ou seja, apenas trocou o nome. No entanto, embora o artigo celetista tenha acompanhado a nova terminologia do Novo CPC, esqueceu-se de alterá-la no artigo 879 da CLT.

De qualquer modo, a liquidação por arbitramento ocorre nos casos em que for necessária a nomeação de perito, enquanto a liquidação por artigos (ou procedimento comum) é realizada nos casos em que se busca provar fato novo na liquidação. Ambas as formas de liquidação ocorrerão nos próprios autos em que verificada a litigância de má-fé.

10. MOMENTO DA CONDENAÇÃO

A condenação pela litigância de má-fé poderá ser aplicada tanto na sentença como na decisão interlocutória, logo após a verificação da conduta violadora da boa-fé processual.

Recomenda-se, especialmente no processo do trabalho, que a condenação da litigância de má-fé ocorra na sentença, uma vez que

---

11. GAJARDONI, Fernando da Fonseca. Comentários ao art. 81. In: WAMBIER, Teresa Arruda Alvim (coord.) *et al. Breves comentários ao Novo Código de Processo Civil*. 2. ed. São Paulo: Revista dos Tribunais, 2016. p. 311.
12. NCPC, art. 81, § 3º O valor da indenização será fixado pelo juiz ou, caso não seja possível mensurá-lo, liquidado por arbitramento ou pelo procedimento comum, nos próprios autos.

as condutas antiprocessuais podem se repetir no processo, o que exigiria diversas decisões interlocutórias.[13]

Além disso, na seara laboral, se a sanção for fixada por meio de decisão interlocutória, não haverá possibilidade de interposição de recurso, cabendo, no máximo, a impetração de mandado de segurança, caso constatada a possibilidade de dano iminente à parte

11. DIREITO INTERTEMPORAL (LEI Nº 13.467/17)

Como anunciamos, o art. 793-C e seus parágrafos são reproduções literais dos arts 81 do CPC/15, os quais já eram aplicados subsidiariamente ao processo do trabalho, ante a omissão da CLT na época e a compatibilidade com esse ramo processual que se submete ao princípio da boa-fé objetiva.

No entanto, como dito, o C. TST, no art. 7º da Instrução Normativa nº 41, declinou que os arts. 793-A, 793-B e 793-C, § 1º, da CLT têm aplicação autônoma, buscando sinalizar que eles devem ser aplicados independentemente das regras do CPC de 2015, incidindo imediatamente aos processos em curso na data entrada em vigor da lei.

Curiosamente, quanto à aplicação das penalidades previstas no art. 793-C, *caput* e §§ 2º e 3º, da CLT, o C. TST, nos arts. 8º e 9º da Instrução Normativa nº 41, estabeleceu que elas somente incidirão para os processos iniciados a partir de 11.11.17, data da entrada em vigor da Lei nº 13.467/17.

Ao que parece, o C. TST entendeu que, para os processos ajuizadas antes de 11.11.17, aplicam-se os artigos do CPC e para as ações posteriores o disposto na CLT.

Essa diferença de tratamento, no máximo, poderia ser aplicada no que tange ao art. 793-C, § 2º da CLT, pois declina que o limite da multa na hipótese de o valor da causa ser irrisório ou inestimável é de duas vezes o limite máximo dos benefícios do Regime Geral de Previdência Social, enquanto o CPC, no art. 81, impõe como limite 10 vezes o valor do salário mínimo. Nos demais casos, como já aludido, os dispositivos são idênticos, não havendo razão para aplicar a CLT apenas para os processos ajuizados depois da vigência da Lei nº 13.467/17.

---

13. ALVIM, J. E. Carreira. *Comentários ao Novo Código de Processo Civil: Lei 13.105/15*, v. 1: Arts. 1º ao 81. Curitiba: Juruá, 2015. p. 424.

9

MULTA POR FALSO TESTEMUNHO (ART. 10)

> **IN nº 41/2018. Art. 10.** O disposto no *caput* do art. 793-D será aplicável às ações ajuizadas a partir de 11 de novembro de 2017 (Lei nº 13.467/2017).
>
> **Parágrafo único.** Após a colheita da prova oral, a aplicação de multa à testemunha dar-se-á na sentença e será precedida de instauração de incidente mediante o qual o juiz indicará o ponto ou os pontos controvertidos no depoimento, assegurados o contraditório, a defesa, com os meios a ela inerentes, além de possibilitar a retratação.

> **Lei nº 13.467/17 (Reforma trabalhista)**
>
> **Art. 793-D.** Aplica-se a multa prevista no art. 793-C desta Consolidação à testemunha que intencionalmente alterar a verdade dos fatos ou omitir fatos essenciais ao julgamento da causa.
>
> Parágrafo único. A execução da multa prevista neste artigo dar-se-á nos mesmos autos.

1. MULTA APLICADA À TESTEMUNHA

É sabido que a testemunha presta o compromisso legal de dizer a verdade (CLT, art. 828, *caput*). Desse modo, nos casos em que a testemunha fizer afirmação falsa, ou negar ou calar a verdade, ela poderá ser responsabilizada criminalmente, pelo crime de falso testemunho, nos termos do art. 342 do CP.

É válido destacar que na esfera criminal o fato deixa de ser punível se, antes a sentença no processo em que ocorreu o ilícito, o agente se retrata ou declara a verdade (CP, art. 342, § 2º).

Diante da dificuldade de se comprovar criminalmente o falso testemunho, bem como pela possibilidade de retratação, o compromisso legal de dizer a verdade, na prática, acaba tendo pouco efeito.

Nesse contexto, o art. 793-D da CLT passa impor multa superior a 1% e inferior a 10% do valor corrigido da causa diretamente à testemunha que **intencionalmente**:

- alterar a verdade dos fatos; ou
- omitir fatos essenciais ao julgamento da causa.

Usou-se, portanto, o mesmo efeito pedagógico da litigância de má-fé.

Atente-se, porém, que não se trata propriamente de litigância de má-fé dirigida à testemunha, vez que tal litigância somente decorre de atos praticados pelo reclamante, reclamado ou interveniente (CLT, art. 793-A). Tanto é assim que o art. 793-D da CLT declara que se **aplica a mesma multa da litigância**, quando a testemunha praticar os atos descritos no referido artigo (alterar a verdade dos fatos ou omitir fatos essenciais ao julgamento da causa) e não nos demais casos elencados no art. 793-B.

Aliás, no processo civil, a exposição dos fatos em juízo conforme a verdade constitui-se como dever de todos aqueles que de qualquer forma participem do processo, incluindo-se, assim, as testemunhas (NCPC, art. 77, I), não havendo penalização pecuniária no caso de descumprimento, salvo se partes ou intervenientes. No entanto, no processo do trabalho, torna-se possível a penalização das testemunhas, nas hipóteses específicas do art. 793-D da CLT.

2. CONDUTA INTENCIONAL

Há um elemento subjetivo inserido no dispositivo em comentário: intencionalmente.

Impõe-se que o testemunha, dolosamente, tenha o intuito de alterar a verdade ou omitir os fatos essenciais ao julgamento da causa.

O elemento intencional disposto na norma institui que o magistrado, na dúvida, não deve aplicar a multa.

Além disso e considerando que a mente humana é falível, a simples divergência no depoimento não deve ser penalizada.

De qualquer modo, havendo a imposição de sanção, incumbe ao magistrado demonstrar quais fatos foram alterados ou omitidos, justificando a incidência da multa (NCPC, art. 489, § 1º).

3. FATOS ESSENCIAIS

O art. 793-D da CLT autoriza a aplicação da multa na **conduta comissiva e omissiva** da testemunha.

Na conduta comissiva descreve que a testemunha dever alterar a verdade dos fatos. Já na omissiva, exige a omissão dos fatos.

Em ambos os casos, somente haverá a aplicação da multa se os fatos forem **essenciais ao julgamento da causa**, entendidos como os fatos pertinentes e relevantes ao esclarecimento do processo.

O **fato pertinente** é aquele que tem relação com a causa a ser apreciada pelo juízo. Isso quer dizer que os fatos impertinentes são inúteis ao processo, razão pela qual independem de prova, já que sua comprovação violaria o princípio da economia processual. Com efeito, não dependendo de prova, evidentemente não podem autorizar a imposição de multa à testemunha.

Já os **fatos relevantes** ao esclarecimento do processo são aqueles que devem influir no convencimento do juízo, ou seja, capazes de modificar o conteúdo da decisão. A definição de relevância do fato está inserida no poder instrutório do juiz (CLT, art. 765), sendo analisado em cada caso concreto.

Cumpre descrever que são considerados **irrelevantes** os fatos:

- impossíveis (p. ex.: provar que o homem chegou no sol) e;

- de prova impossível:

    1) por disposição da lei (p.ex., prova contra presunção absoluta) ou;

    2) pela natureza do fato, ou seja, que não podem ser provados por determinado meio (ex. insalubridade provada por meio de testemunha).

Portanto, a multa somente poderá ser aplicada à testemunha quando alterar ou omitir fatos essenciais (relevantes e pertinentes).

Cumpre destacar que, embora aparentemente o dispositivo relacione os fatos essenciais aos atos omissivos, a alteração da verdade dos fatos (ato comissivo), como dito, também pressupõe fatos essenciais, pois a modificação de fatos impertinentes e irrelevantes não tem nenhuma correlação com a causa, não influenciando o julgamento da causa, de modo que não autoriza a incidência da multa.

Aliás, existem alguns fatos que a testemunha não está obrigada a depor, como descrito no art. 448 do CPC, aplicável ao processo do trabalho, *in verbis*:

> **Art. 448.** *A testemunha não é obrigada a depor sobre fatos:*
>
> *I - que lhe acarretem grave dano, bem como ao seu cônjuge ou companheiro e aos seus parentes consanguíneos ou afins, em linha reta ou colateral, até o terceiro grau;*
>
> *II - a cujo respeito, por estado ou profissão, deva guardar sigilo.*

Nessas hipóteses, ainda que os fatos sejam essenciais ao julgamento da causa, não poderá ser aplicada multa do artigo 793-D da CLT.

4. INSTAURAÇÃO DE INCIDENTE

Considerando que a aplicação da multa gerará condenação em face da testemunha, o C. TST estabeleceu que sua incidência pressupõe a instauração prévia de incidente processual, como se verifica pelo art. 10, parágrafo único, em comentário.

Embora a Corte trabalhista tenha inovado na criação deste incidente, já que a lei não o exige, pensamos que ele é importante para resguardar o princípio do contraditório substancial. Além disso, ao exigir que o juiz indique o ponto ou os pontos controvertidos no depoimento, o C. TST deu ênfase ao princípio da cooperação (CPC/15, art. 6º).

A preservação do contraditório no presente caso não impondo maiores formalidades, exigindo apenas que a testemunha seja informada do ponto ou pontos controvertidos do depoimento, sendo permitida sua manifestação e, consequentemente, viabilizando que ela possa influenciar o julgador antes da aplicação da multa na sentença. É, pois, o trinômio do princípio do contraditório substancial: informação + possibilidade de reação + possibilidade de influenciar o julgador.

A aplicação do princípio do contraditório não afasta, porém, os princípios da celeridade e simplicidade existentes no processo do trabalho. Isso significa que a instauração desse incidente não suspende o processo, apenas obstando a aplicação da multa antes que ele tenha ocorrido.

Além disso, o juiz poderá estabelecer o contraditório dentro da própria audiência de instrução, permitindo que a testemunha possa se manifestar de forma simples sobre o ponto ou pontos controvertidos indicados pelo juízo. Nada obsta que o juiz, se entender necessário, conceda prazo para a testemunha se manifestar após a realização da audiência, desde que antes da aplicação da multa na sentença.

Dúvida surgirá acerca da possibilidade da testemunha se manifestar sem a presença de advogado nos autos, vez que o *jus postulandi* somente é aplicado aos empregados e empregadores (CLT, art. 791, caput).

Acreditamos que, sendo a testemunha auxiliar eventual da justiça (CPC/15, art. 149), pode se manifestar sem a presença de advogado, o que significa que sua manifestação, por exemplo, na audiência de instrução não terá nenhum vício processual. De qualquer modo, caso a testemunha tenha interesse de nomear advogado para exercer seu contraditório, trata-se de direito da testemunha, impondo que o juízo abra prazo para a constituição de advogado para representar seus interesses nos autos.

5. RETRATAÇÃO DA TESTEMUNHA

O fato relacionado ao crime de falso testemunho "deixa de ser punível se, antes da sentença no processo em que ocorreu o ilícito, o agente se retrata ou declara a verdade" (CP, art. 342, § 2º).

Essa regra se aplica à multa criada no art. 793-D da CLT?

Considerando que, dentre os objetivos da multa descrita na CLT, está o de inviabilizar que o juízo não se desvirtue da verdade, pensamos que é possível a retratação antes da sentença, já que, não tendo decidido a causa, o juízo não terá se afastado da verdade.

Aliás, a retratação permite que o direito seja concedido exatamente a quem de direito, concedendo-se efetivamente a tutela jurisdicional.

Não nos parece adequado priorizar o caráter eminentemente sancionatório e pedagógico da multa, dando-se relevância à multa e não à verdade dos fatos a viabilizar o julgamento com justiça.

Com efeito, acreditamos que, a fim de exaltar a tutela jurisdicional, admite-se a retratação da testemunha antes da prolação da sentença, inviabilizando nesse caso a incidência da multa[1].

Aliás, é pertinente que o juízo, com base no princípio da cooperação, no momento da instauração do incidente advirta a testemunha da possibilidade de retratação antes da sentença.

6. MOMENTO DE APLICAÇÃO DA MULTA

A condenação da testemunha ao pagamento de multa deverá ser aplicada na sentença, uma vez que é nesse momento que o juiz analisará o conjunto probatório, tendo condições de verificar se os fatos são essenciais ao julgamento da causa.

Ademais, permitindo-se a retratação, a imposição de multa antes da sentença e sua posterior retratação da testemunha, faria com que a multa fosse afastada.

Além disso, na seara laboral, se a sanção fosse fixada por meio de decisão interlocutória, não haveria possibilidade de interposição de recurso, cabendo, no máximo, a impetração de mandado de segurança, caso constatada a possibilidade de dano iminente à parte.

Por esses fundamentos, pensamos que a multa deve ser aplicada na sentença.

O C. TST acompanhou esse entendimento e prevê que a multa deverá ser aplicada na sentença, como se verifica pelo artigo em análise (TST-IN nº 41/2018, art. 10, parágrafo único).

7. RESULTADO DO JULGAMENTO DA CAUSA

O art. 793-D da CLT, como visto, autoriza a aplicação de multa à testemunha quando forem alterados ou omitidos fatos essenciais ao julgamento da causa.

---

1. Em sentido contrário, não autorizando o afastamento da multa caso a testemunha se retrate. TEIXEIRA FILHO, Manoel Antônio. *O processo do trabalho e a reforma trabalhista – As alterações introduzidas no processo do trabalho pela Lei n. 13.467/17*. São Paulo: Ltr, 2017. p. 105.

A verificação de fatos essenciais (pertinentes e relevantes) tem como foco a decisão de mérito, já que a sentença sem resolução do mérito não passa pela verificação fática. Queremos dizer, fatos pertinentes e relevantes pressupõem decisão de mérito, porque têm relação com a causa a ser apreciada pelo juízo e são capazes de modificar o conteúdo da decisão.

Desse modo, pensamos que somente no julgamento de mérito há falar na aplicação da multa descrita no art. 793-D da CLT[2].

8. CUMULAÇÃO DA MULTA COM A INDENIZAÇÃO

O art. 793-C da CLT permite a aplicação de três penalidades ao litigante de má-fé:

- multa superior a 1% e inferior a 10% do valor corrigido da causa;
- indenização da parte contrária pelos prejuízos causados;
- pagamento dos honorários advocatícios e demais despesas efetuadas.

No caso da testemunha haverá incidência apenas da multa, ou seja, poderá ser penalizada com o pagamento de multa superior a 1% e inferior a 10% do valor corrigido da causa, nos termos do art. 793-C da CLT.

Portanto, não poderá sofrer condenação destinada a indenizar a parte contrária pelos prejuízos que tiver sofrido e a pagar os honorários advocatícios e demais despesas efetuadas. Isso se justifica, porque sendo regra punitiva sua interpretação deve ser restritiva.

9. CUMULAÇÃO DA MULTA DO ART. 793-D DA CLT COM A MULTA DO ART. 342 DO CP

É sabido que a instância trabalhista não se confunde com a penal, de modo que a aplicação da multa do art. 793-D da CLT não afasta o crime de falso testemunho a ser apurado no juízo criminal.

---

2. Em sentido contrário permitindo a aplicação da multa também na hipótese de extinção do processo sem resolução do mérito. TEIXEIRA FILHO, Manoel Antônio. *O processo do trabalho e a reforma trabalhista – As alterações introduzidas no processo do trabalho pela Lei n. 13.467/17*. São Paulo: Ltr, 2017. p. 108.

No entanto, nos termos do art. 342 do Código Penal, o crime de falso testemunha tem a seguinte pena: reclusão, de 2 a 4 anos e multa.

Vê-se que, além da pena de reclusão, o Código Penal autoriza a aplicação de multa, a qual tem caráter sancionatório e é destinada ao Estado.

Embora ambas as multas tenham caráter sancionatório, elas são dirigidas a destinatários diversos e aplicadas por juízos de instâncias distintas, de modo que podem ser cumuladas, não havendo *bis in idem*.

10. DESTINATÁRIO DA MULTA

O art. 793-D da CLT não estabelece quem será o beneficiário da multa imposta à testemunha, apenas fazendo referência no parágrafo único que será executada nos mesmos autos.

É possível sustentar que a multa será dirigida à União, tal como ocorre com a multa por ato atentatório à dignidade da justiça (NCPC, art. 77, § 3º).

Não nos parece que seja essa a intenção do legislador. Primeiro, porque, ao autorizar a execução nos mesmos autos, afastou a inscrição como dívida ativa da União. Segundo, porque, ao aplicar a mesma multa da litigância de má-fé, aparentemente, teve como finalidade direcioná-la à parte contrária.

Disse, aparentemente, pois a nosso juízo a melhor opção não seria dirigi-la à parte contrária e sim à parte prejudicada pelo testemunho que alterou ou omitiu fatos essenciais ao julgamento da causa.

Isso se justifica, porque, ao se definir como destinatário a parte contrária, a testemunha indicada pelo juízo não poderia ser penalizada. Ademais, a testemunha poderá prejudicar a própria parte que o indicou e nem, por isso, estará afastada de aplicação da multa, vez que mantém o dever de dizer a verdade. Além disso, no próprio direito penal, o sujeito primário do crime é o Estado e, de forma secundária, a pessoa prejudicada pela falsidade produzida[3].

---

3. NUCCI, Guilherme de Souza. *Manual de direito penal – Parte geral, Parte Especial*. São Paulo: Editora Revista do Tribunais, 2008. p. 1.009

Desse modo, pensamos que a multa aplicada à testemunha terá como destinatário a parte que foi prejudicada pelo testemunho falso.

11. LEGITIMIDADE RECURSAL DA TESTEMUNHA PARA IMPUGNAR A MULTA

A testemunha exerce função pública de auxiliar eventual da justiça, podendo ser inserida no rol exemplificativo do art. 149 do CPC, aplicável ao processo do trabalho.

A doutrina e jurisprudência, majoritariamente, não têm admitido a legitimidade recursal aos auxiliares da justiça, sob o argumento de que não fazem parte da relação processual e de que não há nexo de prejudicialidade entre os direitos discutidos e sua situação. Na hipótese de pretenderem se insurgir contra a decisão, devem se utilizar do mandado de segurança.

Parte da doutrina, com quem nos parece estar a razão, contraria a tese majoritária, no sentido de que, embora não sejam sujeitos da relação processual principal, mas auxiliares do juízo, por vezes se tornam sujeitos interessados em alguns incidentes no processo, como é o caso da alegação de suspeição e impedimento em face deles, assim como na fixação de honorários. É o que ocorre também na condenação do terceiro por ato atentatório à dignidade da jurisdição (NCPC, art. 77, § 2º). Nesse caso, passam a ter interesse próprio, sendo legitimados como parte, não do processo, mas do incidente[4].

Pensamos que a mesma ideologia deve incidir no dispositivo em análise, que não possui nenhum precedente. Queremos dizer, como a testemunha é a condenada, ela terá legitimidade recursal para discutir a decisão judicial que a condenou, iniciando seu prazo recursal da data que foi intimada da decisão.

Atente-se: o termo inicial do seu prazo recursal é da data que a testemunha tomou ciência da decisão e não da data que a parte da demanda teve conhecimento da decisão.

É por isso que, mesmo para aqueles que admitirem a aplicação da multa por decisão interlocutória (o que não nos parece adequado),

---

4. NEVES, Daniel Amorim Assumpção. *Manual de direito processual civil*. 8. ed. Salvador: Ed. JusPodivm, 2016. p. 1510.

como não cabe recurso imediatamente, a testemunha deverá ser intimada da sentença, a fim de iniciar seu prazo recursal.

11.1. Legitimidade da parte da demanda para impugnar a multa

Considerando que a condenação da multa por alterar ou omitir fatos essenciais ao julgamento da causa é dirigida à testemunha, como visto no tópico anterior, a legitimidade recursal é dela e não da parte da demanda.

No entanto, é sabido que, dentre os efeitos recursais, temos o efeito expansivo, que consiste na possibilidade de a decisão do recurso atingir matérias não impugnadas e/ou sujeitos que não recorreram, ou seja, o julgamento do recurso pode produzir decisão mais abrangente do que o reexame da matéria impugnada[5].

Ele é classificado em efeito expansivo objetivo (interno e externo) e efeito expansivo subjetivo, como já tivemos a oportunidade de levar em outra obra de nossa autoria, a seguir reproduzido[6].

- **Efeito expansivo objetivo**: ocorre quando o julgamento do recurso atinge matérias não impugnadas, podendo ser interno ou externo. Será:

a) **interno**: quando atinge capítulos não impugnados no recurso da decisão recorrida, mas interdependentes (não autônomo) dos capítulos impugnados.

> **Exemplo:** Sentença julga procedente pedido de equiparação salarial e horas extras. Em grau de recurso ordinário, a empresa alega litispendência, o que é acolhido pelo tribunal, dando provimento ao recurso. Nesse caso, todos os demais capítulos da decisão são atingidos, ou seja, a equiparação salarial e as horas extras.

---

5. NERY Jr., Nelson. *Teoria Geral dos Recursos*. 7. Ed. São Paulo: Editora Revista dos Tribunais, 2014. p. 456.
6. MIESSA, Élisson. *Manual dos Recursos Trabalhistas - teoria e prática: Teoria Geral e Recursos em espécie*. 2. ed. Salvador: Editora JusPodivm, 2017. p. 220-221.

b) **externo**: quando atinge outros atos praticados no processo que são externos e posteriores à decisão impugnada.

> **Exemplo:** Sentença julga procedente pedido de equiparação salarial e horas extras, sendo iniciada a execução provisória. A empresa interpõe recurso e, em grau de recurso ordinário, o tribunal lhe dá provimento para afastar a condenação. Nesse caso, será atingida a execução provisória que fica sem efeito, nos termos do art. 520, II, do NCPC.

- **Efeito expansivo subjetivo**: quando o julgamento do recurso abrange sujeitos que não recorreram.

No caso em questão, pensamos que há efeito expansivo objetivo, uma vez que o recurso, se impugnar capítulo relacionada aos fatos essenciais alterados ou omitidos pela testemunha, é prejudicial ao depoimento testemunhal. Além disso, tem efeito expansivo subjetivo, porque, embora o recurso seja interposto pela parte da demanda, atingirá condenação dirigida à testemunha.

Ademais, não se pode deixar de dizer que a multa é aplicada *ex officio*, o que significa que se trata de matéria de ordem pública a autorizar a incidência do efeito translativo.

Com efeito, se o recurso da parte estiver impugnando o capítulo que tenha correlação com os fatos essenciais alterados ou omitidos pela testemunha, pensamos que o tribunal está autorizado a modificar ou excluir a multa do art. 793-D da CLT aplicada pelo juízo *a quo*, ainda que o recurso não seja interposto pela testemunha.

12. EXECUÇÃO DA MULTA IMPOSTA À TESTEMUNHA

O parágrafo único do artigo 793-D da CLT descreve que a execução da multa aplicada à testemunha ocorrerá nos mesmos autos do processo. O legislador torna a testemunha parte do processo, embora não seja considerada uma das partes da demanda.

Nesse contexto e considerando que o art. 878, *caput*, da CLT também foi alterado pela Lei 13.467/17, afastando pela interpretação literal o início da execução *ex officio* (salvo no caso de *jus postulandi*), a parte prejudicada com o depoimento que alterou ou omitiu fatos essenciais deverá requerer a execução da multa.

O legislador reformador, esquecendo que o processo do trabalho é embasado no princípio da simplicidade, cria duas execuções paralelas, uma diante do executado e outra diante da testemunha. Não se trata, nesse caso, de unificar a execução, como ocorre nas contribuições previdenciárias, vez que nas contribuições o exequente e a União são credores.

Na execução da multa temos dois devedores (executado e testemunha), de modo que a execução da multa seguirá todo o trâmite da execução de quantia certa contra devedor solvente, ou seja, citação, penhora, adjudicação, arrematação etc.

De qualquer modo e em decorrência dos efeitos expansivo e translativo dos recursos (analisados no tópico anterior), pensamos que não existe execução provisória dessa multa, impondo o trânsito em julgado do capítulo relacionado aos fatos essenciais alterados ou omitidos pela testemunha.

13. DIREITO INTERTEMPORAL

A multa imposta à testemunha foi criada pela Lei nº 13.467/17 (Reforma Trabalhista). Por exigir a instauração de um incidente e impor penalidade inexistente antigamente no ordenamento, o C. TST, no artigo em comentário, indicou que ela somente pode ser aplicada para às ações ajuizadas a partir de 11.11.17, data da entrada em vigor da Lei nº 13.467/17.

A nosso juízo, no caso, deveria incidir a teoria do isolamento dos atos processuais, observando a data do depoimento da testemunha. Isso se justifica porque a data do ajuizamento da reclamação não define os riscos da penalidade a ser aplicada para a testemunha, a qual surge no momento de seu depoimento. Além disso, se o depoimento ocorreu após da entrada em vigor da lei, será instaurado o incidente analisado anteriormente, observando assim o contraditório e não criando nenhuma surpresa para a testemunha.

10

EXCEÇÃO DE INCOMPETÊNCIA TERRITORIAL (ART. 11)

IN nº 41/2018. Art. 11. A exceção de incompetência territorial, disciplinada no art. 800 da CLT, é imediatamente aplicável aos processos trabalhistas em curso, desde que o recebimento da notificação seja posterior a 11 de novembro de 2017.

Lei nº 13.467/17 (Reforma trabalhista)

Art. 800. Apresentada exceção de incompetência territorial no prazo de cinco dias a contar da notificação, antes da audiência e em peça que sinalize a existência desta exceção, seguir-se-á o procedimento estabelecido neste artigo.

§ 1º Protocolada a petição, será suspenso o processo e não se realizará a audiência a que se refere o art. 843 desta Consolidação até que se decida a exceção.

§ 2º Os autos serão imediatamente conclusos ao juiz, que intimará o reclamante e, se existentes, os litisconsortes, para manifestação no prazo comum de cinco dias.

§ 3º Se entender necessária a produção de prova oral, o juízo designará audiência, garantindo o direito de o excipiente e de suas testemunhas serem ouvidos, por carta precatória, no juízo que este houver indicado como competente.

§ 4º Decidida a exceção de incompetência territorial, o processo retomará seu curso, com a designação de audiência, a apresentação de defesa e a instrução processual perante o juízo competente.

1. GENERALIDADES

O termo "exceção" pode ser interpretado em três sentidos[7]:

- **pré-processual**: é tomado, de forma ampla, como direito fundamental de defesa.

- **processual**: é o meio pelo qual o demandado se defende em juízo, isto é, a própria defesa. Interpretado de forma restrita, corresponde às matérias que não podem ser decididas de ofício. É válido destacar que nessa acepção, a doutrina diferenciava a exceção da objeção. Apesar de as duas serem utilizadas para designar atos de defesa, a exceção é utilizada para as matérias que não poderiam ser conhecidas de ofício pelo juiz, enquanto a objeção refere-se às matérias que podem ser conhecidas pelo juiz *ex officio*.

- **substancial**: é a defesa analisada sob o ângulo do direito material. É o contradireito, ou seja, o réu não apenas se defende do alegado pelo autor, mas levanta uma pretensão para contrapor a pretensão do autor. É o que acontece com a defesa de mérito indireta, em que o réu não se limita a negar os fatos constitutivos, mas levanta fatos novos: impeditivos, modificativos e extintivos do direito do autor.

O CPC/73 valia-se da expressão exceção no sentido processual, no entanto, em significado mais restrito do que o empregado pela doutrina. No diploma processual civil de 1973, a exceção era utilizada em sua acepção instrumental, designando uma das modalidades de resposta do réu. Assim, a exceção correspondia a um incidente processual, no qual, se alegava determinadas matérias de defesa, as quais, para serem apreciadas, precisavam de procedimento específico: suspeição, impedimento e incompetência relativa. Eram denominadas de exceções rituais.

Na ocasião, as exceções eram levantadas em peças apartadas, viabilizando um processamento autônomo. Contudo, a forma de exercer a exceção é mera opção legislativa[8].

---

7. DIDIER JR., Fredie. *Curso de direito processual: introdução ao direito processual civil, parte geral e processo de conhecimento*, vol. 1. 18. ed. Salvador: Editora JusPodivm, 2016. p. 638.
8. DIDIER JR., Fredie. *Curso de direito processual: introdução ao direito processual civil, parte geral e processo de conhecimento*, vol. 1. 18. ed. Salvador: Editora JusPodivm, 2016. p. 647.

O CPC/15 não fez referência ao termo exceção, declinando que o impedimento e a suspeição devem ser alegados em petição específica dirigida ao juiz do processo (art. 146), enquanto a incompetência (relativa ou absoluta) deve ser levantada como preliminar de contestação (arts. 64 e 337, II).

No processo do trabalho, a CLT utilizou-se do termo exceção em contexto bem amplo, alcançando todos os aspectos da defesa, como se observa pelo art. 799, *in verbis*:

> **Art. 799.** *Nas causas da jurisdição da Justiça do Trabalho, somente podem ser opostas, com suspensão do feito, as exceções de suspeição ou incompetência.*
>
> *§ 1º. As demais exceções serão alegadas como matéria de defesa. (...)*

Verifica-se, pelo referido dispositivo, que a CLT não versa sobre o impedimento. Isso ocorre porque a criação dessa norma teve como base o CPC de 1939, que não previa separadamente o impedimento. No entanto, a doutrina e a jurisprudência entendem, majoritariamente, que é cabível no processo do trabalho a diferenciação entre impedimento e suspeição, aplicando-se subsidiariamente os arts. 144 e 145, ambos do CPC/15.

Desse modo, sob a acepção instrumental, exceção no processo do trabalho abrange a incompetência territorial, a suspeição e o impedimento.

2. FORMA DE ALEGAÇÃO DA INCOMPETÊNCIA TERRITORIAL

Como mencionado no tópico anterior, no CPC/15, a incompetência relativa é alegada como preliminar de contestação (arts. 64 e 337, II).

Como a forma de alegação decorre de opção legislativa e sabendo-se que a CLT não a previa expressamente, com o advento do CPC/15 passamos a entender que a incompetência territorial deveria ser alegada no bojo da contestação, enquanto a suspeição e o impedimento, por serem incidentes julgados pelos tribunais, deveriam ser alegados em peças específicas (apartadas).

No entanto, com a chegada da Lei nº 13.467/17, o legislador passa a estabelecer que a alegação da incompetência territorial será em "peça que sinalize a existência desta exceção" (CLT, art. 800, *caput*), ou seja, em peça apartada.

Diante dessa nova previsão poderíamos ser indagados se a incompetência poderá ser alegada na própria contestação.

Pensamos que não. Seja pela própria interpretação literal do dispositivo, seja porque o legislador criou um incidente processual anterior à audiência, buscando discutir, inicialmente, o juízo competente para, em seguida, dar continuidade ao processo.

É interessante observar que, no processo civil, o legislador previu no art. 340, *caput*, que "havendo alegação de incompetência relativa ou absoluta, a contestação poderá ser protocolada no foro de domicílio do réu, fato que será imediatamente comunicado ao juiz da causa, preferencialmente por meio eletrônico".

Vê-se que naquela seara o réu poderá apresentar em seu domicílio a própria contestação, incluindo a alegação da incompetência. Queremos dizer, permite-se o protocolo em juízo diverso de onde está caminhando o processo, mas não em peça apartada.

No processo do trabalho, referido art. 340, *caput*, não é aplicável. Primeiro, porque temos regra própria na CLT. Segundo, porque ele tem como foco os processos físicos[9], de modo que sendo realidade no processo do trabalho o processo judicial eletrônico, não há que se falar em protocolo em outro juízo, mas sim, eletronicamente, dentro da própria reclamação trabalhista[10].

Portanto, pensamos que, a partir da Lei 13.467/17, a incompetência territorial deverá ser alegada, necessariamente, em peça autônoma[11].

De qualquer maneira, a incompetência absoluta continua sendo alegada no bojo da contestação (CLT, art. 799, § 1º).

---

9. DONIZETTI, Elpídio. *Curso didático de direito processual civil*. 20. ed. rev., atual. e ampl. São Paulo: Atlas, 2017. p. 501.
10. Mesmo que excepcionalmente estejamos diante de um processo físico, a petição deverá ser apresentada nos próprios autos, não incidindo o art. 340 do CPC, já que temos regra própria na CLT.
11. No mesmo sentido, SCHIAVI, Mauro. *A reforma trabalhista e o processo do trabalho*. São Paulo: LTr, 2017. p. 93.

3. PRAZO PARA APRESENTAÇÃO

O dispositivo exige que a exceção seja apresentada no prazo de 5 dias a contar da notificação, antes da audiência.

A contagem do prazo de 5 dias será em dias úteis, observando as diretrizes do art. 775, *caput*, da CLT, tendo como termo inicial sua notificação (citação).

Cabe destacar que a competência territorial consiste em espécie de competência relativa, o que significa que não pode ser reconhecida de ofício e, se não observado o prazo estabelecido no art. 800, *caput*, da CLT haverá preclusão temporal, fixando-se a competência no juízo onde foi ajuizada a reclamação trabalhista. Assim, não sendo alegada a incompetência territorial, mesmo que o juízo inicialmente fosse incompetente, passa a ser competente para a causa, ocorrendo o fenômeno denominado **prorrogação de competência**.

Trata-se, pois, de prazo próprio e peremptório, razão pela qual não sendo levantado nesse momento não poderá alegar, posteriormente (p.ex., em contestação), a incompetência territorial.

Atente-se ainda que o legislador impôs que a exceção deve ser oferecida antes da audiência, objetivando que ela não seja realizada.

Como regra, não teremos problemas práticos com esse termo. No entanto, excepcionalmente, poderá ocorrer de a audiência ser designada para 5 dias após a notificação do réu. Essa inclusive é a diretriz do art. 841 da CLT, o qual descreve que entre a notificação e a primeira audiência deve existir um prazo mínimo de 5 dias[12].

Nesse caso, pensamos que a exceção deverá ser apresentada em peça autônoma antes da audiência, tal como ocorre com a contestação no processo judicial eletrônico (CLT, art. 847, parágrafo único). A nosso ver o legislador impôs a conjugação dos dois termos: 5 dias + antes da audiência. Noutras palavras, o último dia do prazo será o da audiência (5º dia), mas deverá ser observado o horário da audiência apresentando a exceção antes do seu início.

---

12. Esse prazo deve ser contado em dias úteis, vez que, na realidade, se trata de prazo para a confecção da contestação.

Portanto, iniciada a audiência, não será admitido o levantamento da incompetência no rito ordinário, vez que já ocorreu a preclusão[13].

4. NECESSIDADE DE INDICAÇÃO DO JUÍZO COMPETENTE

Apresentada a exceção, incumbe ao excipiente indicar o juízo que entende ser competente para a causa, como determina a parte final do § 3º do art. 800 da CLT.

Trata-se, pois, de pressuposto da exceção, de modo que não sendo apresentado o juízo competente a exceção não deverá ser admitida.

Ademais, caso o juízo acolha a incompetência e encaminhe os autos para o juízo que o excipiente entende ser competente, o reclamado (excipiente) não poderá suscitar conflito de competência (CLT, art. 806), em decorrência do princípio do interesse (CLT, art. 796, b).

5. SUSPENSÃO DO PROCESSO

O art. 800, *caput*, da CLT reafirma o estabelecido pelo art. 799 da CLT ao declinar que protocolada a exceção de incompetência territorial, o processo fica suspenso, não se realizando a audiência prevista no art. 843 da CLT.

Trata-se de suspensão imprópria, vez que o processo será suspenso, mas não, evidentemente, o próprio incidente que analisará a competência do juízo.

Ademais, protocolada a exceção "a suspensão é automática, independendo, portanto, de despacho ou de decisão do juízo no qual a petição inicial da exceção for protocolada"[14]. No entanto, ocorrendo a preclusão, ou seja, não apresentada no prazo de 5 dias e antes da audiência, não há que se falar em suspensão do processo.

Cumpre destacar ainda que a apresentação da exceção obsta a realização da audiência inaugural ou una, o que não significa que

---

13. Em sentido contrário, entendendo que nesse caso a exceção poderá ser apresentada na audiência. TEIXEIRA FILHO, Manoel Antônio. *O processo do trabalho e a reforma trabalhista – As alterações introduzidas no processo do trabalho pela Lei n. 13.467/17*. São Paulo: Ltr, 2017. p. 110.
14. TEIXEIRA FILHO, Manoel Antônio. *O processo do trabalho e a reforma trabalhista – As alterações introduzidas no processo do trabalho pela Lei n. 13.467/17*. São Paulo: Ltr, 2017. p. 110.

deve ser retirada de pauta. É só pensarmos em uma audiência designada para 1 ano após a citação (o que é comum nos grandes centros). Nesse caso, é possível a análise da exceção e a manutenção da data da audiência.

6. CONTRADITÓRIO

O art. 800, § 2º, da CLT declina que apresentada a exceção de incompetência, os autos serão imediatamente conclusos ao juiz, que intimará o reclamante e, se existentes, os litisconsortes (ativo) para manifestação no prazo comum de 5 dias.

Garante-se, portanto, o exercício do contraditório pelo reclamante (excepto) que terá a oportunidade de demonstrar que o ajuizamento da ação foi realizado de acordo com o que preconiza o art. 651 da CLT[15] não havendo, portanto, incompetência territorial do juízo.

A Lei nº 13.467/2017 ampliou o prazo anteriormente previsto pelo dispositivo celetista, o qual possibilitava ao excepto (autor da reclamação trabalhista) a vista dos autos por 24 horas improrrogáveis.

7. PRODUÇÃO DE PROVA ORAL

Nos termos do art. 800, § 3º, da CLT, "se entender necessária a produção de prova oral, o juízo designará audiência, garantindo o direito de o excipiente e de suas testemunhas serem ouvidos, por carta precatória, no juízo que este houver indicado como competente".

Observa-se pelo dispositivo que caberá ao juízo analisar se há necessidade de produzir prova oral, podendo entender que os elementos dos autos já são suficientes para o julgamento da exceção.

---

15. Art. 651 - A competência das Juntas de Conciliação e Julgamento é determinada pela localidade onde o empregado, reclamante ou reclamado, prestar serviços ao empregador, ainda que tenha sido contratado noutro local ou no estrangeiro. § 1º - Quando for parte de dissídio agente ou viajante comercial, a competência será da Junta da localidade em que a empresa tenha agência ou filial e a esta o empregado esteja subordinado e, na falta, será competente a Junta da localização em que o empregado tenha domicílio ou a localidade mais próxima. § 2º - A competência das Juntas de Conciliação e Julgamento, estabelecida neste artigo, estende-se aos dissídios ocorridos em agência ou filial no estrangeiro, desde que o empregado seja brasileiro e não haja convenção internacional dispondo em contrário. § 3º - Em se tratando de empregador que promova realização de atividades fora do lugar do contrato de trabalho, é assegurado ao empregado apresentar reclamação no foro da celebração do contrato ou no da prestação dos respectivos serviços.

Na hipótese de entender necessária a prova oral, a norma garante ao excipiente que seja ouvido com suas testemunhas, no juízo que indicou como competente, por meio de carta precatória.

O número de testemunhas, nessa hipótese, deverá acompanhar a quantidade permitida no procedimento aplicado à ação trabalhista. No rito ordinário, 3 testemunhas, e no inquérito para apuração de falta grave, 6 testemunhas (CLT, art. 821). Como essa prova testemunhal ficará limitada à análise da competência do juízo, nada obsta que sejam novamente ouvidas na instrução do processo, mantendo-se a mesma quantidade de testemunhas para esse momento.

7.1. Comprovação de juízo competente diverso do indicado na exceção

Pode acontecer de na instrução da exceção ficar demonstrado que o juízo competente é diverso do indicado na exceção e de onde tramita o processo.

> Exemplo: Reclamação trabalhista ajuizado na Vara do trabalho do município A. Empresa apresenta exceção alegando que a prestação dos serviços ocorreu no município B. A prova testemunhal demonstra que a prestação dos serviços se deu no município C.

Nesse caso, pode o juízo reconhecer sua incompetência e encaminhar os autos para o município C?

Pensamos que não. A incompetência territorial é modalidade de competência relativa, estando ligada ao interesse das partes, podendo se valer da competência indicada pela lei ou não.

Queremos dizer, a lei define o juízo competente, mas se as partes quiserem poderão modificá-la[16]. Por isso, não pode ser reconhecida de ofício, dependendo, obrigatoriamente, de provocação do réu (OJ nº 149 da SDI-II do TST)[17].

---

16. MIESSA, Élisson. *Processo do trabalho para concursos*. 4. ed. Salvador: Editora JusPodivm, 2017. p. 154.
17. Orientação Jurisprudencial nº 149 da SDI-II do TST. Conflito de competência. Incompetência territorial. Hipótese do art. 651, § 3º, da CLT. Impossibilidade de declaração de ofício de incompetência relativa. Não cabe declaração de ofício de incompetência territorial no caso do

Nesse contexto, ao encaminhar os autos para juízo diverso do indicado pelo reclamante na inicial ou aduzido pelo reclamado na exceção, o magistrado estaria acolhendo de ofício sua incompetência, o que não é admitido[18].

Portanto, nesse caso, o juízo não deve acolher a exceção.

8. DECISÃO DA EXCEÇÃO DE INCOMPETÊNCIA

O art. 800, § 4º, da CLT declina que após decidida a exceção de incompetência territorial, o processo retoma seu curso, com a designação de audiência, apresentação de defesa e instrução processual perante o juízo competente.

Assim, sendo rejeitada alegação de incompetência, termina a suspensão do processo, prosseguindo-se normalmente.

Como dito anteriormente, pode ocorrer de o juízo não ter redesignado a audiência após a apresentação da exceção, porque marcada para época distante da notificação. Nesse caso, após a decisão da exceção, a parte deverá ser intimada da decisão indicando o prosseguimento do processo e a manutenção da audiência.

Por outro lado, acolhendo-se a incompetência, os autos serão encaminhados ao juízo competente, onde prosseguirá o feito.

De qualquer maneira, rejeitando ou acolhendo a exceção a natureza da decisão será de decisão interlocutória.

9. RECORRIBILIDADE DA DECISÃO PROFERIDA NA EXCEÇÃO

Conforme mencionado, a decisão que acolhe ou rejeita a exceção de incompetência territorial constitui decisão interlocutória, a qual, em regra, não é recorrível na Justiça do Trabalho.

Excetua-se, contudo, os casos em que a decisão que acolhe a incompetência territorial remete os autos para TRT distinto daquele a

---

uso, pelo trabalhador, da faculdade prevista no art. 651, § 3º, da CLT. Nessa hipótese, resolve-se o conflito pelo reconhecimento da competência do juízo do local onde a ação foi proposta.

18. Em sentido contrário, autorizando o encaminhamento para juízo diverso. TEIXEIRA FILHO, Manoel Antônio. *O processo do trabalho e a reforma trabalhista – As alterações introduzidas no processo do trabalho pela Lei n. 13.467/17.* São Paulo: Ltr, 2017. p. 111.

que se vincula o juízo excepcionado (Súmula nº 214, "c", do TST[19]), como se verifica no exemplo abaixo:

> *Pedro ajuíza reclamação trabalhista em São Paulo-SP, sendo apresentada pela reclamada exceção de incompetência, sob o fundamento de que o reclamante teria trabalhado e sido contratado em Porto Velho – RO. O juiz reconhece a incompetência e encaminha os autos à Vara do Trabalho de Porto Velho, ou seja, os autos saem de uma vara do TRT da 2ª Região e são encaminhados para uma Vara do Trabalho vinculada ao TRT da 14ª Região. Nesse caso, será cabível recurso.*

Admitiu-se tal exceção, sob o fundamento de que o imediato deslocamento da competência territorial inviabilizaria o reexame da competência pela instância superior a que o juiz excepcionado (que se declarou incompetente inicialmente) está vinculado[20]. Na hipótese do exemplo anterior, se não houvesse tal exceção possibilitando o recurso imediato da decisão interlocutória, o TRT da 2ª Região estaria suprimido de analisar a competência, vez que, se a Vara do Trabalho de Porto Velho reconhecesse sua competência, os autos ficariam por lá. Por outro lado, não reconhecendo sua competência, instauraria conflito de competência que seria julgado pelo TST (CLT, art. 808, b), ou seja, os autos iriam diretamente para o TST, suprimindo, dessa forma, a análise pelo TRT da 2ª Região. Além disso, justifica-se a referida exceção com base no acesso à justiça, pois a não admissão de recurso na hipótese poderia acarretar um custo insuportável para a parte acompanhar o andamento processual.

Dessa forma, para o TST é cabível recurso de decisão interlocutória que **acolhe** incompetência territorial, remetendo os autos para Tribunal Regional distinto daquele a que se vincula o juízo excepcionado. O **recurso a ser interposto é aquele que caberia da decisão final** como, por exemplo, na Vara do Trabalho, se o juiz reconhecer a incompetência, caberá o recurso ordinário.

---

19. **Súmula 214 do TST**. Decisão interlocutória. Irrecorribilidade. Na Justiça do Trabalho, nos termos do art. 893, § 1º, da CLT, as decisões interlocutórias não ensejam recurso imediato, salvo nas hipóteses de decisão: (...) c) que acolhe exceção de incompetência territorial, com a remessa dos autos para Tribunal Regional distinto daquele a que se vincula o juízo excepcionado, consoante o disposto no art. 799, § 2º, da CLT.

20. SILVA, Homero Batista Mateus da. Curso de direito do trabalho aplicado: justiça do trabalho. Rio de Janeiro: Elsevier, 2010. v. 8, p. 215.

Há de se registrar que as razões que levaram o C.TST à criação da alínea "c" à Súmula nº 214 estão ligadas ao **acolhimento** da incompetência territorial, de modo que a decisão que a **rejeita** continua sendo irrecorrível de imediato.

10. RITO SUMARÍSSIMO

O art. 852-G da CLT estabelece que, no rito sumaríssimo, todos os incidentes e exceções que possam interferir no prosseguimento da audiência e do processo devem ser decididos de plano, enquanto as demais questões deverão ser decididas na sentença. O dispositivo tem como objetivo prestigiar a celeridade e simplicidade no processo do trabalho.

Parcela da doutrina, ao interpretar esse dispositivo, defende que, se tratando de incidente ou exceção que possam trazer prejuízo à parte contrária, o juiz não deverá decidi-lo de plano, possibilitando o exercício do contraditório. Como exemplo, utiliza-se a apresentação da exceção de incompetência, na qual se deve fornecer prazo para que o reclamante apresente as provas que comprovem a competência territorial do juízo[21]. Admite-se, assim, a aplicação do prazo previsto pelo art. 800 da CLT.

Outra parcela da doutrina, por sua vez, defende que, diante da literalidade do art. 852-G da CLT e da celeridade e simplicidade inerentes ao direito processual do trabalho e, mais especificamente no procedimento sumaríssimo, mesmo nas hipóteses de incompetência territorial o juiz deverá decidir de plano, evitando que a audiência seja adiada. Esse entendimento se aplica ainda que haja a necessidade de prova testemunhal, uma vez que as testemunhas já deverão estar presentes na audiência e poderão demonstrar o local de prestação dos serviços[22].

Acreditamos que esse último entendimento deve prevalecer, seja por existir regra própria no rito sumaríssimo, seja pela simplicidade e concentração dos atos processuais, inerentes especialmente ao tal rito processual.

---

21. ALMEIDA, Cleber Lúcio de. *Direito Processual do Trabalho*. 6. ed. São Paulo: LTr, 2016. p. 485.
22. SILVA, José Antônio Ribeiro de Oliveira. *Questões relevantes do procedimento sumaríssimo: 100 perguntas e respostas*. São Paulo: LTr, 2000. p. 95-96; RENAULT, Luiz Otávio Linhares. Síntese de um estudo sobre a Lei n. 9.957/2000. In: VIANA, Márcio Túlio; RENAULT, Luiz Otávio Linhares (coord.). *Procedimento Sumaríssimo: teoria e prática*. São Paulo: LTr, 2000. p. 68.

Com efeito, a exceção de incompetência deverá ser apresentada na própria audiência, concedendo-se imediatamente vistas ao reclamante (excepto), viabilizando a instrução da exceção, se houver necessidade, e a decisão do juiz sobre a exceção[23].

No rito sumaríssimo, portanto, pensamos que o procedimento adotado pelo art. 800 da CLT não deverá ser aplicado.

11. AÇÃO CIVIL PÚBLICA

É sabido que na ação civil pública a competência tem natureza absoluta, pois não se trata de mera competência territorial, mas de competência funcional-territorial, porquanto o escopo da lei é de tutelar interesse público e não meramente particular, como ocorre na competência relativa. Modernamente, a doutrina[24] busca designá-la apenas de competência territorial absoluta, como já prevê o art. 209 do ECA e o art. 80 do Estatuto do Idoso.

Diante dessa peculiaridade pode surgir dúvida sobre qual o meio e momento de se alegar a incompetência na ação civil pública: na exceção de incompetência por ser territorial ou a qualquer momento, especialmente na contestação, por se tratar de competência absoluta?

Sendo a competência na ação civil pública de natureza absoluta, inclusive podendo ser conhecida de ofício, sua alegação pode se dar em qualquer tempo e grau de jurisdição (NCPC, art. 64, § 1º), especialmente na contestação. De qualquer modo e considerando a singularidade do caso, pensamos que ela pode ser levantada também na exceção de incompetência prevista no art. 800 da CLT, com a peculiaridade de que não haverá preclusão, caso não seja observado o prazo de 5 dias.

12. DIREITO INTERTEMPORAL

Como analisado os tópicos anteriores, a Lei nº 13.467/17 alterou consideravelmente o procedimento para a alegação da incompetência territorial no âmbito trabalhista.

---

23. Nesse mesmo sentido: OLIVEIRA, Sebastião Geraldo. Procedimento sumaríssimo na Justiça do Trabalho. In: VIANA, Márcio Túlio; RENAULT, Luiz Otávio Linhares (coord.). *Procedimento Sumaríssimo: teoria e prática*. São Paulo: LTr, 2000. p. 68.
24. DIDIER JR. Fredie; ZANETI JR., Hermes. *Curso de direito processual civil: Processo coletivo*. 5. ed. Bahia: JusPODIVM, 2010. v. 4, p. 137.

Tratando-se de regra processual, aplica-se ao caso a teoria dos isolamentos dos atos processuais. No entanto, para que não haja violação do princípio do contraditório deve-se observar a data da notificação (citação), que é o termo inicial para a apresentação da exceção.

É por isso que o C. TST, corretamente, no artigo em comentário, estabeleceu que o art. 800 da CLT, com a nova redação dada pela Lei nº 13.467/17, será aplicável imediatamente, desde que a notificação tenha ocorrido a partir de 11 de novembro de 2017, data da entrada em vigor da referida lei.

11

PETIÇÃO INICIAL, PREPOSTO E AUSÊNCIA DO RECLAMANTE (ART. 12)

IN nº 41/2018. Art. 12. Os arts. 840 e 844, §§ 2º, 3º e 5º, da CLT, com as redações dadas pela Lei nº 13.467, de 13 de julho de 2017, não retroagirão, aplicando-se, exclusivamente, às ações ajuizadas a partir de 11 de novembro de 2017.

§ 1º Aplica-se o disposto no art. 843, §3º, da CLT somente às audiências trabalhistas realizadas após 11 de novembro de 2017.

§ 2º Para fim do que dispõe o art. 840, §§ 1º e 2º, da CLT, o valor da causa será estimado, observando-se, no que couber, o disposto nos arts. 291 a 293 do Código de Processo Civil.

§ 3º Nos termos do art. 843, § 3º, e do art. 844, § 5º, da CLT, não se admite a cumulação das condições de advogado e preposto.

Lei nº 13.467/17 (Reforma trabalhista)
Art. 840. A reclamação poderá ser escrita ou verbal.
§ 1º Sendo escrita, a reclamação deverá conter a designação do juízo, a qualificação das partes, a breve exposição dos fatos de que resulte o dissídio, o pedido, que deverá ser certo, determinado e com indicação de seu valor, a data e a assinatura do reclamante ou de seu representante.
§ 2º Se verbal, a reclamação será reduzida a termo, em duas vias datadas e assinadas pelo escrivão ou secretário, observado, no que couber, o disposto no §1º deste artigo.
§ 3º Os pedidos que não atendam ao disposto no § 1º deste artigo serão julgados extintos sem resolução do mérito.
Art. 843. § 3º O preposto a que se refere o § 1º deste artigo não precisa ser empregado da parte reclamada.

> **Art. 844.** § 2º Na hipótese de ausência do reclamante, este será condenado ao pagamento das custas calculadas na forma do art. 789 desta Consolidação, ainda que beneficiário da justiça gratuita, salvo se comprovar, no prazo de quinze dias, que a ausência ocorreu por motivo legalmente justificável.
>
> § 3º O pagamento das custas a que se refere o § 2º é condição para a propositura de nova demanda.
>
> § 5º Ainda que ausente o reclamado, presente o advogado na audiência, serão aceitos a contestação e os documentos eventualmente apresentados.

1. PETIÇÃO INICIAL

Antes da Lei nº 13.467/17 o art. 840 da CLT exigia que a petição inicial tivesse pedido, não fazendo outras especificações. Com o advento da referida lei, passa-se a exigir que o pedido seja:

- certo;
- determinado; e
- com indicação de seu valor.

1.1. Pedido certo

Pedido certo significa que o pedido deve ser expresso, ou seja, não pode ser tácito ou implícito.

Excepcionalmente a lei autoriza o pedido implícito, como é o caso, por exemplo, das custas, dos juros, da correção monetária, das contribuições previdenciárias, dos honorários advocatícios etc.

É interessante notar que o art. 322, § 2º, do CPC estabelece que "a interpretação do pedido considerará o conjunto da postulação e observará o princípio da boa-fé". Isso significa que, mesmo não existindo pedido expresso, se do conjunto da postulação for possível identificá-lo ele será observado no momento da prolação da decisão judicial.

A doutrina tem admitido sua incidência quando o autor formula sua pretensão no corpo da petição inicial e não, necessariamente, na parte destinada aos pedidos[1].

---

1. NEVES, Daniel Amorim Assumpção. *Novo Código de Processo Civil Comentado*. Salvador: Ed. JusPodivm, 2016. p. 82.

Pensamos que esse dispositivo se adequa perfeitamente ao processo laboral, uma vez que embasado nos princípios da boa-fé processual e simplicidade.

1.2. Pedido determinado

Pedido determinado é o que se refere aos limites da pretensão[2], seja em relação à qualidade, seja em relação à quantidade.

É dirigido, pois, ao *quantum debeatur*[3]. Noutras palavras, diz respeito à liquidez do pedido[4].

Por esta afirmação é possível consignar que a indicação do valor do pedido não é propriamente dito um requisito autônomo do pedido, vez que está inserido na determinação, especialmente quando se trata da quantidade. Quero dizer, pedido determinado já quer dizer pedido com indicação de valor[5]. Tanto é assim que o CPC autoriza a não determinação do valor da condenação quando o ato depender de ato a ser praticado pelo réu.

De qualquer modo, ainda que se entenda como um requisito autônomo, o que parece ter sido a vontade do legislador trabalhista, ele será subordinado ao pedido determinado, já que não é possível definir valor sem saber a qualidade e a quantidade pretendida.

Isso nos leva à seguinte conclusão: em todas as hipóteses de pedido genérico, não há que se falar em indicação de valor do pedido.

Melhor explicando, a regra é que o pedido seja determinado. No entanto, em alguns casos é admitido pedido genérico quando a legislação autorizar. Nesses casos, como não é necessário determinar o pedido, consequentemente, não haverá necessidade de indicação do seu valor.

Desse modo, o art. 324, § 1º, do NCPC, aplicável ao processo do trabalho, declina que:

---

2. THEODORO JÚNIOR, Humberto. *Curso de direito processual civil – teoria geral do direito processual civil, processo de conhecimento e procedimento comum*. Vol. I. 56. ed. rev. atual. e ampl. – Rio de Janeiro: Forense, 2015. p. 767.
3. DIDIER JR., Fredie. *Curso de Direito processual civil: introdução ao direito processual civil, parte geral e processo de conhecimento*, vol. 1. 18. ed. Salvador: Editora JusPodivm, 2016. p. 589.
4. NEVES, Daniel Amorim Assumpção. *Novo Código de Processo Civil Comentado*. Salvador: Ed. JusPodivm, 2016. p. 82.
5. No mesmo sentido, MAIOR, Jorge Luiz Souto Maior. *O procedimento sumaríssimo trabalhista*. In: *Procedimento sumaríssimo: teoria e prática*. VIANA, Marcio Tulio. São Paulo: Ltr, 2000. 82

§ 1º. *É lícito, porém, formular pedido genérico:*

I – nas ações universais, se o autor não puder individuar os bens demandados;

II – quando não for possível determinar, desde logo, as consequências do ato ou do fato;

III – quando a determinação do objeto ou do valor da condenação depender de ato que deva ser praticado pelo réu.

O pedido genérico, porém, não significa pedido sem gênero, de modo que a inicial deverá indicar qual o gênero da prestação pretendida, ficando indeterminado apenas a quantidade, a qualidade da coisa ou a importância (valor) pleiteada[6].

Vê-se, pois, que os incisos II e III têm campo fértil no processo do trabalho. É só imaginarmos o pedido de pagamento de horas extras superiores a 8ª diária e 44 semanal. Nesse caso, o reclamante já estará fazendo pedido certo e determinado quanto à qualidade, mas genérico no que se refere a quantidade e, consequentemente, quanto ao valor. Isso é autorizado porque não é possível definir, com exatidão, a consequência do ato (inciso II). Ademais, a delimitação da quantidade depende de ato a ser praticado pelo réu (inciso III), qual seja, a apresentação dos cartões de ponto quando se tratar de empresa com mais de 10 empregados. Da mesma forma, ocorre nos pedidos de pagamento de adicional noturno, comissões retidas etc.

Aliás, o próprio E. STJ tem entendimento firmado no sentido de que

> *a formulação de pedido genérico é admitida, na impossibilidade de imediata mensuração do quantum debeatur, como soem ser aqueles decorrentes de complexos cálculos contábeis, hipótese em que o valor da causa pode ser estimado pelo autor, em quantia simbólica e provisória, passível de posterior adequação ao valor apurado pela sentença ou no procedimento de liquidação*[7].

---

6. THEODORO JÚNIOR, Humberto. *Curso de direito processual civil – teoria geral do direito processual civil, processo de conhecimento e procedimento comum.* Vol. I. 56. ed. rev. atual. e ampl. – Rio de Janeiro: Forense, 2015. p. 769.
7. STJ, 1ª Turma, AgRg no REsp 906.713, rel. Min. Luiz Fux, j. 23.06.2009, DJe 06.08.2009. Outros precedentes indicados na decisão: REsp 591351/DF, desta relatoria, DJ de DJ 21.09.2006; AgRg no REsp 568.329/SP, Rel. Ministro Francisco Falcão, DJ 23/05/2005;RESP 363445/RJ, Relatora Ministra

O mesmo se diga dos pedidos de adicional de insalubridade e periculosidade que, obrigatoriamente, dependem de prova pericial (CLT, art. 195, § 2º), ou seja, não é possível determinar a consequência do fato no momento da inicial.

Isso também se aplica nas indenizações por danos materiais decorrentes do acidente do trabalho quando não for possível delimitar o montante dos prejuízos no momento do ajuizamento da reclamação. O trabalhador, nesse caso, deve indicar quais os prejuízos sofridos com o acidente (p.ex. gastos médicos, hospitalares etc.), mas sua delimitação poderá ser feita no próprio processo, p.ex., por arbitramento.

Esses e outros exemplos trabalhistas serão incluídos no pedido genérico.

1.2.1. Indenização por dano moral

A jurisprudência majoritária autorizou por muito tempo que o autor deixasse para o judiciário definição do valor dos danos morais, viabilizando o pedido genérico. Com o advento do CPC/15, o art. 292, V, do CPC, aplicável subsidiariamente ao processo do trabalho (TST-IN nº 39/2016, art. 3º, IV), passou a exigir que a petição inicial e a reconvenção indiquem o valor pretendido na ação indenizatória em dano moral.

Deixa claro o dispositivo que, na hipótese de indenização por danos morais, o pedido deve ser determinado, não podendo se valer do pedido genérico[8].

Isso se justifica porque é o próprio reclamante quem melhor poderá quantificar a "dor moral" sofrida. "A função do magistrado é julgar se o montante requerido pelo autor é ou não devido."[9]

Esse novo entendimento, que ainda não tem sido adequadamente analisado por boa parte dos julgados, provocará novas discussões acerca da Súmula nº 326 do STJ, a qual prevê que "na ação de indenização por dano moral, a condenação em montante inferior ao

---

Nancy Andrighi, DJ de 01.04.2002; REsp 327.442/SP, Rel. Ministro José Delgado, DJ 24/09/2001; RESP 120307/SP, Relator Ministro Fernando Gonçalves, DJ de 09.12.1997 e RESP 180842/SP, Relator Ministro José Delgado, DJ de 23.11.1998.

8. CÂMARA, Alexandre Freitas. *O novo processo civil brasileiro*. São Paulo: Atlas, 2015. p. 192.
9. DIDIER JR., Fredie. *Curso de Direito processual civil: introdução ao direito processual civil, parte geral e processo de conhecimento*, vol. 1. 18. ed. Salvador: Editora JusPodivm, 2016. p. 590.

postulado na inicial não implica sucumbência recíproca". É que a referida súmula não tem como foco tão somente a procedência parcial do pedido, mas sim evitar que a parte pague valor maior de honorários advocatícios do que o recebido como indenização pelos danos morais[10].

1.3. Pedido com indicação do valor

A Lei nº 13.467/17 passa a exigir que o pedido indique seu valor nas ações submetidas ao rito ordinário.

Trata-se de dispositivo inspirado no rito sumaríssimo que já exigia esse requisito (CLT, art. 852-B).

Aproxima, portanto, os procedimentos trabalhistas, descrevendo que em ambos os casos (ritos sumaríssimo e ordinário) o pedido deverá ser certo, determinado e indicar o seu valor.

A indicação do valor do pedido no rito sumaríssimo não trazia grandes discussões na doutrina e jurisprudência, pois, sendo ações até 40 salários-mínimos, em regra, era possível com mais facilidade identificar os valores devidos. Além disso, antes da Lei nº 13.467/17 não havia a condenação de honorários sucumbenciais nessas ações.

Com o advento da referida lei, no entanto, a depender da intepretação conferida a esse requisito (seja no procedimento ordinário, seja no sumaríssimo), o efeito será nefasto ao trabalhador, viabilizando a renúncia dos seus direitos, restrição de acesso ao judiciário e ausência de reparação integral do dano. Explico.

Parte da doutrina entenderá que o reclamante deverá indicar com exatidão do valor de cada pedido, o qual provocará dois efeitos:

1) limitação da prestação jurisdicional (princípio da congruência): se as provas demonstrarem que o valor do dano é superior ao postulado, o juízo ficará limitado ao montante pleiteado, sob pena de proferir decisão *ultrapetita*, nos termos do art. 492 do CPC.

2) sucumbência recíproca: quando o valor da condenação for inferior ao valor indicado no pedido, o reclamante será sucumbente, devendo arcar com o pagamento dos honorários da parte contrária,

---

10. Nesse sentido: AgRg no Ag 459509 RS, Rel. Ministro Luiz Fux, Primeira Turma, julgado em 25/11/2003, DJ 19/12/2003.

os quais tem como base cálculo a diferença entre o valor do pedido e o montante deferido[11].

Por esses dois efeitos, verifica-se que o reclamante terá prejuízo se o valor do seu pedido for maior ou menor do que o devido. Enfim, o pedido deverá ter verdadeira precisão, ou seja, o reclamante somente não será atingindo se a procedência dos seus pedidos for integral.

Agora indaga-se: com exceção dos pedidos em que os valores são alcançados de forma extremamente simples, haverá algum caso de procedência total?

Não é o que verificamos na prática e continuaremos a visualizar, tendo em vista que os créditos dos trabalhadores, em regra, decorrem da relação continuativa da prestação dos serviços, além do que dependem de documentos que estão em poder do reclamado.

Os defensores da exatidão do valor do pedido argumentarão que o reclamante deverá ingressar com ação de produção de prova antecipada (CPC, art. 381, III) ou com a ação de exibição de documentos (CPC, art. 396 a 404) e, para não correr a prescrição, ajuizar o protesto (CPC, art. 726, § 2º). Com base nos documentos apresentados, poderá delimitar com exatidão o valor do pedido e ajuizar sua reclamação.

Em resumo, a se admitir tal tese, estaremos contemplando que o trabalhador, embora não possa definir com exatidão os valores do pedido, deverá fazer pedido modesto para não ser responsabilizado pelo pagamento dos honorários da parte contrária e, se na instrução ficar apurado que tem valores a receber superiores ao pedido, ela estará renunciando seus créditos, conquanto tenham natureza alimentar. Agora, se ele não quiser correr muito risco (já que risco sempre correrá), deverá bater, previamente, às portas do judiciário para ter em mãos os documentos necessários. De posse dos documentos tentará definir o valor exato dos pedidos, os quais serão submetidos à "liquidação extrajudicial prévia[12]" para, em seguida, ajuizar sua reclamação.

Pelo surrealismo da referida tese, de plano, já é possível afastá-la, pois a interpretação do direito não pode conduzir ao absurdo.

---

11. Vide os comentários do art. 791-A da CLT no capítulo 6.
12. No escritório do advogado do reclamante ou por meio de *expert* contratado para tal fim.

Não podemos conceber que o reclamante tenha que se valer previamente do judiciário para, em seguida, ajuizar sua reclamação trabalhista indicando com exatidão o valor de todos os pedidos da inicial.

Primeiro, porque fere o princípio da simplicidade existente no processo do trabalho que, embora tenha sido atacado veementemente pelo legislador reformador, ainda subsiste nessa seara laboral.

Segundo, porque o pedido poderá ser genérico quando os documentos tiverem em poder do reclamado (CPC, art. 324, § 1º), não dependendo de prévia produção de prova ou de exibição desses documentos. Isso não impede o ajuizamento de tais ações, mas elas não são pressuposto para o ajuizamento da reclamação.

Terceiro, porque na hipótese de pedido genérico, o próprio ordenamento autoriza que o pedido não seja determinado e, consequentemente, não indique o respectivo valor. Quero dizer, como já anunciamos no tópico anterior, a nosso juízo, pedido determinado já equivale ao que indica o valor. De qualquer maneira, mesmo que interpretados de forma distinta, a indicação do valor pressupõe que o pedido seja determinado quantitativamente, o que significa que sendo genérico não tem como ser determinado e, evidentemente, não terá como indicar seu valor.

Quarto, porque há restrição de acesso ao judiciário, violando o art. 5º, XXXV, da CF/88, caso seja admitido esse sistema complexo para o ajuizamento da reclamação.

Quinto, porque a um só tempo estaremos admitindo a renúncia dos créditos do trabalhador e a ausência de reparação integral do dano, caso exista limitação da condenação a valor que não pode ser definido com exatidão na inicial.

Sexto, porque o legislador reformador não foi coerente, existindo inclusive vício de finalidade.

Digo isso porque exigiu valor do pedido na inicial, mas a sentença continuará podendo ser ilíquida. Nesse caso, teremos a liquidação de sentença que, antes da reforma, admitia a homologação imediata sem estabelecer contraditório nessa fase. No entanto, após a Lei nº 13.467/17, o art. 879, § 2º, da CLT foi alterado para impor contraditório prévio na fase de liquidação, embora tenha exigido o valor do pedido na inicial. Ora, se o valor do pedido deve ser indicado na inicial, pouca discussão restará para sua delimitação na fase de liquidação, não havendo que se impor o contraditório prévio. Contraria, pois, a própria justificativa para a criação desse artigo já que um de seus argumentos é que irá "contribuir para a celeridade processual com a prévia liquidação dos pedidos na fase de execução judicial, evitando-se novas discussões e consequentemente, atrasos para que o reclamante receba o crédito que lhe é devido"[13]. Enfim, cria obrigações apenas para o reclamante, com o nítido objetivo de intimidar o ajuizamento de reclamações trabalhistas, restringindo o acesso ao judiciário.

Por tais argumentos, não podemos concordar com a interpretação puramente gramatical desse dispositivo, de modo que, a nosso juízo, deve ser interpretado da seguinte forma:

1) não haverá necessidade de indicação de valor para os pedidos:

a) genéricos;

b) implícitos;

c) declaratórios e constitutivos;

d) condenatórios que não tenham conteúdo pecuniário (obrigação de fazer, não fazer e entrega de coisa);

e) de prestações que não são exigíveis no momento do ajuizamento da reclamação, mas que poderão ser contempladas na sentença condenatória[14] (p.e., multa art. 467 da CLT); e

2) o valor do pedido deverá ser indicado na inicial, nas hipóteses não elencadas no item anterior.

E se o juiz impuser que a parte indique o valor do pedido nas hipóteses que anunciamos como desnecessárias, especialmente no caso de pedidos genéricos?

Abstraindo possíveis discussões em âmbito recursal, pensamos que, nesse caso, o valor do pedido deverá ser indicado por estimativa[15].

---

13. Justificativa do Projeto de Lei nº 6.787/2016 para atribuir nova redação ao § 1º, do art. 840 da CLT.
14. Nesse sentido: SOUSA JUNIOR, Antônio Umberto. *In*: RODRIGUES, Deusmar José (coord.) *Lei da Reforma Trabalhista: comentada artigo por artigo.* Leme (SP): JH Mizuno, 2017. p. 286.
15. Em sentido semelhante, SCHIAVI, Mauro para quem "não há necessidade de apresentação de cálculos detalhados, mas que o valor seja justificado, ainda que por estimativa". *A Reforma trabalhista e o processo do trabalho: aspectos processuais da Lei nº 13.467/17.* São Paulo: LTr, 2017. p. 94.

A indicação por estimativa também deve ser bem interpretada, como se verifica pelo art. 12, § 2º, da Instrução Normativa nº 41, *in verbis*:

> *§ 2º Para fim do que dispõe o art. 840, §§ 1º e 2º, da CLT, o valor da causa será estimado, observando-se, no que couber, o disposto nos arts. 291 a 293 do Código de Processo Civil.*

É que não sendo o valor exato do pedido, ele não serve para limitar a condenação ou delimitar a sucumbência. Noutras palavras, nessa hipótese, a análise é feita sobre a qualidade do pedido e não sobre seu valor, de modo que a procedência do pedido não levará em conta o valor pleiteado.

> *Exemplo: João ajuíza reclamação trabalhista em face da empresa Z pleiteando o pagamento de horas extras superiores a 8ª diária e 44 semanal, estimando o valor do pedido em R$ 10.000,00. Após instrução processual, reconhece-se que o reclamante faz jus às horas extras, mas que, aparentemente, alcançará o montante de R$ 5.000,00. Nesse caso, o juiz julgará procedente o pedido de horas extras, independentemente do valor que estimar para a condenação, já que a sucumbência deve ser analisada sobre os aspectos qualitativos do pedido. Do mesmo modo, julgado procedente o pedido e o juiz estimar que o valor será de R$ 15.000,00, também não poderá existir limitação da condenação. Tanto é assim que a fase de liquidação é exatamente para definir a liquidez do título, ou seja, o quantum devido, o que significa que apenas nesse momento teremos com exatidão o montante devido.*

O mesmo raciocínio deve ser utilizado quando o reclamante indicar valor para tais pedidos, ainda que não seja obrigatório. Isso ocorrerá com frequência, pois a parte, visando a celeridade processual, já indicará por estimativa o valor, evitando discussões processuais e divergências de entendimentos entre os magistrados, além do que o próprio art. 12, § 2º, da IN em comentário já autoriza a indicação de valor estimado.

1.4. Reclamação verbal

A reclamação trabalhista poderá ser escrita ou verbal.

A **reclamação verbal** será distribuída antes de sua redução a termo.

Distribuída a reclamação verbal, o reclamante deverá, **salvo motivo de força maior**, apresentar-se no prazo de 5 dias ao cartório ou à secretaria, para reduzi-la a termo, sob a pena de perda, pelo prazo de 6 meses, do direito de reclamar perante a Justiça do Trabalho (art. 786 da CLT)[16].

É válido destacar que o art. 840, § 2º, da CLT determina que os requisitos da petição inicial escrita deverão estar presentes, **no que couber**, nas reclamações verbais.

Desse modo, como o legislador declinou que se aplicam os requisitos, no que couber, pensamos que a indicação do valor não incide nessa hipótese, sob pena de gerar sucumbência para o reclamante, por valores indicados pelo serventuário[17].

O C. TST, no art. 12, § 2º, da Instrução Normativa em comentário, não adotou esse entendimento, determinando que haja a indicação do valor do pedido, mas por mera estimativa.

1.5. Pedido incerto, indeterminado ou sem indicação de valor. Indeferimento da petição inicial

Conforme mencionado nos tópicos anteriores, a partir da Lei nº 13.467/17 (Reforma Trabalhista), exige-se que o pedido seja certo, determinado e indique seu valor para que a petição inicial seja considerada apta.

Nesse contexto, o art. 840, § 3º, da CLT declina que os pedidos que não atenderem tais requisitos serão julgados extintos sem resolução de mérito.

Trata-se de modalidade de inépcia da petição inicial[18].

É interessante notar que legislador reformador preocupou-se apenas com a certeza e a delimitação do pedido, embora tenhamos

---

16. Parte da doutrina entende que esse dispositivo não foi recepcionado pela CF/46, pois restringiu o acesso ao judiciário. Para outros ele é aplicável, entendendo que essa penalidade incide inclusive sobre pedidos que não existiam na primeira reclamação.
17. TEIXEIRA FILHO, Manoel Antonio. *O processo do trabalho e a reforma trabalhista: as alterações introduzidas no processo do trabalho pela Lei n. 13.467/2017*. São Paulo: LTr, 2017. p. 133.
18. SILVA, Homero Batista Mateus da. *Comentários à reforma trabalhista*. São Paulo: Editora Revista dos Tribunais, 2017. p. 155.

outras hipóteses de inépcia da inicial aplicáveis ao processo do trabalho, por força do art. 330, parágrafo único do CPC/15.

De qualquer maneira, sendo caso de inépcia, cumpre-nos analisar se o juiz indeferirá de plano a inicial ou deverá conceder prazo para que seja emendada.

Pela análise literal do art. 840, § 3º, da CLT haverá extinção imediata, acompanhando entendimento firmado no C. TST, na Súmula nº 263, *em verbis*:

> **Súmula nº 263 do TST.** Petição Inicial. Indeferimento. Instrução obrigatória deficiente.
>
> Salvo nas hipóteses do art. 330 do CPC de 2015 (art. 295 do CPC de 1973), o indeferimento da petição inicial, por encontrar-se desacompanhada de documento indispensável à propositura da ação ou não preencher outro requisito legal, somente é cabível se, após intimada para suprir a irregularidade em 15 (quinze dias), mediante indicação precisa do que deve ser corrigido ou completado, a parte não o fizer (art. 321 do CPC de 2015).

Vê-se pela referida súmula que o C.TST definiu, objetivamente, vícios sanáveis e insanáveis, de modo que há vício sanável garantindo o direito de emenda da inicial quando:

1) faltar documento indispensável à propositura da ação ou;

2) não preencher outro requisito legal.

Por outro lado, será vício insanável nas hipóteses do art. 330 do CPC, ensejando o imediato indeferimento da petição inicial.

Noutras palavras, **ocorrendo uma das hipóteses do art. 330 do CPC, a petição inicial deverá ser indeferida liminarmente, admitindo sua emenda apenas quando faltar documento indispensável à propositura da ação ou não preencher outro requisito legal**.

Por esse entendimento e trazendo o art. 840, § 3º, da CLT caso de indeferimento da petição inicial, não há direito de emenda da inicial, provocando o imediato indeferimento.

Pensamos que essa não é a melhor interpretação do dispositivo. Explico.

O CPC/15 ao tratar da emenda da inicial, não prevista na CLT, descreve no art. 321 o que segue:

Art. 321. O juiz, ao verificar que a petição inicial não preenche os requisitos dos arts. 319 e 320 ou que apresenta defeitos e irregularidades capazes de dificultar o julgamento de mérito, determinará que o autor, no prazo de 15 (quinze) dias, a emende ou a complete, indicando com precisão o que deve ser corrigido ou completado.

Parágrafo único. Se o autor não cumprir a diligência, o juiz indeferirá a petição inicial.

Percebe-se pelo aludido dispositivo que ele não faz nenhuma ressalva quanto à possibilidade de intimação do autor para emendar a inicial nas hipóteses do art. 330 do NCPC, até mesmo porque a emenda à inicial preza pelos princípios da celeridade, efetividade processual e da instrumentalidade das formas, além de ser um direito do autor[19] e não uma faculdade do juiz.

Ademais, o art. 4º do NCPC consagra o princípio da primazia da decisão de mérito ao dispor que "as partes têm o direito de obter em prazo razoável a **solução integral do mérito**, incluída a atividade satisfativa" (Grifo Nosso). Desse modo, o juízo deve sempre ter como objetivo a decisão de mérito e estimular que ela ocorra[20]. Assim, caso a petição inicial tenha um dos vícios dispostos no art. 330 do NCPC, o juiz deverá intimar a parte para que emende a petição inicial, caso ele seja sanável.

O art. 317 do NCPC reforça essa ideia e estabelece que o juiz, antes de proferir decisão sem resolução de mérito, deverá conceder à parte oportunidade para que, se possível, corrija o vício.

Nesse sentido, o enunciado nº 292 do Fórum Permanente de Processualistas Civis estabelece que "antes de indeferir a petição inicial, o juiz deve aplicar o disposto no artigo 321".

Deve-se observar ainda que o art. 321 faz referência expressa ao art. 319 do NCPC, o qual tem identidade com o art. 840 da CLT, vez que ambos preveem os requisitos da petição inicial. Em outros termos, o NCPC permite a intimação do autor para emendar a inicial no caso de ausência dos requisitos essenciais da petição, não fazendo ressalva quanto ao art. 330 do NCPC. Tanto é assim que o art. 319,

---

19. STJ – REsp 812.323/MG. 1ª. Turma. Rel. Min. Luiz Fux, j. 16.9.2008.
20. DIDIER JR. Fredie. Curso de Direito Processual Civil: Introdução ao Direito Processual Civil, Parte Geral e Processo de Conhecimento, vol. 1. 17. ed. Salvador: Editora JusPODIVM, 2015. p. 136.

bem como o art. 330, ambos do NCPC, estabelecem a causa de pedir e o pedido, no primeiro caso como requisito da inicial e no segundo, como inépcia da inicial.

Desse modo, analisando sistematicamente esses dois últimos dispositivos, é possível extrair que, faltando causa de pedir ou pedido, por força do art. 321 do NCPC, o juiz deverá conceder prazo para que o autor emende a inicial, e não indeferi-la liminarmente como impõe aparentemente o art. 840, § 3º, da CLT e a Súmula nº 263 do TST.

Nesse sentido, leciona o doutrinador Nelson Nery Jr.[21]:

> **Falta de pedido ou causa de pedir**. A primeira hipótese de inépcia da petição inicial é a ausência de pedido ou de causa de pedir. (...) Estes dois elementos da ação devem estar presentes na petição inicial para que seja considerada apta. (...) A inépcia pelo defeito aqui apontado pode ser corrigida por emenda da petição inicial. (Grifos no original)

A propósito, **o que define o indeferimento liminar da petição inicial é a natureza do vício**, razão pela qual, sendo o vício sanável, a ser analisado no caso concreto, o juiz deverá conceder prazo para que o autor emende a inicial, indeferindo-a, de plano, somente na hipótese de vício **insanável**.

Dessa forma, por ser a emenda da petição inicial um direito do autor e por se tratar de vício sanável, entendemos que, quando o pedido não for certo, determinado ou indicar seu valor, o juiz deverá oportunizar ao reclamante o prazo de 15 dias para que emende a inicial e, somente após, se não suprido o vício, indeferir a petição inicial, com base no art. 840, § 3º, da CLT. Nesse sentido, o Enunciado nº 105 da 2ª Jornada de direito material e processual do trabalho:

> **Enunciado nº 105** – Sentença sem exame de mérito. Direito autoral à emenda
>
> CLT, art. 840, § 3º. Sentença sem exame do mérito. Necessidade de oportunizar a emenda. A exordial que não atende integralmente os requisitos legais deve ensejar oportunidade para

---

21. NERY Jr., Nelson; NERY, Rosa Maria de Andrade. Comentários ao Código de Processo Civil. São Paulo: Editora Revista dos Tribunais, 2015. p. 903.

emenda e não imediata sentença sem exame do mérito, sob pena de obstar o direito do autor à integral análise do mérito (CPC, arts. 4º, 6º, 317, 319 e 321; TST, súmula 263).

Antes de finalizar esse tópico é importante consignar que o art. 321 do NCPC impõe o dever de o juiz indicar com precisão o que deve ser corrigido ou contemplado.

Trata-se de decorrência do princípio da cooperação insculpido no art. 6º do Novo CPC, o qual impõe que "todos os sujeitos do processo devem cooperar entre si para que se obtenha, em tempo razoável, decisão de mérito justa e efetiva".

Observa-se que o princípio da cooperação tem como destinatários todas as partes envolvidas no processo: os integrantes do polo ativo, do polo passivo, seus respectivos advogados/procuradores e o órgão jurisdicional.

Referido princípio encontra substrato no objetivo fundamental da solidariedade, previsto no artigo 3º, I da Constituição Federal de 1988, servindo como meio na consecução do Estado Democrático de Direito, uma vez que este possui como principal característica a prévia participação de todos.

O dever de cooperação não se constitui apenas como faculdade das partes, mas, conforme se observa pela própria redação do art. 6º do NCPC, configura-se como ônus e dever, fazendo com que todos os sujeitos processuais ocupem posições simétricas durante o processo. Destacamos que apenas no momento da decisão o juiz ocupará uma posição assimétrica, pois o julgamento corresponde a uma função exclusiva do magistrado[22]. Todavia, essa decisão será baseada nas informações obtidas durante a condução do processo, daí a importância de o juiz, como instrumento da aplicação do direito, cooperar com as partes para que seja alcançada a melhor solução ao litígio.

Nas outras fases do processo, porém, deverá haver a cooperação das partes entre si, das partes com o juiz e vice-versa, com o objetivo de maior democratização na construção do processo, sem que qualquer um dos sujeitos seja considerado como protagonista.

---

22. Nesse sentido: DIDIER JR., Fredie. Curso de Direito Processual Civil: vol. 1 - Introdução ao Direito Processual Civil, Parte Geral e Processo de Conhecimento. 17. ed. Salvador: Editora JusPodivm, 2015, p. 125.

É nesse contexto, portanto, que se insere o dever de o juiz, ao determinar a emenda da inicial, indicar com precisão o que deve ser corrigido ou completado.

1.6. Direito intertemporal acerca dos requisitos da petição inicial

Os requisitos da petição inicial são definidos no momento do ajuizamento da ação. Desse modo, se na época do ajuizamento não havia exigência de indicação do valor do pedido, não há como extinguir o pedido por falta de indicação do valor ou impor a emenda da inicial, sob pena de atingir situação já consolidada sob a égide de lei anterior.

É por isso que a Corte Trabalhista, corretamente, estabeleceu no caput do art. 12 em comentário que a indicação dos valores dos pedidos apenas é exigido para as reclamações ajuizadas a partir de 11 de novembro de 2017, data da entrada em vigor da Lei 13.467/17.

2. PREPOSTO

No processo do trabalho, a presença das partes na audiência é obrigatória, objetivando a efetivação do princípio da conciliação.

No entanto, o art. 843, § 1º, da CLT, autoriza que o empregador seja substituído em audiência "pelo gerente, ou qualquer outro preposto que tenha conhecimento do fato, e cujas declarações obrigarão o proponente".

Vê-se por esse dispositivo que ele nada versa quanto à obrigatoriedade de que o preposto seja empregado da empresa, o que provocou cizânia na doutrina e na jurisprudência sobre o seu alcance.

Para uns, em razão de o artigo não fazer nenhuma limitação da representação por meio de preposto empregado, não caberia ao intérprete fazê-la. Ademais, nos dias atuais, o próprio art. 932, III, do CC/02 faz distinção entre empregado e preposto. Dessa forma, bastaria que o preposto tivesse conhecimento dos fatos para poder representar o empregador na audiência.

Para a outra parte, conquanto o artigo supracitado não obrigasse que o preposto fosse empregado, tal amplitude poderia criar a profissão de preposto, afastando a seriedade que se exige dessa representação.

O **Tribunal Superior do Trabalho** optou pela segunda corrente, de modo que **somente admitia preposto que fosse empregado da empresa reclamada**. Excepcionou, no entanto, a reclamação de empregado doméstico, assim como contra a microempresa ou empresa de pequeno porte, conforme constante na Súmula nº 377:

> **Súmula nº 377 do TST.** Preposto. Exigência da condição de empregado.
>
> Exceto quanto à reclamação de empregado doméstico, ou contra micro ou pequeno empresário, o preposto deve ser necessariamente empregado do reclamado. Inteligência do art. 843, § 1º, da CLT e do art. 54 da Lei Complementar nº 123, de 14 de dezembro de 2006.

A primeira exceção, empregado doméstico, justificava-se, uma vez que, nesses casos, o empregador é qualquer um dos membros da família, assim como porque, em regra, o empregador doméstico não possui outro empregado. Nesse caso, portanto, permite-se a representação, por exemplo, por outro membro da família que não assinou a CPTS ou pelo contador da pessoa física.

A segunda, microempresa, decorreu do comando do art. 54 da LC nº 123/2006, o qual expressamente faculta ao "empregador de microempresa ou de empresa de pequeno porte fazer-se substituir ou representar perante a Justiça do Trabalho por terceiros que conheçam dos fatos, ainda que não possuam vínculo trabalhista ou societário".

A Lei nº 13.467/17, contudo, acrescentou o § 3º ao art. 843 da CLT, passando a estabelecer, expressamente, que não há necessidade de que o preposto seja empregado da parte reclamada, alterando totalmente o entendimento firmado pelo TST, o que provocará o cancelamento da Súmula nº 377 do TST.

Como já era alegado pela doutrina antes da criação dessa súmula, acreditamos que a desnecessidade de que o preposto seja empregado da empresa pode gerar a presença de "prepostos profissionais" com o objetivo de "desvirtuar a norma e esvaziar a importância do depoimento pessoal e de eventual obtenção da confissão expressa"[23].

---

23. SILVA, Homero Batista Mateus da. *CLT comentada*. 14. ed. São Paulo: Editora Revista dos Tribunais, 2016. p. 424.

Não será fantasioso supor que, doravante, além de ser estimulada a formação de prepostos profissionais, haverá também a figura do preposto de plantão, que permanecerá nas dependências do fórum, a fim de colocar os seus préstimos à disposição de quem deles, circunstancialmente, precisar[24].

De qualquer maneira, o preposto deve ter conhecimento dos fatos, tendo a função de substituir o empregador na audiência, exaurindo sua atividade neste ato. Assim, poderá exercer todos os atos necessários na audiência, tais como realizar propostas de acordo, apresentar defesa oral, prestar depoimento pessoal e aduzir razões finais. Por outro lado, acabada a audiência, não poderá praticar outros atos processuais como, por exemplo, interpor recursos.

Consignamos que, em todos os casos, o preposto deve ter conhecimento dos fatos. Não há necessidade de ter presenciado os fatos, podendo ter conhecimento por informações de terceiros[25]. Contudo, não tendo o preposto conhecimento dos fatos, haverá incidência da confissão ficta (NCPC, arts. 386 e 389), que poderá ser afastada por meio de prova em contrário, nos termos da Súmula 74, II, do TST.

Ademais, caso o empregador não se faça representar adequadamente (p. ex., ausência de carta de preposição), não haverá incidência imediata dos efeitos da revelia, devendo o magistrado possibilitar ao reclamado a oportunidade de sanar sua irregularidade, nos termos do art. 76 do NCPC[26], que é embasado no princípio da primazia da decisão de mérito.

2.1. Preposto e advogado

Embora o C. TST na Instrução Normativa em comentário tenha tido o intuito de se manifestar apenas sobre o direito intertemporal, no art. 12, § 3º interpretou o art. 843, § 3º, da CLT em conjunto com o Regulamento Geral do Estatuto de Advocacia e OAB, o qual estabelece, em seu art. 3º, que "é defeso ao advogado funcionar no mesmo

---

24. TEIXEIRA FILHO, Manoel Antonio. *O processo do trabalho e a Reforma Trabalhista: as alterações introduzidas no processo do trabalho pela Lei n. 13.467/2017*. São Paulo: LTr, 2017. p. 147.
25. PEREIRA, Leone. *Manual de processo do trabalho*. São Paulo: Saraiva, 2011. p. 443.
26. No mesmo sentido: OLIVEIRA, Francisco Antônio de. *Comentários às súmulas do TST*. 9. ed. rev. e atual. São Paulo: Editora Revista dos Tribunais, 2008. p. 667 e PINTO, Raymundo Antonio Carneiro. *Súmulas do TST comentadas*. 11. ed. São Paulo: LTr, 2010. 296.

processo, simultaneamente, como patrono e preposto de empregador ou cliente". Impediu-se, portanto, que o advogado atue como preposto e advogado de modo concomitante.

Desse modo, o advogado não poderá exercer atos que deveriam ser realizados pelo preposto (p. ex. prestar depoimento). A recíproca, porém, não é tão simples e gerará dúvida. Queremos dizer, será possível o preposto realizar atos exclusivos dos advogados? Em decorrência do *jus postulandi* existente no processo do trabalho, concede-se a capacidade postulatória às partes que poderá ser exercida pelo preposto dentro da audiência, viabilizando assim a apresentação da contestação. No entanto, se já apresentada a contestação pelo PJe em nome do advogado, não será possível no momento da audiência que o advogado pretenda se transformar em preposto ratificando a contestação apresentada. Noutras palavras, o advogado preservará sua função como tal durante todo o processo, não podendo atuar concomitantemente como preposto ou alterar sua função para preposto.

2.2. Direito intertemporal

O preposto exerce suas atividades na audiência. Desse modo, aplicando-se a teoria do isolamento dos atos processuais, sendo a audiência realizada a partir de 11 de novembro de 2017, já incidirá a Lei nº 13.467/17, afastando a necessidade de que o preposto seja empregado da empresa, como declinou o C. TST no art. 12, § 1º, da IN 41/2018. Para as audiência anteriores, aplica-se o entendimento descrito na Súmula nº 377 do TST.

3. MODALIDADES DE AUDIÊNCIA

A sistemática idealizada pela CLT estabelece que toda audiência seja una (única) e contínua, devendo o juiz do trabalho tomar conhecimento da inicial, fazer proposta de conciliação, receber a contestação, produzir as provas e, em seguida, prolatar a sentença. Trata-se da plena aplicação do princípio da concentração, buscando o agrupamento dos atos processuais em uma única audiência.

Pode ocorrer, não obstante, de o julgador não praticar todos os atos em uma única audiência, adiando-a para data posterior, com fundamento no art. 849 da CLT, o qual permite o adiamento da audiência em caso de força maior.

Art. 849. A audiência de julgamento será contínua; mas, se não for possível, por motivo de força maior, concluí-la no mesmo dia, o juiz ou presidente marcará a sua continuação para a primeira desimpedida, independentemente de nova notificação.

Embora a lei permita o fracionamento da audiência apenas no caso de força maior, a audiência una, especialmente nos grandes centros, ficou inviabilizada, passando os juízes a dividi-la em:

- audiência inaugural: quando há a primeira proposta de conciliação e apresentação de defesa;

- audiência de instrução (ou em prosseguimento): oportunidade em que ocorre a colheita de provas orais (interrogatório, oitiva das testemunhas, oitiva do perito e assistentes técnicos);

- audiência de julgamento: publicação da sentença.

3.1. COMPARECIMENTO DAS PARTES NA AUDIÊNCIA

3.1.1. Comparecimento do reclamante

O art. 843 da CLT impõe a presença das partes na audiência, autorizando que o reclamante possa ser representado pelo sindicato ou por outro empregado da mesma profissão em algumas hipóteses.

Assim, a ausência do reclamante em audiência provoca efeitos diferentes, a depender da audiência a que não tenha comparecido.

Sua ausência na **audiência inaugural** provocará o arquivamento da reclamação trabalhista,[27] ou seja, a extinção do processo sem resolução do mérito, devendo arcar com o pagamento das custas processuais caso não comprove, no prazo de 15 dias, que a ausência ocorreu por motivo justificável (CLT, art. 844, *caput* e § 3º).

Por outro lado, se a audiência for adiada depois da apresentação da contestação, o não comparecimento do reclamante na **audiência**

---

27. Caso o reclamante dê causa a dois arquivamentos seguidos, pelo não comparecimento na audiência, ficará impossibilitado, pelo prazo de 6 meses, de reclamar perante a Justiça do Trabalho, nos termos dos arts. 731 e 732 da CLT.

de instrução dá origem à confissão ficta (presunção de veracidade dos fatos alegados), desde que devidamente intimado com essa cominação. É o que declina a jurisprudência do C. TST:

> **Súmula nº 9 do TST.** Ausência do reclamante.
>
> A ausência do reclamante, quando adiada a instrução após contestada a ação em audiência, não importa arquivamento do processo.
>
> **Súmula nº 74 do TST.** Confissão.
>
> I – Aplica-se a confissão à parte que, expressamente intimada com aquela cominação, não comparecer à audiência em prosseguimento, na qual deveria depor.
>
> II – A prova pré-constituída nos autos pode ser levada em conta para confronto com a confissão ficta (arts. 442 e 443 do CPC de 2015 – art. 400, I, do CPC de 1973), não implicando cerceamento de defesa o indeferimento de provas posteriores.
>
> III – A vedação à produção de prova posterior pela parte confessa somente a ela se aplica, não afetando o exercício, pelo magistrado, do poder/dever de conduzir o processo.

Por fim, consigna-se que a ausência do reclamante ou do reclamado na **audiência de julgamento**, quando é proferida a sentença, apenas tem o condão de iniciar o prazo recursal, ou seja, inicia-se o prazo recursal independentemente da presença das partes. Nesse sentido:

> **Súmula nº 197 do TST.** Prazo.
>
> O prazo para recurso da parte que, intimada, não comparecer à audiência em prosseguimento para a prolação da sentença conta-se de sua publicação.
>
> **Súmula nº 30 do TST.** Intimação da sentença.
>
> Quando não juntada a ata ao processo em 48 horas, contadas da audiência de julgamento (art. 851, § 2º, da CLT), o prazo para recurso será contado da data em que a parte receber a intimação da sentença.

3.1.2. Comparecimento do reclamado

Da mesma forma que o reclamante, o reclamado também deverá comparecer pessoalmente na audiência ou ser representado por preposto ou gerente. No entanto, a ausência do reclamado, na audiência inaugural, acarreta a revelia e seus efeitos, especialmente a confissão ficta, como declina o art. 844 da CLT.

É interessante observar, ainda, que o não comparecimento do reclamado na audiência inicial provoca a revelia, tornando os fatos incontroversos, de modo que haverá aplicação da multa do art. 467 da CLT. Nesse sentido a Súmula nº 69 do TST:

> **Súmula nº 69 do TST.** Rescisão do contrato.
> A partir da Lei nº 10.272, de 05.09.2001, havendo rescisão do contrato de trabalho e sendo revel e confesso quanto à matéria de fato, deve ser o empregador condenado ao pagamento das verbas rescisórias, não quitadas na primeira audiência, com acréscimo de 50% (cinquenta por cento).

Já na hipótese de o reclamado estar presente na audiência inaugural, quando apresentará a contestação, mas ausente na audiência em instrução, não haverá revelia, apenas a confissão ficta, como ocorre com o reclamante.

Por fim, caso o reclamado não compareça à audiência de julgamento, inicia-se o prazo recursal independentemente de sua presença.

Em suma, a ausência das partes na audiência provoca os seguintes efeitos:

Parte ausente	Audiência inaugural ou una	Audiência de instrução	Audiência de julgamento
Reclamante	arquivamento e pagamento das custas[28]	confissão	inicia o prazo recursal
Reclamado	confissão e revelia quanto à matéria de fato	confissão	inicia o prazo recursal
Reclamante e reclamado	arquivamento	confissão das duas partes, julgando-se com as provas já existentes nos autos e, se inexistentes ou insuficientes, de acordo com o ônus da prova	inicia o prazo recursal

---

28. Salvo se justificar em 15 dias o motivo da ausência.

3.2. Pagamento das custas processuais na hipótese de arquivamento

De acordo com o art. 844, § 2º, da CLT, acrescentado pela Lei nº 13.467/2017, nas hipóteses de ausência do reclamante, além do arquivamento da reclamação trabalhista, haverá a condenação ao pagamento das custas calculadas nos termos do art. 789 da CLT, ainda que beneficiário da justiça gratuita, salvo se comprovar, no prazo de 15 dias, que a ausência ocorreu por motivo legalmente justificável.

A análise desse dispositivo deve ser feita sob dois aspectos: reclamante não beneficiário da justiça gratuita e reclamante beneficiário da justiça gratuita.

3.2.1. *Reclamante não beneficiário da justiça gratuita*

O art. 844, § 2º, CLT com o objetivo de dar mais responsabilidade ao reclamante, restringindo ausências injustificadas na audiência inaugural, criou dispositivo de interpretação ambígua o que provocará discussão na jurisprudência acerca de seu alcance, especialmente para o reclamante **não** beneficiário da justiça gratuita.

Para uns, quanto a não beneficiário, apenas a primeira parte do dispositivo lhe será aplicada, ou seja, "na hipótese de ausência do reclamante, este será condenado ao pagamento das custas calculadas na forma do art. 789 desta Consolidação".

Para outros, o dispositivo é integralmente aplicável ao não beneficiário. Desse modo, abstraindo a parte que versa sobre o beneficiário da justiça gratuita, para o não beneficiário a norma deve ser lida da seguinte forma:

> Na hipótese de ausência do reclamante, este será condenado ao pagamento das custas calculadas na forma do art. 789 desta Consolidação (...), salvo se comprovar, no prazo de quinze dias, que a ausência ocorreu por motivo legalmente justificável.

Pensamos que esta última corrente deve prevalecer, já que a parte final também faz referência ao não beneficiário. De qualquer modo, o legislador provoca verdadeira confusão. Explico.

Antes das alterações da Lei nº 13.467/17, já se entendia que, nos casos de arquivamento da reclamação trabalhista, o reclamante não beneficiário da justiça gratuita deveria ser condenado ao pagamento das custas, sendo estas calculadas sobre o valor atribuído à causa na petição inicial.

Isso decorre do próprio art. 789, II, da CLT que impõe o pagamento das custas na hipótese de extinção do processo sem resolução do mérito. Nesse caso, pelo princípio da causalidade (aquele que deu causa indevida à movimentação do judiciário), atribuía-se ao reclamante seu pagamento.

Portanto, até aqui nada de novidade.

No entanto, o § 2º do art. 844 da CLT concede ao reclamante a oportunidade de justificar sua ausência no prazo de 15 dias. Agora indaga-se: quais os efeitos da justificação para o não beneficiário da justiça gratuita?

Aparentemente, o dispositivo o isenta do pagamento das custas processuais, modificando sua natureza de despesa processual para penalidade. Não podemos concordar, porque o simples exercício do direito de ação não pode provocar penalidade ao autor, caso não seja demonstrado que agiu de má-fé. Por outro lado, atuando de má-fé poderá ser penalizado nos termos do art. 793-C da CLT. Decorre o pagamento das custas, como já dito, tão somente do princípio da causalidade, ou seja, de ter movimentado indevidamente o judiciário. Assim, independentemente da forma de atuação no processo, o pagamento das custas processuais será dever do reclamante.

O não beneficiário da justiça gratuita não pode ser isento do pagamento das custas processuais.

A nosso ver, o § 2º do art. 844, da CLT passa a conceder ao reclamante uma oportunidade de demonstrar que sua ausência foi justificada, o que viabiliza o desarquivamento da reclamação e o prosseguimento da demanda.

Trata-se de interpretação em consonância com o princípios da primazia da decisão de mérito, economia e efetividade processual, aplicando analogicamente o art. 485, § 7º, do CPC que autoriza o juízo de retratação nas decisões que extinguem o processo sem resolução do mérito.

Desse modo, sendo justificável a ausência, embora o processo tenha sido arquivado, o ordenamento passa a autorizar o juízo de retratação, permitindo que, sendo justificável a ausência, o processo seja desarquivado e prossiga normalmente.

Agora indaga-se: qual o momento para demonstrar o motivo relevante e viabilizar a designação de nova audiência?

Antes da Lei nº 13.467/17, entendia-se que a comprovação deveria ocorrer até a abertura da audiência[29]. Com o advento da referida lei e interpretando sistematicamente os §§ 1º e 2º do art. 844 da CLT, será possível comprová-lo no prazo de 15 dias.

3.2.2. Reclamante beneficiário da justiça gratuita

A Lei nº 13.467/17 cria nova sistemática para o beneficiário da justiça gratuita na seara laboral.

Mantém a gratuidade de acesso à Justiça do Trabalho, impedindo a obrigação de antecipar as despesas processuais, e a natureza de isenção do pagamento das despesas pelo beneficiário (CLT, art. 790, *caput*). No entanto, sendo o beneficiário da justiça gratuita **vencido** deverá suportar o pagamento dos:

a) **honorários periciais**, caso seja sucumbente no objeto da perícia e tenha obtido créditos capazes de suportar tais honorários, ainda que o recebimento dos créditos derive de outro processo (CLT, art. 790-B, § 4º).

b) **honorários sucumbenciais**, caso tenha obtido créditos capazes de suportar tais honorários, ainda que o recebimento dos créditos derive de outro processo. Não existindo créditos a receber, o débito ficará com a exigibilidade suspensa, somente podendo ser executado, se nos 2 anos subsequente ao trânsito em julgado, o credor demonstrar que deixou de existir a situação de insuficiência de recursos que justificou a concessão da gratuidade (CLT, art. 791-A, § 4º).

c) **pagamento das custas processuais**, na hipótese de não apresentar, no prazo de 15 dias, motivo legalmente justificável para sua ausência na audiência inaugural (CLT, art. 844, § 2º).

---

29. MARTINS, Sérgio Pinto. *Comentários à CLT*. 17. ed. São Paulo: Atlas, 2013. p. 920.

Essa última hipótese, que é a tratada neste tópico, modifica a natureza das custas processuais, de despesa processual para sanção (penalidade).

Essa nova sistemática imposta pela Lei nº 13.467/17, embora tenha como fundamento desestimular ações temerárias, não nos permite aplicá-la, seja pela transformação inviável do instituto, seja porque se trata, nesse particular, de dispositivo inconstitucional.

É que o simples exercício do direito de ação não pode provocar penalidade ao autor, caso não seja demonstrado que agiu de má-fé. Por outro lado, atuando de má-fé, ficará viabilizada a incidência das penalidades do art. 793-C da CLT e não com o pagamento das custas.

A concessão do benefício da justiça gratuita não é uma faculdade do Estado e nem decorre de comando infraconstitucional. Trata-se de dever constitucional e estatal destinado a viabilizar o acesso à justiça dos que não tenham recursos financeiros.

Esse dever estatal garante a um só tempo o direito constitucional de acesso à justiça (CF/88, art. 5º, XXXV e LXXIV) e o respeito ao princípio da dignidade da pessoa (CF/88, art. 1º, III), pois a parte não poderá ser obrigada dispor de recursos necessários para garantir sua sobrevivência ou de sua família para movimentar o judiciário.

Aliás, a restrição de acesso ao judiciário, no presente caso, fica mais evidente quando interpretado sistematicamente o § 2º e o § 3º, o qual exige que o beneficiário da justiça gratuita pague as custas processuais para propor nova demanda, na hipótese de a anterior ter sido arquivada em razão da ausência injustificada do reclamante (CLT, art. 843, § 3º).

Viola, ainda, o princípio da igualdade material, na medida em que **inibe indiretamente o acesso à ordem jurídica dos menos favorecidos**.

Como bem pondera a doutrina ao analisar as verbas de sucumbência, os jurisdicionados devem ser analisados sob três ângulos diferentes: hipossuficiente, economicamente suficiente e hipersuficiente:

> Se para o economicamente suficiente pode servir de útil fator inibidor de demandas infundadas, **para o hipossuficiente pode significar bloqueio intransponível a obstar toda e qualquer ação**, enquanto que, para o rico, o risco de arcar

com as verbas da sucumbência sequer será levado em conta, ao decidir se irá a juízo[30]. (Grifo nosso)

Nesse contexto, entendemos que a imposição de pagamento das custas processuais ao beneficiário da justiça gratuita viola, frontalmente, a dignidade da pessoa humana, o acesso à justiça e o princípio da igualdade material. Nesse sentido, o Enunciado nº 103 da 2ª Jornada de direito material e processual do trabalho, *in verbis*:

> **Enunciado nº 103** – Acesso à Justiça
>
> Acesso à justiça. Art, 844, § 2º e § 3º, da CLT. Inconstitucionalidade. Viola o princípio de acesso à justiça a exigência de cobrança de custas de processo arquivado como pressuposto de novo ajuizamento. O princípio do acesso à justiça é uma das razões da própria existência da justiça do trabalho, o que impede a aplicação dessas regras, inclusive sob pena de esvaziar o conceito de gratuidade da justiça.

O dispositivo, inclusive, faz com que a concessão do benefício da justiça gratuita, nessa hipótese, não tenha nenhum efeito prático ao reclamante, pois mesmo se comprovada a ausência de recursos para a manutenção de seu sustento e de sua família, deverá efetuar o pagamento das custas processuais.

Além disso, já existe no ordenamento jurídico forma de punir atuações temerárias das partes, o que se faz por meio das penalidades relacionadas à litigância de má-fé, como descreve o art. 793-C da CLT, a qual é aplicável também ao beneficiário da justiça gratuita, pois a conduta ética é exigida de todos os que participam do processo, independentemente de sua condição financeira.

Ademais, já existe no processo do trabalho outra penalidade para o reclamante que não comparece na audiência, como descreve o art. 732 da CLT, o qual impede o ajuizamento de reclamação trabalhista nos casos em que houver dois arquivamentos seguidos pelo não comparecimento da parte na audiência inaugural.

Por esses e outros fundamentos, a Procuradoria Geral da República ajuizou a ADI 5766 requerendo a declaração da inconstitucio-

---

30. MARCACINI, Augusto Tavares Rosa. *Assistência jurídica, assistência judiciária e justiça gratuita*. Rio de Janeiro: Forense, 1996. p. 55.

nalidade da expressão "ainda que beneficiário da justiça gratuita" do § 2º do art. 844 da CLT, acrescentado pela Lei nº 13.467/17.

3.2.3. Prazo concedido para justificar a ausência na audiência

O art. 844, § 2º, da CLT concedeu o prazo de 15 dias para que o reclamante justifique sua ausência na audiência inaugural.

Esse prazo será contado em dias úteis, por força do art. 775 da CLT.

O termo inicial é a partir da audiência, independentemente de intimação para justificar sua ausência. No entanto, se o reclamante não foi regularmente intimado da audiência, o prazo deve ser contado a partir da ciência do arquivamento.

A decisão que arquiva a reclamação trabalhista tem natureza de sentença. Na realidade, trata-se de sentença que extingue o processo sem resolução do mérito. Desse modo, pode ser atacada pelo recurso ordinário, no prazo de 8 dias (CLT, art. 895). Curiosamente, o legislador também viabiliza sua discussão, no prazo de 15 dias, por meio de simples petição quando estiver discutindo o motivo do arquivamento e o pagamento das custas processuais[31].

Por se tratar, no entanto, de pedido de reconsideração, não haverá interrupção do prazo recursal, o que significa que a parte deverá impugnar a matéria pela via recursal, no prazo de 8 dias, e também por meio de petição dirigida ao magistrado que proferiu a decisão, no prazo de 15 dias. Na prática, temos que reconhecer que, como regra, o reclamante irá discutir o tema apenas na petição de reconsideração, salvo se o valor das custas for expressivo.

3.2.4. Motivo legalmente justificável

O art. 844, § 2º, da CLT descreve que a ausência do reclamante deverá ser comprovado "por motivo legalmente justificável".

Aparentemente, o legislador foi mais exigente para essa hipótese do que a do § 1º, que autoriza a redesignação da audiência por "motivo relevante".

À busca de se definir o que se trata a expressão motivo legalmente justificado a doutrina passa a estabelecer que são os casos descritos

---

31. O projeto original previa um prazo de 8 dias.

no art. 473 da CLT[32], que permitem ao empregado não comparecer no serviço sem prejuízo do seu salário, além de outras "ausências espalhadas pela legislação, como convocação para o tribunal do júri, faltas decorrentes da legislação eleitoral, militar e o mais"[33].

A nosso juízo, como o motivo justificável provocará a reabertura do processo, pensamos que os §§ 1º e 2º devem ser interpretados sistematicamente, o que significa que, seja nas hipóteses previstas em lei, seja nos casos que o juiz entender o motivo relevante, estará justificada a ausência. Trata-se, pois, de conceito legal indeterminado a ser analisado em cada caso concreto.

3.2.5. Pressuposto para ajuizamento de ação posterior

Inspirado no art. 486, § 2º, do CPC/15, o § 3º do art. 844 da CLT, introduzido pela Lei nº 13.467/17, passa a estabelecer que o pagamento das custas processuais decorrente do não comparecimento do reclamante na audiência inaugural é "condição para a propositura da nova demanda".

Na realidade, trata-se de pressuposto processual negativo, de modo que a ausência do pagamento provocará a extinção do novo processo sem resolução de mérito.

---

32. Art. 473 - O empregado poderá deixar de comparecer ao serviço sem prejuízo do salário:
    I - até 2 (dois) dias consecutivos, em caso de falecimento do cônjuge, ascendente, descendente, irmão ou pessoa que, declarada em sua carteira de trabalho e previdência social, viva sob sua dependência econômica;
    II - até 3 (três) dias consecutivos, em virtude de casamento;
    III - por um dia, em caso de nascimento de filho no decorrer da primeira semana;
    IV - por um dia, em cada 12 (doze) meses de trabalho, em caso de doação voluntária de sangue devidamente comprovada;
    V - até 2 (dois) dias consecutivos ou não, para o fim de se alistar eleitor, nos têrmos da lei respectiva.
    VI - no período de tempo em que tiver de cumprir as exigências do Serviço Militar referidas na letra "c" do art. 65 da Lei nº 4.375, de 17 de agosto de 1964 (Lei do Serviço Militar).
    VII - nos dias em que estiver comprovadamente realizando provas de exame vestibular para ingresso em estabelecimento de ensino superior.
    VIII - pelo tempo que se fizer necessário, quando tiver que comparecer a juízo.
    IX - pelo tempo que se fizer necessário, quando, na qualidade de representante de entidade sindical, estiver participando de reunião oficial de organismo internacional do qual o Brasil seja membro.
    X - até 2 (dois) dias para acompanhar consultas médicas e exames complementares durante o período de gravidez de sua esposa ou companheira;
    XI - por 1 (um) dia por ano para acompanhar filho de até 6 (seis) anos em consulta médica.
33. SILVA, Homero Batista Mateus da. *Comentários à Reforma Trabalhista*. São Paulo: Editora Revista dos Tribunais, 2017. p. 159.

De qualquer maneira, por se tratar de vício sanável, deve ser concedido ao reclamante o prazo de 15 dias para emendar a inicial, nos termos do art. 321 do CPC, aplicável ao processo do trabalho.

No que tange ao beneficiário da justiça gratuita, como já anunciamos, pensamos que não está obrigado a pagar as custas processuais do processo arquivado. Assim, caso lhe seja aplicado o § 3º do art. 844 da CLT teremos dupla violação de acesso à justiça, ou seja, no primeiro processo e especialmente no novo processo, já que não tendo condições de arcar com as custas do processo anterior, ficará inviabilizado de acessar o judiciário.

3.2.6. Direito intertemporal sobre o pagamento das custas na hipótese de arquivamento da reclamação

O *caput* do art. 12 em comentário não analisou o conteúdo ou a constitucionalidade das alterações provocadas nos parágrafos do art. 844 da CLT, já que o tema está em discussão no STF na ADI 5766.

Apenas tratou do direito intertemporal, estabelecendo que os §§ 2º e 3º do art. 844 da CLT, "com as redações dadas pela Lei nº 13.467, de 13 de julho de 2017, não retroagirão, aplicando-se, exclusivamente, às ações ajuizadas a partir de 11 de novembro de 2017".

Adotou, pois, a teoria da unidade processual, aplicando uma única norma para o processo, qual seja: a vigência na data do ajuizamento da ação.

Assim agiu o C.TST porque entendeu que os riscos do processo são definidos no início do processo. Usou a mesma sistemática adotada para os honorários periciais, vez que estes e as custas processuais são espécies do gênero despesas processuais.

4. PRESENÇA DO ADVOGADO EM AUDIÊNCIA E AUSÊNCIA DA PARTE

Antes da Lei nº 13.467/2017, o TST, interpretando literalmente o art. 844, *caput*, da CLT, declarou que a presença tão somente do advogado, mesmo que munido de procuração, não afastava a revelia. Assim agiu, porque no seu entender, o ato de contestar é exclusivo da parte e deve ser efetivado na própria audiência. Ademais, no processo do trabalho, a contestação não é apresentada em secretaria, mas sim na audiência, de modo que a revelia ocorrerá pela simples ausência da reclamada na audiência.

Dessa forma, na visão do C. TST, o empregador deveria apresentar-se pessoalmente ou por meio de seu gerente ou preposto na audiência, a fim de não provocar a decretação da revelia.

Aliás, o C. TST admitia que a revelia fosse afastada quando o empregador apresentasse atestado médico, o qual deveria comprovar a impossibilidade de sua locomoção. Nesse sentido:

> **Súmula nº 122 do TST.** Revelia. Atestado médico
>
> A reclamada, ausente à audiência em que deveria apresentar defesa, é revel, ainda que presente seu advogado munido de procuração, podendo ser ilidida a revelia mediante a apresentação de atestado médico, que deverá declarar, expressamente, a impossibilidade de locomoção do empregador ou do seu preposto no dia da audiência.

A Lei nº 13.467/2017, ao introduzir o § 5º no art. 844 da CLT, aparentemente, contraria o entendimento consolidado pelo C. TST, ao declinar que "ainda que ausente o reclamado em audiência, a contestação e os documentos apresentados por seu advogado serão aceitos".

Digo, aparentemente, porque o legislador perdeu a oportunidade de ser claro sobre a ocorrência da revelia ou não nessa hipótese, o que provocará discussões na doutrina e jurisprudência sobre o tema.

É que atualmente existe divergência no tocante ao surgimento da revelia no direito processual do trabalho. Para a primeira corrente, ocorrerá a revelia pela simples ausência da reclamada à audiência inaugural ou una, por força do *caput* do art. 844 da CLT. Para a segunda, haverá revelia quando não apresentada a contestação, ou seja, impõe o *animus* de não contestar (CPC/15, art. 344).

Como o legislador não disse que na hipótese do § 5º estará afastada a revelia, para os defensores da primeira corrente continuará havendo a revelia, mas agora o ordenamento autoriza o recebimento da contestação e dos documentos, uma vez que o revel pode intervir no processo em qualquer fase, recebendo-o no estado em que se encontrar (CPC, art. 346, parágrafo único). Esse entendimento fará com que o reclamado possa, no máximo, levantar matérias de ordem pública e fazer contraprova dos fatos constitutivos, vedando-se a produção de prova de fatos novos, tais como: fatos modificativos, impeditivos ou extintivos do direito do autor, já que as alegações de tais fatos deveriam constar da contestação, que embora aceita não será analisada (CPC, art. 349). Em sentido semelhante, o Enunciado nº 104 da 2ª Jornada de direito material e processual do trabalho:

> **Enunciado nº 104** – O §5º do art. 844 da CLT não afasta a revelia e a confissão
>
> O §5º do art. 844 da CLT não afasta a revelia e seus efeitos de confissão, apenas permitindo que o juiz possa conhecer das questões de ordem pública e da matéria não alcançada pela confissão do fato constitutivo alegado pelo autor.

Para outros, com os quais pensamos estar a razão, a presença do advogado munido da contestação demonstra o *animus* de defesa, de modo que estará afastada a revelia. Nesse caso, serão analisados os fatos impeditivos, modificativos e extintivos do direito do reclamante.

O comparecimento tão somente do advogado, no entanto, provocará efeitos diferentes, se a audiência for apenas inaugural ou se for audiência una.

Sendo **audiência inaugural** estará dispensada a presença da reclamada na audiência, podendo comparecer apenas seu advogado, o que, temos que reconhecer, minimiza a possibilidade de acordo.

Já na hipótese de **audiência una**, embora a presença do advogado com a contestação afaste a revelia, haverá confissão *ficta*, devido à ausência da reclamada para depor, o que provocará novas discussões sobre a possibilidade de o juiz encerrar a instrução processual.

É que havendo confissão, a parte fica limitada na comprovação de fatos contrários aos confessados, pois como declinou Chiovenda "a *ficta confessio* produz, por consequência, como a confissão, a preclusão do direito de alegar fatos incompatíveis com os admitidos"[34].

---

34. In: HADAD, José Eduardo. Precedentes jurisprudenciais do TST comentados. 2. ed. São Paulo: LTr, 2002. p. 384.

Com efeito, havendo tal preclusão, **o indeferimento de produção de provas posteriores à confissão *ficta* não constitui cerceamento de defesa, por ser mera faculdade do juiz**. Como elucidou o Ministro Vantuil Abdala:

> A confissão ficta importa presunção de veracidade dos fatos alegados pela parte contrária, podendo ser elidida por prova em contrário já existente nos autos. Mas, confessa a parte quanto matéria de fato, não tem ela o direito de, ainda, produzir prova testemunhal. É que o depoimento das testemunhas poderia vir a elidir os efeitos da 'Ficta Confessio', e assim não haveria nenhuma consequência para a parte que deixa de comparecer para depor. E tal importaria verdadeiro cerceamento de defesa para a parte contrária, pois o depoimento pessoal é também meio de provas.[35]

Assim, ocorrendo a confissão *ficta*, a parte não terá o direito de produzir novas provas em sentido contrário, por estar preclusa sua oportunidade.

No entanto, mesmo havendo tal confissão, o juiz poderá, a seu juízo, prosseguir na instrução processual como descreve a Súmula 74, III do TST.

Além disso, os documentos apresentados na audiência com a contestação serão considerados para afastar a confissão, vez que esta gera mera **presunção relativa** de veracidade dos fatos.

Em suma, na audiência una, o comparecimento do advogado sem a presença da reclamada viabiliza a apresentação da contestação e documentos, mas não afasta a confissão *ficta*, que poderá ser confrontada com os documentos apresentados com a contestação ou já existentes nos autos ou, caso o juiz entenda pertinente a continuação da instrução, pelas provas colhidas no prosseguimento da instrução processual.

Por fim, é importante destacar, como já analisado nos tópicos anteriores, que o advogado não poderá comparecer em audiência pretendendo acumular as condições de preposto e advogado, objetivando assim afastar a ausência do reclamado e prosseguir como patrono da parte (TST-IN nº 41/2018, art. 12, § 3º).

---

35. E-RR-79.265/93, 2ª Turma, Rel. Min. Vantuil Abdala. DJ 25.08.95.

4.1. Direito intertemporal do art. 844, § 5º, da CLT

O *caput* do art. 12 em comentário não analisou o conteúdo do § 5º do art. 844 da CLT, apenas versando sobre o direito intertemporal ao estabelecer que referido parágrafo, com a redação dada pela Lei nº 13.467, de 13 de julho de 2017, não retroagirá, aplicando-se, exclusivamente, às ações ajuizadas a partir de 11 de novembro de 2017.

Adotou, pois, a teoria da unidade processual, aplicando uma única norma para o processo, qual seja: a vigência na data do ajuizamento da ação.

Aparentemente o C. TST assim agiu em razão das discussões que existirão sobre o alcance do dispositivo, como anunciado no tópico anterior.

A nosso juízo, não há justificativa para afastar a aplicação da teoria do isolamento dos atos processuais no presente caso, definindo com o marco temporal a data da audiência.

É que o novo dispositivo busca privilegiar e ampliar o contraditório, impondo sua aplicação imediata. Desse modo, pensamos que, se a audiência é realizada a partir de 11 de novembro de 2017, já deverá incidir o § 5º, do art. 844, da CLT, ainda que a reclamação tenha sido ajuizada anteriormente. É a mesma sistemática que o C. TST adotou para o art. 843, § 3º, da CLT, mas curiosamente e de modo contrário, não aplicou para o art. 844, § 5º.

12

EXECUÇÃO DE OFÍCIO (ART. 13)

> IN nº 41/2018 do TST. Art. 13. A partir da vigência da Lei nº 13.467/2017, a iniciativa do juiz na execução de que trata o art. 878 da CLT e no incidente de desconsideração da personalidade jurídica a que alude o art. 855-A da CLT ficará limitada aos casos em que as partes não estiverem representadas por advogado.

> **Lei nº 13.467/17 (Reforma trabalhista)**
>
> **Art. 878.** A execução será promovida pelas partes, permitida a execução de ofício pelo juiz ou pelo Presidente do Tribunal apenas nos casos em que as partes não estiverem representadas por advogado.
>
> Parágrafo único. (Revogado)

1. INTRODUÇÃO

A Instrução Normativa nº 41 do TST trata, como regra, de regras de direito intertemporal. O art. 13 foge à essa regra, versando também sobre o alcance do art. 878 da CLT que foi alterada pela Lei 13.467/17 para limitar o início de ofício da execução.

2. LEGITIMIDADE ATIVA PARA EXECUÇÃO

A legitimidade ativa é daquele que pode promover a execução.

Antes da alteração do art. 878 pela Lei nº 13.467/2017, tinham legitimidade para propor a execução trabalhista:

a) qualquer interessado;

b) o próprio juiz ou presidente do tribunal competente, de ofício, inclusive quanto às contribuições previdenciárias devidas em decorrência das sentenças ou acordos que proferirem.

A expressão "qualquer interessado" era entendida como o credor, o Ministério Público do Trabalho, o espólio, os herdeiros e demais legitimados descritos no art. 778, § 1º, do CPC/15, inclusive em sucessão ao exequente originário.

É interessante observar que o parágrafo único do art. 878 da CLT estabelecia que o Ministério Público do Trabalho (antiga Procuradoria da Justiça do Trabalho) tinha legitimidade para iniciar a execução quando se tratasse de decisão dos Tribunais Regionais. A doutrina já entendia que essa legitimidade ficava limitada às causas em que o MPT atuasse como parte ou como fiscal da ordem jurídica.

A Lei nº 13.467/2017, contudo, alterou a redação do *caput* do dispositivo e revogou o seu parágrafo único. Assim, o art. 878 da CLT atualmente descreve que possuem legitimidade para a execução:

a) As partes;

b) O próprio juiz ou Presidente do Tribunal, de ofício, apenas nos casos em que as partes não estiverem representadas por advogado.

2.1. Partes

O art. 878 da CLT, alterado pela Lei nº 13.467/17, não definiu o termo parte, impondo a aplicação supletiva do art. 778 do CPC/15, *in verbis*:

> **Art. 778.** Pode promover a execução forçada o credor a quem a lei confere título executivo.
>
> § 1º Podem promover a execução forçada ou nela prosseguir, em sucessão ao exequente originário:
>
> I - o Ministério Público, nos casos previstos em lei;
>
> II - o espólio, os herdeiros ou os sucessores do credor, sempre que, por morte deste, lhes for transmitido o direito resultante do título executivo;

III - o cessionário, quando o direito resultante do título executivo lhe for transferido por ato entre vivos;

IV - o sub-rogado, nos casos de sub-rogação legal ou convencional.

§ 2º A sucessão prevista no § 1o independe de consentimento do executado.

Referido dispositivo abrangendo os legitimados ordinários primários e secundários, bem como os legitimados extraordinários.

O credor a quem a lei confere título executivo é legitimado ordinário primário ou originário[1].

Em algumas situações, é possível que o credor não conste do título executivo, o que não afasta sua natureza de legitimado ordinário primário. É o que ocorre na execução de honorários advocatícios, na qual, apesar de o advogado não atuar como parte na fase de conhecimento e constar diretamente na decisão judicial, é considerado como legitimado ordinário primário para requerer a execução (Lei nº 8.906/94, art. 23)[2].

Os legitimados ordinários secundários ou superveniente estão descritos no art. 778, § 1º, II a IV e § 2º do CPC/15. Sua legitimidade decorre de um ato ou fato posterior à formação do título executivo, de modo que não bastará apenas o título para lhe conferir legitimidade, devendo "juntar à execução a prova de que um ato/fato que lhe dá legitimidade efetivamente ocorreu" [3].

Por sua vez, a legitimidade extraordinária corresponde às hipóteses em que o sujeito litiga em nome próprio para a defesa de interesse alheio. O principal exemplo de legitimação extraordinária é a do Ministério Público (CPC/15, art. 778, I) quando atuar como fiscal da ordem jurídica. Além do Ministério Público, considera-se ainda como exemplo de legitimação extraordinária, a execução de sentença coletiva realizada pelos legitimados à tutela coletiva (CDC, art. 98).

---

1. NEVES, Daniel Amorim Assumpção. *Novo Código de Processo Civil Comentado*. Salvador: Editora JusPodivm, 2016. p. 1214.
2. DIDIER JR., Fredie et al. *Curso de Direito Processual Civil: execução*. Salvador: Editora JusPodivm, 2017. v. 5. p. 317.
3. NEVES, Daniel Amorim Assumpção. *Novo Código de Processo Civil Comentado*. Salvador: Editora JusPodivm, 2016. p. 1214.

É válido destacar ainda que, com o advento da Emenda Constitucional nº 45/04, a União também passou a ter legitimidade ativa para a execução de título extrajudicial decorrente da cobrança das penalidades administrativas impostas aos empregadores pelos órgãos de fiscalização (CF/88, art. 114, VII).

Ademais, admite-se a legitimidade ativa do devedor, vez que o art. 878-A da CLT faculta-lhe o pagamento imediato da parte que entender devida à Previdência Social, sem prejuízo da cobrança de eventuais diferenças encontradas na execução *ex officio*[4].

Conclui-se, assim, que a alteração do termo "qualquer interessado" por "partes" e a revogação do parágrafo único do dispositivo não terão efeitos práticos no âmbito da execução trabalhista.

2.2. Execução de ofício

No processo civil, a execução de ofício apresenta-se como hipótese excepcional, sendo permitida apenas com a execução das decisões que imponham obrigação de fazer, não fazer ou de entrega de coisa (CPC/15, arts. 536 a 538) ou mesmo quando a sentença impõe o pagamento de determinada quantia sob a ameaça de aplicação de medida de indução ou sub-rogação (CPC/15, art. 139, IV)[5].

Já no processo do trabalho a possibilidade de instauração da execução, de ofício, pelo juiz (princípio inquisitivo) sempre foi considerada como uma das maiores particularidades desse ramo processual.

Justifica-se essa particularidade na natureza alimentar dos créditos trabalhistas, os quais são fundamentais à subsistência do exequente. Ademais, diferentemente da execução civil, na qual o hipossuficiente é o devedor, no processo do trabalho, o credor apresenta-se em condição de maior vulnerabilidade, o que exige a concretização dos princípios da celeridade e da efetividade da tutela executiva[6].

---

4. LEITE, Carlos Henrique Bezerra. *Curso de direito processual do trabalho.* 9. ed. São Paulo: LTr, 2011. p. 1027.
5. MARINONI, Luiz Guilherme; ARENHART, Sérgio Cruz; MITIDERO, Daniel. *Novo curso de processo civil: tutela dos direitos mediante procedimento comum, volume II.* São Paulo: Editora Revista dos Tribunais, 2015. p. 798.
6. PINHEIRO, Paulo Henrique S. In: RODRIGUES, Deusmar José (coord.). *Lei da Reforma Trabalhista: comentada artigo por artigo.* Leme (SP): JH Mizuno, 2017. p. 318.

Aliás, a execução tem como finalidade assegurar o cumprimento da obrigação estabelecida pelo Poder Judiciário (títulos judiciais) ou em documentos que, embora produzidos fora do Poder Judiciário, sejam por ele reconhecidos como títulos executivos (títulos extrajudiciais). Assim, devem ser previstos instrumentos que garantam a efetivação do estabelecido ou reconhecido pelo poder estatal tendo-se, como exemplo, a instauração da execução de ofício pelo juiz.

A execução de ofício na Justiça do Trabalho objetiva, portanto, conceder às partes paridade de armas, bem como exaltar o direito fundamental à tutela jurisdicional efetiva.

A Lei nº 13.467/17 (Reforma Trabalhista), no entanto, altera o art. 878 da CLT buscando restringir a atuação *ex officio* na execução trabalhista. Pela atual redação a execução de ofício está autorizada **apenas nos casos em que as partes não estiverem representadas por advogado**.

A aplicação meramente literal desse dispositivo faz com que se acabe com o princípio inquisitivo na fase executiva, restringindo a atuação oficiosa do órgão jurisdicional. Como bem anuncia a magistrada e doutrinadora Vólia Bomfim:

> (...) não poderá o juiz determinar a penhora *on-line* (Bacen-Jud) ou a penhora sem o prévio requerimento da parte; não poderá tomar a iniciativa de desconsiderar a personalidade jurídica; de praticar atos sem que a parte tenha requerido. O não cumprimento pelo autor das determinações do juiz pode levá-lo a conhecer de ofício a prescrição intercorrente (art. 11-A da CLT).[7]

Pensamos, porém, que esse dispositivo não deve ser interpretado literalmente. Adverte Homero Batista que:

> Se formos levar a interpretação gramatical do art. 878 e do art. 11-A da CLT (prescrição intercorrente), corremos o risco de premiar o caloteiro e de incentivar as rotas de fuga: basta que o devedor consiga se esquivar por dois anos que obterá, como recompensa, o perdão da dívida. Nenhuma interpretação ju-

---

7. CASSAR, Vólia Bomfim; BORGES, Leonardo Dias. *Comentários à reforma trabalhista*. Rio de Janeiro: Forense; São Paulo: Método, 2017. p. 114

rídica deveria ser levada adiante sem a noção da realidade e sem noção das bases teóricas sobre as quais se assenta o arcabouço processual. Até para eliminar os feitos do acerco jurídico é preciso muito cuidado, pois nunca se sabe sobre qual dos defeitos se assentam suas virtudes, parafraseando Clarice Lispector.

A nosso juízo, a aplicação literal do art. 878 da CLT viola os arts. 114, VIII, da CF e 876, parágrafo único, da CLT, que autorizam a execução de ofício das contribuições sociais.

É que os créditos dos trabalhadores tem preferência legal aos tributários (CTN, art. 186), não permitindo a concessão de privilégios destes em detrimentos daqueles. Aliás, se o juiz pode executar de ofício o acessório (contribuições sociais), evidentemente, poderá executar o principal (créditos dos trabalhadores)[8].

Desse modo, acreditamos que continua sendo admitida a instauração de ofício da fase executiva trabalhista. No mesmo sentido, o Enunciado nº 113 da 2ª Jornada de direito material e processual do trabalho:

> **Enunciado nº 113** – Execução de ofício e art. 878 da CLT
> Em razão das garantias constitucionais da efetividade (CF, art. 5º, XXXV), da razoável duração do processo (CF, art. 5º, LXXVIII) e em face da determinação constitucional da execução de ofício das contribuições previdenciárias, parcelas estas acessórias das obrigações trabalhistas (CF, art. 114, VIII), o art. 878 da CLT deve ser interpretado conforme a constituição, de modo a permitir a execução de ofício dos créditos trabalhistas, ainda que a parte esteja assistida por advogado.

Atente-se, porém, que esse não é o entendimento adotado pelo C. TST no artigo em comentário. É que a Corte Trabalhista, interpretando literalmente o art. 878 da CLT, afirmou expressamente que a execução de ofício é limitada aos casos em que a parte não estiver representada por advogado. Acreditamos, contudo, que essa regra deve ser bem interpretada, sendo incapaz de restringir o impulso oficial do juiz na fase executiva.

---

8. Nesse sentido: PINHEIRO, Paulo Henrique S. In: RODRIGUES, Deusmar José (coord.) *Lei da Reforma Trabalhista: comentada artigo por artigo*. Leme (SP): JH Mizuno, 2017. p. 318.

Isso quer dizer que, no máximo, o art. 878 CLT impede o início da fase executiva de sentença condenatória de obrigação de pagar, viabilizando-se a atuação oficiosa para os demais atos executivos, como é o caso da expedição de ofícios para a localização do executado, penhora de bens, bloqueio de contas bancárias, dentre outros, ou seja, a realização de atos fundamentais à efetividade da execução. Exclui-se da atuação *ex officio* do Poder Judiciário apenas os atos que dependerem exclusivamente do exequente.

Ademais, tal como no processo civil, mantém-se o início *ex officio* para a execução das decisões que imponham obrigação de fazer, não fazer ou de entrega de coisa (CPC/15, arts. 536 a 538) ou mesmo quando a sentença imponha o pagamento de determinada quantia sob a ameaça de aplicação de medida de indução ou sub-rogação (CPC/15, art. 139, IV).

2.2.1. Bloqueio de contas bancárias (penhora on-line)

Com o objetivo de exaltar a preferência da penhora em dinheiro e efetivar a tutela jurisdicional, o TST, já de longa data, realizou convênio com o Banco Central (BACEN JUD), no sentido de possibilitar aos magistrados o encaminhamento às instituições financeiras e demais instituições autorizadas a funcionar pelo BACEN ofícios eletrônicos contendo solicitações de informações sobre a existência de contas correntes e aplicações financeiras, permitindo, em seguida, o bloqueio e transferência dos depósitos existentes. Trata-se de bloqueio "on-line", denominado usualmente de penhora "on-line".

O Código de Processo civil, com o objetivo de regulamentar referido bloqueio "on-line", descreveu no *caput* do art. 854 do NCPC o que segue:

> **Art. 854.** Para possibilitar a penhora de dinheiro em depósito ou em aplicação financeira, o juiz, **a requerimento do exequente**, sem dar ciência prévia do ato ao executado, determinará às instituições financeiras, por meio de sistema eletrônico gerido pela autoridade supervisora do sistema financeiro nacional, que torne indisponíveis ativos financeiros existentes em nome do executado, limitando-se a indisponibilidade ao valor indicado na execução. (Grifo nosso)

Ante a omissão da CLT e compatibilidade com o processo do trabalho, o art. 854 do CPC é aplicável na seara trabalhista (TST-IN nº 39/2016, art. 3º, XIX).

Era pacífico, no entanto, que, no processo do trabalho, a realização do bloqueio "on-line" poderia ser realizada *ex officio*, valendo-se especialmente do art. 878 da CLT.

Com a alteração desse dispositivo pela Lei nº 13.467/17 parte da doutrina e da jurisprudência impedirá a utilização do Bacen-Jud de ofício pelo juiz.

Como bem adverte Marinoni, Arenhart e Mitidiero, no entanto:

> O *caput* do art. 854 dá a falsa impressão de que a penhora *on line* só se faz a requerimento do exequente. Basta, porém, uma interpretação sistemática do código para afastar esse equívoco. Recorde-se que a penhora de bens é *atividade desenvolvida exclusivamente pelo próprio Estado*. A penhora de dinheiro não foge a essa ideia, tratando-se a penhora *on line* apenas de um modo simplificado de comunicação entre o Judiciário e as instituições financeiras (art. 837). Por isso, e considerando que é função do Judiciário proceder à penhora de bens que localizar, preferencialmente de dinheiro, e que tratando-se de dinheiro depositado em instituição financeira, a penhora preferencialmente se faz por meio eletrônico (art. 837), é evidente que a penhora *on line* pode ser feita a requerimento do exequente (no caso dos arts. 524, VII e 798, II, c, do CPC) ou de ofício pelo juiz.[9] (Grifos no original)

No mesmo sentido, as lições de Humberto Theodoro Júnior:

> Ora, sé é dado ao oficial de justiça, ao cumprir o mandado de citação, penhora e avaliação, fazer a constrição dos bens que encontrar, inclusive dinheiro, sem que necessariamente haja prévia indicação pelo exequente, não há motivo para que o juiz também não posa fazê-lo. Além disso, trata-se de ato prévio de indisponibilidade dos valores depositados, e não de penhora[10].

---

9. MARINONI, Luiz Guilherme; ARENHART, Sérgio Cruz, MITIDIERO, Daniel. *Novo curso de processo civil: tutela dos direitos mediante procedimento comum*, volume II. São Paulo: Editora Revista dos Tribunais, 2015, p. 924.
10. THEODORO JÚNIOR, Humberto. *Curso de direito processual civil – execução forçada, processo nos tribunais, recursos e direito intertemporal*. Vol. III. 48. ed. rev. atual. e ampl. – Rio de Janeiro: Forense, 2016. p. 314

E arremata Daniel Amorim Assumpção Neves:

> (...) citado o executado e não sendo realizado o pagamento, entendo absolutamente dispensável o expresso pedido do exequente para a realização da penhora *on-line*, afinal, como já asseverado, esta modalidade de ato constritivo é mera forma procedimental de realizar a penhora de dinheiro, primeira classe de bens prevista na ordem do art. 835 do Novo CPC. Cabe ao impulso oficial previsto no art. 2º do Novo CPC a realização da penhora, não sendo razoável condicional a utilização de um meio mais fácil, rápido, barato e eficaz ao expresso pedido do exequente[11].

No processo do trabalho, também não deve ser diferente, vez que, tal como no processo civil, o bloqueio "on-line" é mero procedimento para a formalização da penhora em dinheiro, estando inserido na atuação oficiosa do juízo, não dependendo, portanto, de requerimento. No mesmo caminho, o Enunciado nº 114 da 2ª Jornada de direito material e processual do trabalho:

> **Enunciado nº 114** – Execução. Impulso oficial. Pesquisa e constrição de bens. Possibilidade
>
> O impulso oficial da execução está autorizado pelo art. 765 da CLT e permite ao juiz a utilização dos mecanismos de pesquisa e de constrição de bens, inclusive por meio do sistema BACENJUD, sendo esse mero procedimento para formalização da penhora em dinheiro.

2.2.2. Incidente de desconsideração da personalidade jurídica

O art. 133 do Novo CPC restringe a iniciativa do incidente ao pedido da parte e do Ministério Público.

No direito processual do trabalho, o C. TST no *caput* do art. 6º, da IN nº 39/2016 (revogado pela Instrução Normativa em comentário – art. 21), permitia que o incidente fosse instaurado, na fase de execução, de ofício pelo Juiz do Trabalho. A adaptação realizada pelo C. TST decorria especialmente do princípio inquisitivo aplica-

---

11. NEVES, Daniel Amorim Assumpção. *Novo Código de Processo Civil comentado*. Salvador: Editora JusPodivm, 2016. p. 1.358.

do na fase executiva trabalhista, previsto na antiga redação do art. 878 da CLT, o qual previa que "a execução poderá ser promovida por qualquer interessado, ou ex officio pelo próprio Juiz ou Presidente ou Tribunal competente, nos termos do artigo anterior".

Dessa forma, como o juiz podia o mais que era iniciar a execução, poderia o menos que era a instauração do incidente de desconsideração da personalidade jurídica. Portanto, na fase de execução trabalhista não era necessária a instauração de incidente a pedido da parte ou do Ministério Público do Trabalho, podendo o incidente da desconsideração da personalidade jurídica ser instaurado, de ofício, pelo Juiz do Trabalho.

Com o advento da Lei nº 13.467/17, como já visto, o art. 878 da CLT foi radicalmente alterado, restringindo a atuação de ofício do juiz.

Nesse contexto, a Corte Trabalhista, por considerar que o incidente de desconsideração insere um novo sujeito da execução, ou seja, é o início da execução para este sujeito (como regra, o sócio), entendeu no artigo em comentário que a instauração do incidente fica vinculada ao art. 878 da CLT, impedindo a iniciativa de ofício pelo juiz, salvo nos casos em que as partes não estiverem representadas por advogado (*jus postulandi*), por expressa disposição legal.

Com a devida vênia, pensamos que esse posicionamento contraria o disposto nos arts. 114, VIII, da CF e 876, parágrafo único, da CLT, que autorizam a execução de ofício das contribuições sociais, como anunciamos anteriormente.

Ademais, a exigência de requerimento da parte descrita no art. 133 do CPC, decorre do próprio art. 50 do CC, que versa sobre a teoria subjetiva. No entanto, na seara trabalhista não se aplica o art. 50 do CC[12], mas o art. 28, § 5, do CDC, que trata da teoria objetiva e em nenhum momento exige requerimento da parte[13].

---

12. CC, Art. 50. Em caso de abuso da personalidade jurídica, caracterizado pelo desvio de finalidade, ou pela confusão patrimonial, pode o juiz decidir, a **requerimento da parte**, ou do Ministério Público quando lhe couber intervir no processo, que os efeitos de certas e determinadas relações de obrigações sejam estendidos aos bens particulares dos administradores ou sócios da pessoa jurídica. (Grifo nosso)

13. CDC, art. 28. O juiz poderá desconsiderar a personalidade jurídica da sociedade quando, em detrimento do consumidor, houver abuso de direito, excesso de poder, infração da lei, fato ou ato ilícito ou violação dos estatutos ou contrato social. A desconsideração também será efetivada quando houver falência, estado de insolvência, encerramento ou inatividade da pessoa jurídica

Desse modo, pensamos que continua sendo admitida a instauração de ofício do incidente de desconsideração da personalidade jurídica na fase de execução. Pensar de forma diferente é violar os princípios da isonomia, da duração razoável do processo e especialmente o valor social do trabalho e a dignidade da pessoa (CF/88, art. 1º, III e IV).

2.2.3. Início de ofício da fase de liquidação

Como mencionamos no tópico anterior, pensamos que o art. 878 da CLT, a partir da vigência da Lei nº 13.467/17, não deverá ser interpretado literalmente.

Mesmo se interpretado literalmente, porém, é necessário destacar que a liquidação trabalhista não se enquadra na fase de execução trabalhista, ou seja, não será atingida pelo art. 878 da CLT.

A liquidação consiste em fase intermediária que visa a complementar a fase de conhecimento e preparar a fase executiva.

É possível, inclusive, que a decisão de liquidação não dê prosseguimento à execução, encerrando o processo. É o que acontece com a decisão de liquidação de processo em que a empresa se encontra em regime falimentar ou com a recuperação judicial deferida. Nesses dois casos, a competência da seara trabalhista cessará na decisão de liquidação, de modo que não haverá fase executiva.

Isso quer dizer que, não necessariamente, os atos posteriores à fase de conhecimento corresponderão ao início da execução trabalhista, já impondo a aplicação do art. 878 da CLT.

Desse modo, a liquidação por cálculos ou arbitramento independe de requerimento, incidindo diretamente o art. 879 da CLT, que no seu *caput* é enfático: "ordenar-se-á" a liquidação, exaltando o caráter imperativo de que "bastará a ordem judicial para que se inicie o procedimento de liquidação"[14].

De qualquer maneira, sendo o caso de liquidação por artigos (procedimento comum) há necessidade de requerimento da parte, vez que exige a alegação e prova de fato novo.

---

provocados por má administração. (...) § 5º Também poderá ser desconsiderada a pessoa jurídica sempre que sua personalidade for, de alguma forma, obstáculo ao ressarcimento de prejuízos causados aos consumidores.

14. LEITE, Carlos Henrique Bezerra. *Curso de direito processual do trabalho*. 15. ed. São Paulo: Saraiva, 2017. p. 1303.

3. DIREITO INTERTEMPORAL

O art. 13 da Instrução Normativa em comentário aparentemente adotou a teoria do isolamento dos atos processuais, tendo que vista que impediu o início de ofício das execuções e incidentes de desconsideração instaurados a partir de 11 de novembro de 2017.

Esse dispositivo merece duas observações.

Primeira, as execuções e incidentes de desconsideração instaurados anteriormente se submetem as regras existentes na época da instauração, não podendo a Lei nº 13.467/17 alcançar as situações jurídicas já consolidadas.

A segunda diz respeito à ultratividade do art. 878 da CLT. Queremos dizer, o referido artigo, com a redação anterior, concedia verdadeira atividade oficiosa ao juízo na execução, não se limitando ao início da fase executiva. Desse modo, era comum verificar na doutrina que se o juiz podia o mais que era iniciar a execução, consequentemente, poderia praticar atos de ofício nos demais casos dentro da execução. Agora indaga-se: iniciada a execução de ofício antes da Lei nº 13.467/17, os atos praticados posteriormente já na vigência da nova lei dependerão de requerimento?

Pensamos que não, ante a ultratividade do art. 878 da CLT que, como dito, não estava vinculado ao início da execução, produzindo reflexos para todo o procedimento. Assim, a melhor interpretação do artigo em comentário é que o C. TST adotou a teoria das fases processuais, o que significa que, iniciada a fase de execução antes de 11 de novembro de 2017, a atividade oficiosa do juiz estará mantida até o final da execução.

No entanto, quanto ao incidente de desconsideração o C. TST não autorizou a ultratividade, vez que entendeu que o incidente insere um novo sujeito da execução, ou seja, é o início da execução para este sujeito (como regra, o sócio). Assim, entendeu que a instauração do incidente a partir de 11 de novembro de 2017 não pode ser de ofício, salvo nos casos em que as partes não estiverem representadas por advogado (*jus postulandi*).

13

LIQUIDAÇÃO DA SENTENÇA (ART. 14)

> **IN nº 41/2018 do TST. Art. 14.** A regra inscrita no art. 879, § 2º, da CLT, quanto ao dever de o juiz conceder prazo comum de oito dias para impugnação fundamentada da conta de liquidação, não se aplica à liquidação de julgado iniciada antes de 11 de novembro de 2017.

> **Lei nº 13.467/17 (Reforma trabalhista)**
> **Art. 879.** § 2º Elaborada a conta e tornada líquida, o juízo deverá abrir às partes prazo comum de oito dias para impugnação fundamentada com a indicação dos itens e valores objeto da discordância, sob pena de preclusão.

1. GENERALIDADES

As sentenças condenatórias, quando não cumpridas voluntariamente, dependem de outra fase, denominada execução, para a entrega do bem da vida a quem de direito.

Para que a execução seja iniciada, faz-se necessária a presença de um título líquido, certo e exigível. Nesse contexto, sendo a sentença líquida, já se inicia a execução diretamente.

Pode ocorrer, no entanto, de a sentença judicial não ser líquida. Nesse caso, há necessidade de liquidação da sentença, que busca complementá-la e prepará-la para a execução. Tem, portanto, a finalidade de apurar o montante devido (*quantum debeatur*), sendo admitida apenas nas obrigações de pagar quantia certa, conforme declina o art. 509 do CPC/15.

A liquidação poderá ser requerida pelo credor ou pelo devedor, nos termos do art. 509 do CPC/15. No processo do trabalho, algumas modalidades de liquidação também podem ser realizadas de ofício (arbitramento e cálculos), como defendemos nos comentários do art. 878 da CLT.

Cabe destacar que pode acontecer de uma só sentença conter parcelas líquidas e ilíquidas da condenação. Nesses casos, o credor poderá promover simultaneamente a execução da parcela líquida e, em autos apartados, a liquidação da parcela ilíquida (CPC/15, art. 509, § 1º).

É importante, porém, observar que, na liquidação, não se poderá modificar, ou inovar, a sentença liquidanda nem discutir matéria pertinente à causa principal (CLT, art. 879, § 1º).

No processo do trabalho, a liquidação vem estampada no art. 879 da CLT, sendo aplicável o CPC naquilo que for compatível.

2. MODALIDADES DE LIQUIDAÇÃO

A liquidação de sentença pode ser realizada de 3 formas:

1) liquidação por cálculos: quando depende apenas de cálculos aritméticos;

2) liquidação por arbitramento: quando há necessidade de nomeação de perito;

3) liquidação por artigos[1]: quando se busca provar fato novo na liquidação.

É possível que determinada sentença seja liquidada por mais de uma modalidade de liquidação, sendo denominada de liquidação mista.

Além disso, mesmo que a sentença estabeleça que a liquidação seja realizada de uma determinada forma, é possível o juiz se valer de outra modalidade, sem que ocorra violação à coisa julgada. Nesse sentido, a Súmula nº 344 do STJ:

> **Súmula nº 344 do STJ.** Liquidação diversa da sentença – Ofensa à coisa julgada
>
> A liquidação por forma diversa da estabelecida na sentença não ofende a coisa julgada.

---

1. O NCPC deixa de utilizar a denominação liquidação por artigos, apenas descrevendo que essa liquidação será realizada pelo procedimento comum (NCPC, art. 509, II). Curiosamente, a Lei nº 13.467/17 utiliza a denominação liquidação pelo procedimento comum no art. 793-C, § 3º, da CLT, mas no art. 879, *caput*, mantém a terminologia liquidação por artigos. De qualquer modo, as expressões podem ser utilizadas como sinônimas.

3. LIQUIDAÇÃO POR CÁLCULOS

A liquidação por cálculos é a que busca alcançar o montante devido, exigindo apenas a realização de cálculos aritméticos como, por exemplo, o pagamento de férias, acrescidas de 1/3, 13º salário, saldo de salário etc. Nesse caso, os elementos necessários para a definição do montante devido encontram-se nos próprios autos[2].

O processo civil não contempla a liquidação por cálculos, apenas declinando que "quando a apuração do valor depender apenas de cálculo aritmético, o credor poderá promover, desde logo, o cumprimento da sentença" (CPC, art. 509, § 2º). Isso ocorre porque liquidar por mero cálculo aritmético, na realidade, é liquidar o que já é líquido "considerando que a liquidez da obrigação é sua determinabilidade e não sua determinação. Significa dizer que sendo possível se chegar ao valor exequendo por meio de um mero cálculo aritmético, a obrigação já será líquida e por tal razão seria obviamente dispensada a liquidação de sentença"[3].

No processo do trabalho, porém, mantém-se o procedimento da liquidação por cálculos de modo detalhado, sendo a principal forma de liquidação.

3.1. Procedimento

O início da liquidação por cálculos já provoca discussões na doutrina acerca de quem deverá apresentar os cálculos de liquidação.

É que o § 1º-B do art. 879 impõe a intimação das partes para a apresentação dos cálculos, enquanto o § 3º autoriza que, além das partes, o cálculo pode ser realizado por órgão auxiliar do juízo (contador do juízo).

Disso resulta que parte da doutrina entende que incumbe às partes apresentar os cálculos e apenas, excepcionalmente, os cálculos devem ser apresentados pelo juízo "nas hipóteses em que o trabalhador estiver sem advogado, valendo-se do *jus postulandi*, ou quando o reclamante tiver advogado, mas este, justificadamente, não realiza-la"[4].

---

2. LEITE, Carlos Henrique Bezerra. *Curso de direito processual do trabalho*. 12. ed. São Paulo: LTr, 2014. p. 1065.
3. NEVES, Daniel Amorim Assumpção. *Manual de direito processual civil – Volume único*. 8. ed. Salvador: Editora JusPodivm, 2016. p. 791.
4. SCHIAVI, Mauro. *Manual de Direito Processual do Trabalho*. 12. ed. São Paulo: LTr, 2016. p. 1074

Desse modo, primeiro intima-se o exequente e caso não apresente os cálculos em seguida intima-se o executado. Essa tese ganha reforço para os que entendem que o art. 878 da CLT, com a redação dada pela Lei 13.467/17, obstou o princípio inquisitivo na fase de liquidação.

Para outros, inicialmente, deve-se intimar as partes e não sendo apresentados os cálculos, o juiz determinará que sejam formulados pelo auxiliar do juízo[5].

Há, ainda, os que defendem que "de forma prioritária e principal a elaboração dos cálculos de liquidação é função da contadoria do juízo. Quando essa atribuição não puder ser desempenhada de forma adequada ou não for possível, faculta-se ao juízo determinar que os cálculos de liquidação sejam apresentados pelos próprios litigantes"[6].

Pensamos, porém, que a interpretação sistemática dos §§ 1º-B, 2º e 3º, do art. 879 da CLT confere ao juiz a opção de escolher entre a realização dos cálculos pelo contador do juízo ou intimação das partes para apresentados.

É que, embora o § 1º imponha a intimação das partes, o § 3º não deixa dúvida da alternatividade concedida ao juiz, ao declinar que a conta poderá ser elaborada "pela parte **ou** pelos órgãos auxiliares do juízo", não criando nenhuma preferência entre eles.

Ademais, o § 2º, alterado pela Lei nº 13.467/17, ao prever a existência de prazo comum, reconhece que o cálculo poderá ser elaborado pelo contador, pois se fosse obrigatória a apresentação pelas partes deveria conceder o prazo de 8 dias apenas para a parte que não apresentou os cálculos.

Aliás, a norma não descreve qual parte deve apresentar os cálculos, de modo que o juiz poderá determinar que sejam apresentados pelo executado, a fim de já tornar incontroversa a parte que ele admite como devida.

Enfim, elaborado a conta, seja pelas partes ou pelo contador do juízo, segue-se o procedimento.

---

5. LEITE, Carlos Henrique Bezerra. *Curso de direito processual do trabalho*. 15. ed. São Paulo: Saraiva, 2017. p. 1313.
6. CORDEIRO, Wolney de Macedo. *Execução no processo do trabalho*. 2. ed. Salvador: Editora JusPodivm, 2016. p. 188.

Antes da alteração provocada pela Lei nº 13.467/2017, o art. 879 da CLT previa dois procedimentos alternativos e facultativos ao juiz para a realização da liquidação por cálculos:

- **1ª hipótese:** apresentados os cálculos pelo reclamante ou pelo contador do juízo, o juiz já os homologa, determinando a citação do executado para pagamento ou nomeação de bens à penhora, nos termos do art. 880 da CLT. Nesse caso, a impugnação da decisão de homologação ocorria no momento dos embargos à execução (pelo executado) ou da impugnação à decisão de liquidação (pelo exequente).

- **2ª hipótese:** apresentando os cálculos, por qualquer das partes ou pelo contador do juízo, o juiz viabilizaria o contraditório prévio na liquidação, intimando as partes para manifestação, no prazo de 10 dias, devidamente fundamentada com a indicação dos itens e valores que são objeto da discordância, sob pena de preclusão. Em seguida, o juiz homologaria a conta de liquidação. Da mesma forma que a modalidade anterior, a impugnação da decisão de homologação se faria no momento dos embargos à execução (pelo executado) ou da impugnação à decisão de liquidação (pelo exequente).

Vê-se, pois, que era faculdade do juiz optar entre a forma que iria realizar a liquidação por cálculos, uma vez que o art. 879, § 2º, estabelecia que o juiz **poderia abrir** às partes o prazo sucessivo de 10 dias.

A partir da alteração do art. 879, § 2º, da CLT pela Lei nº 13.467/2017, passou a se exigir, expressamente, que o juiz adote apenas procedimento semelhante à segunda hipótese anunciada anteriormente. Isso porque, o dispositivo declina que, após elaborada a conta e tornada líquida, o juízo **deverá** abrir às partes o prazo **comum de 8 dias** para impugnação fundamentada com indicação dos itens e valores objeto de discordância, sob pena de preclusão.

Deixa, portanto, de ser faculdade do juiz estabelecer o contraditório prévio na fase de liquidação, tornando-se obrigatório.

3.1.1. Prazo para manifestação

Além de o procedimento adotado na liquidação por cálculos não ser mais faculdade do juiz, a Lei nº 13467/17 também alterou o prazo para impugnação fundamentada das contas, antes de 10 dias sucessivos e agora **8 dias comum**.

O prazo de 8 dias tem como objetivo uniformizar esse prazo com os prazos recursais trabalhistas (Lei 5.5.84/70, art. 6º).

Modificou ainda de sucessivo para prazo comum.

Prazo sucessivo é aquele que primeiro uma das partes se manifesta para em seguida iniciar o prazo da outra parte. No processo físico era importante o prazo ser sucessivo porque a retirada dos autos da secretaria inviabilizava que a parte contrária tivesse acesso ao processo.

Já no prazo comum, os prazos correm ao mesmo tempo para ambas as partes.

Percebe-se, pois, que a alteração desse prazo tem como fundamento o PJe em que ambas as partes têm acesso simultâneo ao processo, não havendo razão para a concessão de prazo sucessivo.

4. DIREITO INTERTEMPORAL

Como já visto, aplica-se ao processo do trabalho a teoria do isolamento dos atos processuais. No entanto, a aplicação da lei nova pressupõe a compatibilização com os atos anteriores realizados com a lei antiga, impondo verdadeira harmonia e coesão entre os atos processuais. Desse modo, caso a incidência da nova lei possa afastar tal compatibilidade, autoriza-se a aplicação das outras teorias (fases processuais ou unidade processual).

Foi exatamente o que fez o C. TST no dispositivo em comentário ao declinar que as alterações do art. 879, § 2º, da CLT serão aplicadas apenas para as liquidações de julgado iniciadas a partir de 11 de novembro de 2017. Adotou, pois, a teoria das fases processuais, permitindo que dentro da fase de liquidação apenas um lei fosse aplicada, qual seja, a lei velha para as liquidações iniciadas até 11 de novembro de 2017 e a lei nova para as liquidações iniciadas a partir desta data.

Isso se justifica porque a aplicação imediata das inovações do art. 879, § 2º, da CLT no curso da fase de liquidação provocaria alteração substancial do procedimento, inviabilizando a compatibilização do procedimento.

14

PROTESTO, INCLUSÃO DO NOME DO EXECUTADO EM ÓRGÃOS DE PROTEÇÃO AO CRÉDITO E BANCO NACIONAL DE DEVEDORES TRABALHISTAS (BNDT) (ART. 15)

> IN nº 41/2018 do TST. Art. 15. O prazo previsto no art. 883-A da CLT, para as medidas de execução indireta nele especificadas, aplica-se somente às execuções iniciadas a partir de 11 de novembro de 2017.

> **Lei nº 13.467/17 (Reforma trabalhista)**
> **Art. 883-A.** A decisão judicial transitada em julgado somente poderá ser levada a protesto, gerar inscrição do nome do executado em órgãos de proteção ao crédito ou no Banco Nacional de Devedores Trabalhistas (BNDT), nos termos da lei, depois de transcorrido o prazo de quarenta e cinco dias a contar da citação do executado, se não houver garantia do juízo.

1. FORMAS DE EFETIVAÇÃO DA TUTELA JURISDICIONAL

O atual estudo do processo é marcado pelo enfoque do acesso à justiça. Dessa forma, nas últimas décadas, principalmente a partir de 1965, tornou-se papel de destaque o modo de efetivação dos direitos. Nesse sentido, Mauro Capelletti e Bryant Garth destacam três ondas renovatórias da teoria do acesso efetivo à Justiça[1].

---
1. CAPPELLETTI, Mauro; GARTH, Bryant. *Acesso à Justiça*. Tradução de Ellen Gracie Northfleet. Porto Alegre: Sergio Antonio Fabris Editor, 1988.

A primeira onda consistiu na ampliação da assistência judiciária fornecida aos menos favorecidos financeiramente. Os autores salientam que diversos países adotaram, como primeiros esforços à concretização do acesso à justiça, programas com o objetivo de proporcionar serviços jurídicos aos hipossuficientes. No Brasil, destaca-se o benefício da justiça gratuita concedida às pessoas que não tenham condições de arcar com as despesas processuais, em razão de sua miserabilidade, o que foi frontalmente atingido pela Lei 13.467/17.

A segunda onda compreendeu os esforços na solução dos problemas relacionados à representação dos interesses difusos, os quais não possuem titularidade identificável. Desse modo, foram necessários mecanismos processuais que fossem capazes de tutelar direitos que não correspondessem apenas às controvérsias entre duas partes a respeito de seus interesses individuais, mas sim que atendessem à coletividade. Essa segunda onda teve influência nas diversas leis relacionadas ao processo coletivo, como, por exemplo, a Lei da Ação Civil Pública (Lei nº 7.347/85).

O terceiro movimento renovatório compreendeu a efetividade e o resultado do processo, ou seja, consistiu em uma concepção mais ampla do acesso à justiça. A terceira onda de reforma, de acordo com os autores, incluiria todo o conjunto institucional e procedimental utilizados no processo com o principal objetivo de satisfazer o jurisdicionado. Observa-se que as últimas reformas ocorridas no processo civil tiveram como objetivo a concretização da efetividade e do resultado no processo, idealizando, portanto, essa terceira onda. Nesse contexto de efetivação da tutela jurisdicional ganha destaque diversos instrumentos previstos pelo CPC/15 e agora dispostos, expressamente, na CLT no art. 883-A, como é o caso do Banco Nacional de Devedores Trabalhistas, do protesto, dentre outros.

O Banco Nacional de Devedores Trabalhistas constitui-se em importante mecanismo para a identificação daqueles que forem inadimplentes na Justiça do Trabalho, acarretando consequências na participação de licitações e transações imobiliárias.

O protesto tem como objetivo a ampliação da publicidade das decisões judiciais transitadas em julgado.

Além destes, é possível a inscrição do nome do executado em cadastros de inadimplentes, constituindo-se como medida de garantia à efetividade da execução.

Não se pode esquecer ainda da hipoteca judicial que é outro mecanismo de efetivação da tutela jurisdicional, pois permite o direito de sequela e de preferência aos credores trabalhistas prevenindo, ainda, eventual fraude à execução.

Cumpre destacar que, mesmo antes da previsão expressa pelo art. 883-A da CLT, incluído pela Lei nº 13.467/17 (Reforma Trabalhista), o C. TST já entendia que esses institutos eram plenamente aplicáveis à seara trabalhista como se verifica pelo teor do art. 17 da IN nº 39 do TST, *in verbis*:

> **Art. 17.** Sem prejuízo da inclusão do devedor no Banco Nacional de Devedores Trabalhistas (CLT, art. 642-A), aplicam-se à execução trabalhista as normas dos artigos 495, 517 e 782, §§ 3º, 4º e 5º do CPC, que tratam respectivamente da hipoteca judiciária, do protesto de decisão judicial e da inclusão do nome do executado em cadastros de inadimplentes.

São, pois, medidas executivas indiretas, buscando pressionar psicologicamente o executado a cumprir a obrigação por meio da ameaça de que sua situação poderá ser piorada, caso não cumpra a decisão judicial.

Por fim, não podemos deixar de dizer que outro mecanismos eficaz de efetivação da tutela jurisdicional é a multa prevista no art. 523, § 1º, do CPC/15, a qual dispõe que, não ocorrendo o pagamento no prazo de 15 dias da condenação de quantia certa ou já fixada em liquidação, o débito deverá ser acrescido de multa de 10% e, também, de honorários de advogado de 10%.

Infelizmente, no entanto, o C. TST decidiu que o art. 523, § 1º, do CPC/15 é incompatível com o direito processual do trabalho. A decisão foi proferida em julgamento de incidente de recurso de revista repetitivo[2], sendo, portanto, de observância obrigatória (CPC/15, art. 927, III; TST-IN nº 39/2016, art. 15, I, a).

2. REQUISITOS

Com o advento Lei nº 13.467/17 (Reforma Trabalhista), acrescentou-se o art. 883-A à CLT, de modo que a decisão judicial transi-

---

2. TST-IRR-1786-24.2015.5.04.0000, Tribunal Pleno, rel. Min. Mauricio Godinho Delgado, red. p/ acórdão Min. João Oreste Dalazen, 21.8.2017 (Informativo nº 162).

tada em julgado somente poderá ser levada a protesto, gerar inscrição do nome do executado em órgãos de proteção ao crédito ou no Banco Nacional de Devedores Trabalhistas (BNDT), depois de transcorrido o prazo de 45 dias a contar da citação do executado, se não houver garantia do juízo.

Pela análise literal do aludido dispositivo para que se possa valer de tais mecanismos de efetivação da tutela jurisdicional é necessário os seguintes requisitos:

- trânsito em julgado da decisão;
- ultrapassar o prazo de 45 dias a contar da citação do executado;
- não ocorrer a garantia do juízo.

O primeiro requisito impõe que a execução seja definitiva, obstando, portanto, sua utilização na execução provisória.

O segundo requisito é de difícil adequação.

A justificativa utilizada pelo legislador para o estabelecimento desse prazo foi a de que o executado tenha um período razoável para que obtenha os valores necessários à satisfação da dívida, o que se tornaria difícil com as possíveis restrições de crédito geradas pela negativação ou pelo protesto da decisão judicial realizados imediatamente.

Ele, no entanto, teoricamente, cria um prazo voluntário para pagamento contrariando o disposto no art. 880 da CLT. Melhor explicando.

O art. 523, *caput* e § 1º, do CPC concede ao executado o prazo de 15 dias para pagamento voluntário do débito. Não realizado o pagamento, incide a multa de 10% e inicia-se a execução forçada, viabilizando o protesto da decisão e a inclusão do nome do executado em cadastro de inadimplentes.

No processo do trabalho, como já dito, o C. TST não admite a aplicação do art. 523 do CPC, descrevendo que a CLT tem regramento próprio. Nesse contexto, para o E. TST o executado tem o prazo voluntário para pagamento de 48 horas, nos termos do art. 880 da CLT. Não efetuando o pagamento nesse prazo, autoriza-se a execução forçada com penhora de seus bens.

O legislador reformador, no entanto, em descompasso com o art. 880 da CLT, indica que os efeitos da execução forçada somente estarão totalmente integralizados após o prazo de 45 dias, permitindo a penhora após as 48 horas, mas não o protesto, a inscrição do nome do executado em órgãos de proteção ao crédito e no Banco Nacional de Devedores Trabalhistas (BNDT). Cria, pois, verdadeira restrição à efetivação dos créditos trabalhistas.

Além disso, institui armadilha para o juízo que buscar dar rápido andamento à execução, vez que garantido o juízo, obsta-se o protesto da decisão, bem como a inscrição do nome do executado em órgãos de proteção ao crédito e no Banco Nacional de Devedores Trabalhistas (BNDT). Noutras termos, realizada a penhora antes dos 45 dias, tais mecanismos não serão utilizados.

Na prática poderíamos ser questionado se há a realização da penhora nesse prazo. Se pensarmos em dias corridos, como regra, não teremos a efetivação da penhora. No entanto, o legislador no art. 775 estabeleceu que os prazos do título X (Processo Judiciário do Trabalho), onde se inclui o art. 883-A, serão contados em dias úteis.

É interessante notar que o CPC, mais técnico e preocupado com a efetividade da tutela jurisdicional, diferenciou no art. 219, parágrafo único, prazos processuais e prazos materiais, aplicando-se a contagem em dias úteis apenas para os prazos processuais. Desse modo, parte da jurisprudência tem entendido que o prazo do art. 523 do CPC é material, vez que tem como destinatário a parte para que cumpra o próprio direito material.

No processo do trabalho, como dito, o legislador não fez essa diferença aplicando a contagem de dias úteis para todos os prazos constantes do título relacionado ao processo do trabalho, atingindo assim o prazo de 45 dias do art. 883-A da CLT.

Enfim, somados a contagem prazo em dias úteis e o impedimento de se valer dos mecanismos do art. 883-A da CLT após a garantia do juízo, esse dispositivo tem seu campo de atuação bem limitado.

No que tange ao terceiro requisito (não ocorra a garantia do juízo), o art. 883-A da CLT não diferenciou os mecanismos, impedindo que todos sejam realizados se já houver a garantia do juízo.

Quanto ao banco nacional de devedores trabalhistas a restrição deve ser compatibilizada com o art. 642-A, § 2º, da CLT[3]. É que, embora o art. 883-A da CLT somente autorize a inclusão no banco nacional de devedores se não houver garantia do juízo, essa restrição não obsta que o devedor seja incluído no banco, mas lhe seja fornecida certidão positiva com efeitos de negativa, por expressa autorização do art. 642-A, § 2º, da CLT.

No que se refere à inscrição do nome do executado em órgãos de proteção ao crédito, o art. 883-A da CLT segue a mesma sistemática do art. 782, § 3º, do CPC[4], o qual impede sua realização após a garantia do juízo.

Agora no que tange ao protesto, o art. 517, § 4º, do CPC somente autoriza ao cancelamento após a satisfação integral do débito, como se verifica pelo seu teor a seguir transcrito:

> § 4º A requerimento do executado, o protesto será cancelado por determinação do juiz, mediante ofício a ser expedido ao cartório, no prazo de 3 (três) dias, contado da data de protocolo do requerimento, **desde que comprovada a satisfação integral da obrigação**. (grifo nosso)

Desse modo, como a CLT não prevê detalhadamente o protesto, deverá incidir supletivamente as regras do CPC, especialmente o referido§ 4º, de modo que mesmo após a garantia do juízo o protesto poderá ser realizado, somente devendo ser cancelado após a satisfação integral do débito.

3. DIREITO INTERTEMPORAL

Como analisado nos tópicos anteriores, antes da Lei nº 13.467/17 as medidas executivas indiretas já estavam inseridas o ordenamento, ora na própria CLT (art. 642-A), ora no CPC de 2015, o qual é aplicado ao processo do trabalho, como dispõe o art. 17 da IN 39 do TST.

---

3. Art. 642-A. § 2º Verificada a existência de débitos garantidos por penhora suficiente ou com exigibilidade suspensa, será expedida Certidão Positiva de Débitos Trabalhistas em nome do interessado com os mesmos efeitos da CNDT.
4. Art. 782. § 4º A inscrição será cancelada imediatamente se for efetuado o pagamento, se for garantida a execução ou se a execução for extinta por qualquer outro motivo.

Portanto, a chegada da Lei nº 13.467/17 altera tão-somente o prazo para o início das medidas indiretas, vez que agora o art. 883-A da CLT concede ao devedor o prazo de 45 dias a contar da citação, enquanto o CPC as autoriza após o prazo de 15 dias para o pagamento voluntário do débito.

Diante desse novo prazo, o C. TST buscou no artigo em comentário apenas verificar a regra de direito intertemporal sobre esse novo prazo de 45 dias, reconhecendo que as medidas indiretas já eram aplicadas nessa seara laboral.

Assim e como forma de manter a harmonia do procedimento, obstou a incidência da teoria do isolamento dos atos processuais no presente caso, impondo a aplicação da teoria das fases processuais, ou seja, iniciada a fase executiva antes de 11 de novembro de 2017, aplica-se a regra antiga, incidindo o art. 883-A introduzido pela Lei nº 13467/17 apenas para as execuções iniciadas após a referida data.

15

GARANTIA OU PENHORA NOS EMBARGOS À EXECUÇÃO (ART. 16)

> **IN nº 41/2018 do TST. Art. 16.** O art. 884, § 6º, a CLT aplica-se às entidades filantrópicas e seus diretores, em processos com execuções iniciadas após 11 de novembro de 2017.

> **Lei nº 13.467/17 (Reforma trabalhista)**
> **Art. 884.** § 6º A exigência da garantia ou penhora não se aplica às entidades filantrópicas e/ou àqueles que compõem ou compuseram a diretoria dessas instituições.

1. ENTIDADES FILANTRÓPICAS

O art. 884, *caput*, da CLT estabelece que:

> **Art. 884** - Garantida a execução ou penhorados os bens, terá o executado 5 (cinco) dias para apresentar embargos, cabendo igual prazo ao exeqüente para impugnação.

Referido dispositivo provoca discussão acerca da necessidade de garantia integral do juízo para se apresentar os embargos.

Para uns, interpretando literalmente o dispositivo, somente será possível a apresentação dos embargos se a penhora for suficiente para garantir **integralmente** a execução, sendo condição de admissibilidade dos embargos[1].

---

1. LEITE, Carlos Henrique Bezerra. *Curso de direito processual do trabalho*. 15. ed. São Paulo: Saraiva, 2017. p. 1478.

Para outros, com os quais penso estar a razão, a regra, é a necessidade de garantia integral do juízo. No entanto, havendo penhora parcial e não existindo outros bens passíveis de contrição, os embargos devem ser processados, prosseguindo-se a execução até o final, inclusive com a liberação de valores (Enunciado nº 55 da 1ª Jornada Nacional de Execução Trabalhista). Trata-se de entendimento que tem como objetivo não prolongar de forma indeterminada a execução, prejudicando especialmente o exequente.

De qualquer maneira, no processo do trabalho, a garantia da execução é pressuposto para o cabimento dos embargos à execução.

A Lei nº 13.467/2017, contudo, criou uma exceção: a exigência da garantia ou penhora não se aplica às entidades filantrópicas e/ou àqueles que compõem ou compuseram a diretoria dessas instituições (CLT, art. 884, §6º).

As entidades filantrópicas são pessoas jurídicas de direito privado, sem fins lucrativos, reconhecidas como entidades beneficentes de assistência social com a finalidade de prestação de serviços nas áreas de assistência social, saúde ou educação, como descreve a Lei nº 12.101/09.

Para sua caracterização como entidades beneficentes de assistência social, elas devem preencher os requisitos estabelecidos na referida lei, bem como ter certificado emitido pelo Ministério correspondente, o qual irá verificar o preenchimento dos requisitos legais.

Desse modo, é documento indispensável a ser apresentado no processo trabalhista a certificado emitido pelo Ministério correspondente.

Comprovada a sua condição de entidade filantrópica fica dispensada do depósito recursal (CLT, art. 899, § 10) e da garantia do juízo (CLT, art. 884, § 6º) para apresentação dos embargos à execução.

2. DIRETORES DAS ENTIDADES

O art. 884, § 6º, da CLT, além das entidades filantrópicas, também afasta a necessidade de garantia do juízo para aqueles que compõem ou compuseram a diretoria dessas instituições.

Embora as entidades filantrópicas não possuam finalidade lucrativa, tem-se admitido a possibilidade de desconsideração da personalidade jurídica dessas entidades[2].

Disso resulta que, sendo instaurado o incidente, o diretor poderá discutir sua responsabilidade, observada as restrições da teoria objetiva[3].

Reconhecida sua responsabilidade, nos embargos à execução não poderá levantar sua ilegitimidade, podendo arguir as demais matérias do art. 884, § 1º, da CLT e art. 525, § 1º, do CPC.

De todo modo, o dispositivo apenas se aplica nos casos em que o crédito executado possuir relação com as dívidas contraídas pela entidade. Noutras palavras, nas execuções em face dos diretores em razão de dívidas pessoais haverá a necessidade de garantia do juízo para a oposição de embargos à execução como, por exemplo, na reclamação de empregada doméstica do diretor.

3. TERMO INICIAL DOS EMBARGOS À EXECUÇÃO

O termo inicial para apresentação dos embargos segue a sistemática do art. 841 do CPC/15 (TST-IN nº 39/2016, art. 3º, XVIII), ou seja, inicia-se com a intimação da penhora.

No caso das entidades filantrópicas não se exige a penhora, razão pela qual o termo inicial é da citação do executado (CLT, art. 880), tal como ocorre com a Fazenda Pública.

De qualquer maneira, o prazo para apresentação dos embargos à execução é de 5 dias, vez que se trata de pessoa jurídica de direito privado.

4. EFEITO SUSPENSIVO DOS EMBARGOS

A CLT não prevê se os embargos à execução suspendem ou não o trâmite da execução. Desse modo, a tese majoritária da doutrina,

---

2. Entendendo ser cabível a desconsideração da personalidade jurídica das entidades filantrópicas em casos de abusos ou fraudes: Agravo de Petição nº 0194200-30.1997.5.01.0011, 1ª Turma do TRT da 1ª Região/RJ, Rel. Monica Batista Vieira Puglia. DOERJ 03.08.2015 e 20160721320, 1ª Turma do TRT da 2ª Região/SP, Rel. Maria José Bighetti Ordoño Rebello. unânime, DOe 22.09.2016. No sentido contrário: AP nº 11000-95.2000.5.17.0002, 1ª Turma do TRT da 17ª Região/ES, Rel. José Carlos Rizk. unânime, DEJT 09.04.2010
3. Vide nossos comentários ao art. 855-A da CLT no próximo capítulo.

com a qual pensamos estar a razão, aplica subsidiariamente o art. 525, § 6º, do NCPC, *in verbis*:

> § 6º. A apresentação de impugnação não impede a prática dos atos executivos, inclusive os de expropriação, podendo o juiz, a requerimento do executado e desde que garantido o juízo com penhora, caução ou depósito suficientes, atribuir-lhe efeito suspensivo, se seus fundamentos forem relevantes e se o prosseguimento da execução for manifestamente suscetível de causar ao executado grave dano de difícil ou incerta reparação.

A regra, portanto, será que os embargos não têm efeito suspensivo, podendo ser concedido tal efeito quando os fundamentos do embargante forem relevantes e o prosseguimento da execução puder, efetivamente, causar-lhe grave dano de difícil ou incerta reparação.

Isso significa que a interposição dos embargos pela entidade filantrópica e seus diretores não impede o prosseguimento da execução, viabilizando inclusive a penhora e atos de expropriação.

De qualquer modo, como não há a exigência de garantia do juízo, a apresentação dos embargos à execução será antes da penhora e da avaliação. Assim, no tocante à penhora e à avaliação, não haverá nenhum tipo de preclusão, iniciando-se o prazo para a oposição de embargos (5 dias) após o executado tomar ciência da penhora ou avaliação. Nessa situação, se os embargos anteriores ainda estiverem em trâmite, eles poderão ser aditados com as matérias referentes à penhora e avaliação, proferindo-se o julgamento de todas as matérias alegadas em conjunto. Se os embargos anteriores já tiverem sido decididos, recorridos ou não tiverem sido interpostos, as entidades filantrópicas executadas poderão apenas discutir a penhora e a avaliação[4].

5. DIREITO INTERTEMPORAL

Como já visto, aplica-se ao processo do trabalho a teoria do isolamento dos atos processuais. No entanto, a aplicação da lei nova pressupõe a compatibilização com os atos anteriores realizados com a lei antiga, impondo verdadeira harmonia e coesão entre os atos processuais. Desse modo, caso a incidência da nova lei possa afastar tal

---

4. NEVES, Daniel Amorim Assumpção. *Novo Código de processo civil comentado*. Salvador: Editora JusPodivm, 2016. p. 1457.

compatibilidade, autoriza-se a aplicação das outras teorias (fases processuais ou unidade processual).

Foi exatamente o que fez o C. TST no dispositivo em comentário ao declinar que as alterações do art. 884, §6º, da CLT serão aplicadas apenas para as execuções iniciadas a partir de 11 de novembro de 2017. Adotou, pois, a teoria das fases processuais, permitindo que dentro da fase executiva apenas um lei fosse aplicada, qual seja, a lei velha para as execuções iniciadas até 11 de novembro de 2017 e a lei nova para as execuções iniciadas a partir desta data.

Isso se justifica porque o art. 884, § 6º, da CLT altera consideravelmente a fase executiva trabalhista, de modo que sua aplicação em execuções já em curso afastaria a harmonia do procedimento.

16

INCIDENTE DE DESCONSIDERAÇÃO DA PERSONALIDADE JURÍDICA (ART. 17)

> IN nº 41/2018 do TST. Art. 17. O incidente de desconsideração da personalidade jurídica, regulado pelo CPC (artigos 133 a 137), aplica-se ao processo do trabalho, com as inovações trazidas pela Lei nº 13.467/2017.

Lei nº 13.467/17 (Reforma trabalhista)
Art. 855-A. Aplica-se ao processo do trabalho o incidente de desconsideração da personalidade jurídica previsto nos arts. 133 a 137 da Lei nº 13.105, de 16 de março de 2015 – Código de Processo Civil.
§ 1º Da decisão interlocutória que acolher ou rejeitar o incidente:
I – na fase de cognição, não cabe recurso de imediato, na forma do § 1º do art. 893 desta Consolidação;
II – na fase de execução, cabe agravo de petição, independentemente de garantia do juízo;
III – cabe agravo interno se proferida pelo relator em incidente instaurado originariamente no tribunal.
§ 2º A instauração do incidente suspenderá o processo, sem prejuízo de concessão da tutela de urgência de natureza cautelar de que trata o art. 301 da Lei nº 13.105, de 16 de março de 2015 (Código de Processo Civil).

1. INTRODUÇÃO

A separação existente entre o patrimônio das sociedades empresárias e de seus sócios, em conjunto com a limitação da responsabilidade dos sócios presente em algumas formas de constituição de sociedades, serve algumas vezes para prejudicar credores, especialmente os trabalhistas.

Desse modo, para evitar que tais sociedades deixem de cumprir as obrigações assumidas, ganha relevância a desconsideração da personalidade jurídica, consistente no afastamento, momentâneo e esporádico, da máxima romana *societas distat a singulis*, que reconhece ter as pessoas jurídicas existência diversa da dos seus membros, levantando-se o véu da pessoa jurídica e atingindo os bens do sócio ou, no caso da desconsideração inversa, da pessoa física e alcançando os bens da sociedade.

Conquanto a desconsideração da personalidade jurídica já fosse concretizada pelos tribunais brasileiros, tínhamos apenas dispositivos referentes ao direito material, tais como o art. 50 do Código Civil e o art. 28 do Código de Defesa do Consumidor. Não havia nenhum procedimento legal para sua efetivação, de modo que simplesmente se fazia o redirecionamento da execução em face do sócio ou da sociedade (na desconsideração inversa).

Com o objetivo de garantir a observância dos princípios do devido processo legal e do contraditório, o NCPC, em seus arts 133 a 137, passou a disciplinar aspectos processuais necessários para que ocorra a desconsideração da personalidade jurídica.

Analisando referido incidente, os primeiros ensaios sobre o tema, majoritariamente, negaram a aplicação do incidente de desconsideração ao processo do trabalho, em razão de sua incompatibilidade. No entanto, o C. TST expediu a Instrução Normativa nº 39/2016 admitindo-o com certas adaptações.

De qualquer maneira, com o advento da Lei nº 13.467/17, o legislador reformador trouxe para o bojo da CLT o incidente de desconsideração da personalidade jurídica, reproduzindo, quase que integralmente, o art. 6º da IN nº 39 do TST, como se verifica pelo quadro comparativo a seguir.

CLT	TST-IN Nº 39/2016
Art. 855-A. Aplica-se ao processo do trabalho o incidente de desconsideração da personalidade jurídica previsto nos arts. 133 a 137 da Lei no 13.105, de 16 de março de 2015 - Código de Processo Civil.	**Art. 6º** Aplica-se ao Processo do Trabalho o incidente de desconsideração da personalidade jurídica regulado no Código de Processo Civil (arts. 133 a 137), **assegurada a iniciativa também do juiz do trabalho na fase de execução (CLT, art. 878)** (Grifo Nosso).

Cap. 16
INCIDENTE DE DESCONSIDERAÇÃO DA PERSONALIDADE JURÍDICA (ART. 17)

§ 1º Da decisão interlocutória que acolher ou rejeitar o incidente:	§ 1º Da decisão interlocutória que acolher ou rejeitar o incidente:
I - na fase de cognição, não cabe recurso de imediato, na forma do § 1o do art. 893 desta Consolidação;	I – na fase de cognição, não cabe recurso de imediato, na forma do art. 893, § 1º da CLT;
II - na fase de execução, cabe agravo de petição, independentemente de garantia do juízo;	II – na fase de execução, cabe agravo de petição, independentemente de garantia do juízo;
III - cabe agravo interno se proferida pelo relator em incidente instaurado originariamente no tribunal.	III – cabe agravo interno se proferida pelo Relator, em incidente instaurado originariamente no tribunal (CPC, art. 932, inciso VI).
§ 2º A instauração do incidente suspenderá o processo, sem prejuízo de concessão da tutela de urgência de natureza cautelar de que trata o art. 301 da Lei no 13.105, de 16 de março de 2015 (Código de Processo Civil).	§ 2º A instauração do incidente suspenderá o processo, sem prejuízo de concessão da tutela de urgência de natureza cautelar de que trata o art. 301 do CPC.

Vê-se pela referida comparação que a única diferença está relacionada à ausência de previsão da instauração de ofício do incidente pelo juízo na fase de execução. Isso decorre da mudança promovida no art. 878, *caput*, da CLT, que excluiu a possibilidade do início de ofício da execução, salvo quando for o caso de *jus postulandi*[5].

Diante da equivalência dos dispositivos, o C. TST revogou o art. 6º da IN 39/2016, como se verifica pelo art. 21 da IN nº 41/2018 em comentário.

Desse modo, o art. 855-A da CLT já era suficiente para impor a aplicação do incidente de desconsideração, sendo desnecessário o artigo em comentário. Melhor seria que a Corte trabalhista tivesse apresentado o procedimento do incidente.

No entanto, diante da importância do tema e do impacto que provoca na seara laboral, cumpre-nos analisá-lo detidamente. Ademais, ultrapassaremos os aspectos teóricos sobre o tema, buscando procedimentalizar o incidente no âmbito trabalhista, como forma de respaldar o dia a dia daqueles que irão conviver com essa nova modalidade de intervenção de terceiros.

---
5. Remetemos o leitor aos comentários do art. 13 da Instrução em comentário.

2. EMPRESA E SÓCIO

Empresa é a atividade organizada pelo empresário, tendo como finalidade a obtenção de lucro.

Embora seja essa a concepção clássica do conceito de empresa, o legislador utiliza a expressão em diversos sentidos. A CLT, por exemplo, a emprega pelo menos sob três ângulos:

a) subjetivo, significando a própria pessoa física ou a jurídica (art. 2º);

b) objetivo, representando o conjunto de bens que o empresário tem à sua disposição para exercer sua atividade (art. 448);

c) institucional, considerando a organização de pessoas com um objetivo comum, tendo "existência duradoura no tempo, independentemente do empresário que a exerce e dos seus colaboradores"[6]. É o que nos parece estar incluído no art. 448 da CLT.

Embora a utilização de tais sentidos possa provocar críticas da doutrina especialmente quanto ao conceito de empresa adotado para definir empregador[7], já que influenciado pelo institucionalismo, é fato que essa pluralidade de sentidos tem a finalidade de respaldar os direitos dos trabalhadores, valorizando o trabalho humano (CF/88, art. 170).

Disso resulta a existência de interpretações e mecanismos eficazes para respeitar os direitos fundamentais dos trabalhadores, como é o caso da despersonalização do empregador na sucessão de empresa, aplicação da teoria objetiva na desconsideração da personalidade jurídica, responsabilização do sócio minoritário, etc.

Isso, porém, não tem o condão de confundir a pessoa física do sócio com a pessoa jurídica, vez que esta é reconhecida como "o conjunto de pessoas ou de bens, dotados de personalidade jurídica própria e constituído na forma da lei, para a consecução de fins comuns"[8].

---

6. VERÇOSA, Haroldo Malheiros Duclerc. *Curso de Direito Comercial, vol. 1: Teoria Geral do Direito Comercial e das Atividades Empresariais Mercantis; Introdução à Teoria Geral da Concorrência e dos bens imateriais*. 3. ed. São Paulo: Malheiros Editores, 2011. p. 167.
7. DELGADO, Maurício Godinho. *Curso de direito do trabalho*. 15. ed. São Paulo: LTr, 2016. p. 443.
8. GONÇALVES, Carlos Roberto. *Direito civil brasileiro, volume 1: parte geral*. 9. ed. São Paulo: Saraiva, 2011. p. 215.

As pessoas jurídicas possuem, portanto, personalidade diversa da dos indivíduos que a compõem e, consequentemente, autonomia patrimonial em algumas formas de constituição das sociedades (p.ex. sociedades limitadas).

Essa autonomia patrimonial e, principalmente, a limitação da responsabilidade dos sócios em relação às dívidas da pessoa jurídica, ao mesmo tempo em que permitem o desenvolvimento de grandes empreendimentos comerciais, não podem servir para afastar o cumprimento de direitos sociais e para possibilitar a realização de práticas abusivas perpetradas pelos sócios, razão pela qual passa a ser de extrema relevância a teoria da desconsideração da personalidade jurídica.

3. DÍVIDA E RESPONSABILIDADE

As pessoas físicas ou jurídicas, corriqueiramente, assumem obrigações, entendidas como "*o vínculo jurídico em virtude do qual uma pessoa pode exigir de outra prestação economicamente apreciável*"[9] (Grifos no original). Nas palavras do doutrinador Cristiano Chaves Farias e Nelson Rosenvald, obrigação pode ser conceituada como a "*relação jurídica transitória, estabelecendo vínculos jurídicos entre duas diferentes partes (denominadas credor e devedor, respectivamente), cujo objeto é uma prestação pessoal, positiva ou negativa, garantido o cumprimento, sob pena de coerção*"[10] (Grifos no original).

Extraem-se desse conceito as características principais da obrigação: caráter transitório, vínculo jurídico entre as partes, caráter patrimonial e prestação positiva ou negativa.

Na análise da obrigação, a doutrina a divide em dois elementos distintos:

- um de caráter pessoal/subjetivo, correspondente ao débito (*schuld*); e

- outro de caráter patrimonial, relacionado à responsabilidade (*haftung*).

---

9. PEREIRA, Caio Mário da Silva. *Instituições de Direito Civil: vol. II, Teoria Geral das Obrigações*. 20. ed. Rio de Janeiro: Editora Forense, 2005. p. 07.
10. FARIAS, Cristiano Chaves de; ROSENVALD, Nelson. *Curso de Direito Civil, vol. 2: Obrigações*. 7. ed. Salvador: Editora JusPodivm, 2013. p. 34-35.

O débito significa a prestação que deve ser cumprida pelo devedor em determinada relação jurídica. Trata-se, portanto, de vínculo pessoal ou do direito subjetivo do credor à prestação acordada na formação do vínculo obrigacional.

Nos casos em que o devedor adimplir as obrigações assumidas, tem relevância apenas a análise do débito.

Quando, todavia, a obrigação não é cumprida, faz-se necessário o exame da responsabilidade, a qual permite que o credor, nos casos de inadimplemento, efetue a cobrança patrimonial do devedor. Corresponde, portanto, à sujeição que recai sobre o patrimônio do devedor como garantia do direito do credor em razão do inadimplemento[11]. É, pois, um vínculo patrimonial, de modo que nos dias atuais, quem responde é o patrimônio e não o devedor pessoalmente.

Em resumo, o débito é pessoal, enquanto a responsabilidade é patrimonial.

Em regra, os dois elementos (débito e responsabilidade) coexistem nas obrigações, recaindo sobre a mesma pessoa (obrigação civil ou perfeita)[12], qual seja o devedor.

Contudo, em algumas hipóteses, é possível observar a presença dos elementos de forma isolada.

É o caso, por exemplo, das obrigações naturais (p. ex. dívidas de jogo e dívidas prescritas), nas quais se verifica a presença do débito, sem que haja a garantia pelo patrimônio do devedor.

Há ainda situações em que se verifica a presença da responsabilidade patrimonial, sem que haja um débito propriamente dito. É o que ocorre com o sócio quando respondem patrimonialmente pelas dívidas da sociedade, ou seja, embora o débito seja da pessoa jurídica, o sócio responderá com seu patrimônio pelo adimplemento da obrigação, atenuando a separação patrimonial entre a pessoa jurídica (sociedade empresária) e a pessoa física (sócio).

---

11. FARIAS, Cristiano Chaves de; ROSENVALD, Nelson. *Curso de Direito Civil, vol. 2: Obrigações*. 7. ed. Salvador: Editora JusPodivm, 2013. p. 39.
12. FARIAS, Cristiano Chaves de; ROSENVALD, Nelson. *Curso de Direito Civil, vol. 2: Obrigações*. 7. ed. Salvador: Editora JusPodivm, 2013. p. 42.

4. RESPONSABILIDADE PRINCIPAL E SECUNDÁRIA

No âmbito processual, o conceito da responsabilidade patrimonial ganha grande importância principalmente na fase da execução, ou seja, quando a obrigação não é cumprida voluntariamente pelo devedor.

Em regra, quem responde pela dívida objeto da execução é o patrimônio do devedor, isto é, aquele que é ao mesmo tempo o obrigado e responsável[13].

Tem-se aqui a **responsabilidade primária**, de modo que o art. 789 do NCPC estabelece que "o devedor responde com todos os seus bens presentes e futuros para o cumprimento de suas obrigações, salvo as restrições estabelecidas em lei".

Além da previsão do art. 789 do NCPC, o art. 790, incisos III, V e VI, do NCPC também determina outros casos de responsabilidade primária, quais sejam: bens do devedor na posse de terceiros, bens alienados ou gravados com ônus real em fraude à execução e bens cuja alienação ou gravação com ônus real tenha sido anulada em razão do reconhecimento, em ação autônoma, de fraude contra credores.

Por sua vez, a **responsabilidade será secundária** quando aquele que, mesmo não tendo participado da relação obrigacional, for responsável patrimonial pela satisfação da obrigação. Nesse caso, não há coincidência dos papéis do obrigado e do responsável no mesmo sujeito.

Para Araken de Assis, mesmo não havendo a cumulação dos dois papéis (obrigado e responsável), os responsáveis secundários não podem ser considerados como terceiros[14], uma vez que, ao autorizar a constrição de bens sobre seu patrimônio eles passam automaticamente a serem sujeitos passivos da ação[15].

As hipóteses de responsabilidade secundária são descritas nos incisos I, II, IV e VII do art. 790 do NCPC, estando sujeitos à execução os bens do sucessor a título singular, tratando-se de execução

---

13. ASSIS, Araken de. *Manual da execução*. 18. ed. rev., atual. e ampl. São Paulo: Editora Revista dos Tribunais, 2016. p. 292.
14. Em sentido contrário: BEBBER, Júlio César. *Processo do Trabalho: temas atuais*. São Paulo: LTr, 2003. p. 178.
15. ASSIS, Araken de. *Manual da execução*. 18. ed. rev., atual. e ampl. São Paulo: Editora Revista dos Tribunais, 2016. p. 293.

fundada em direito real ou obrigação reipersecutória; do sócio, nos termos da lei; do cônjuge ou do companheiro, nos casos em que seus bens próprios ou de sua meação respondem pela dívida; do responsável, nos casos de desconsideração da personalidade jurídica.

No direito processual do trabalho, a responsabilidade secundária é facilmente verificada quando o responsável pelo pagamento é o sucessor trabalhista (arts. 10 e 448-A da CLT), o tomador de serviços na terceirização lícita (Lei nº 6.019/74, art. 5-A, § 5º; Súmula nº 331, IV, do TST), as empresas de um grupo econômico, o sócio etc.

Como o objetivo dos nossos comentários corresponde ao incidente de desconsideração da personalidade jurídica que, como regra, atinge o patrimônio do sócio, é importante destacar que sua legitimidade executiva está prevista em dois incisos do art. 790 do NCPC, como se verifica a seguir:

> **Art. 790.** São sujeitos à execução os bens:
> (...) II - do sócio, nos termos da lei;
> (...)
> VII - do responsável, nos casos de desconsideração da personalidade jurídica. (...)

Embora a análise sistemática desses dois incisos seja de difícil compreensão, o inciso II fica reservado aos casos em que os sócios são corresponsáveis pelas obrigações da sociedade, como ocorre, por exemplo, com as sociedades em nome coletivo (CC/02, art. 1.039)[16], e as demais hipóteses para o item VII, no qual a responsabilidade patrimonial secundária dos sócios exige pronunciamento judicial por meio do incidente de desconsideração da personalidade jurídica.

5. DESCONSIDERAÇÃO DA PERSONALIDADE JURÍDICA

5.1. Histórico

A doutrina majoritária considera que o caso inglês *Salomon v. A. Salomon & Co.*, julgado em 1897, representa o *leading case* da teo-

---

16. THEODORO JÚNIOR, Humberto. *Curso de direito processual civil – execução forçada, processo nos tribunais, recursos e direito intertemporal*. Vol. III. 48. ed. rev. atual. e ampl. – Rio de Janeiro: Forense, 2016. p. 314.

ria da desconsideração da personalidade jurídica (*disregard doctrine* ou *disregard of legal identity*).

A discussão no mencionado caso teve como objetivo imputar responsabilidade ao sócio, Aron Salomon, pelo pagamento das dívidas da sociedade que havia se tornado insolvente em decorrência de uma série de greves que atingiu o governo inglês, seu principal cliente, o qual teve que diversificar seus fornecedores, diminuindo as vendas para a sociedade de Salomon e levando-a a falência.

As decisões iniciais imputaram responsabilidade à Aron Salomon, já que ele teria abusado dos privilégios de constituição e responsabilidade limitada da sociedade, sendo esta utilizada como artifício para fraudar credores. Contudo, a Corte dos Lordes alterou tais decisões, reafirmando a distinção entre a personalidade dos sócios e da sociedade, garantindo a autonomia da pessoa jurídica[17].

Alguns autores ainda citam os casos julgados pela Suprema Corte Americana *Bank of United States v. Deveaux* (1809) e *Booth* v. *Bounce* (1865) como os primeiros julgados a tratarem do tema da desconsideração da personalidade jurídica das sociedades empresárias[18].

De qualquer modo, o tema surgiu no interesse de suspender a responsabilidade limitada dos sócios em relação às sociedades empresárias, ou seja, por questões de conveniência econômica e não em relação ao tema da personalidade jurídica propriamente dito[19].

É por isso que a desconsideração da personalidade jurídica não se confunde com a despersonalização da personalidade jurídica. Na despersonalização da personalidade jurídica, a sociedade empresária desaparece como sujeito autônomo, devido à falta de alguma das condições de sua existência. Por sua vez, na desconsideração da personalidade jurídica (direta), levanta-se o "véu" da pessoa jurídica para adentrar no patrimônio do sócio, sem que, com isso, se retire a personalidade jurí-

---

17. Nesse sentido: GRINOVER, Ada Pellegrini. *Da desconsideração da pessoa jurídica – aspectos de direito material e processual*. Revista Jurídica do Ministério Público, vol. 6, mai. 2006. p. 53-68 e DIDIER JR., Fredie. *Curso de direito processual civil: introdução ao direito processual civil, parte geral e processo de conhecimento*, vol. 1. 18. ed. Salvador: Ed. JusPodivm, 2016, p. 521.

18. NUNES, Simone Lahorgye; BIANQUI, Pedro Henrique Torres. *A desconsideração da personalidade jurídica: considerações sobre a origem do princípio, sua positivação e a aplicação no Brasil*. In: AZEVEDO, Erasmo Valladão; FRANÇA, Novaes (coord.). Direito societário contemporâneo I. São Paulo: Quartier Latin, 2009. p. 302.

19. DIDIER JR., Fredie. *Curso de direito processual civil: introdução ao direito processual civil, parte geral e processo de conhecimento*, vol. 1. 18. ed. Salvador: Ed. JusPodivm, 2016, p. 522.

dica da sociedade. Busca-se afastar, momentânea e esporadicamente, a máxima romana *societas distat a singulis*, que reconhece que as pessoas jurídicas têm existência diversa da dos seus membros. Dessa forma, uma das principais características da desconsideração da personalidade jurídica corresponde ao fato de ser casuística[20].

No Brasil, a doutrina relacionada à desconsideração da personalidade jurídica foi introduzida por Rubens Requião e teve forte influência dos estudos realizados por Rolf Serick na Alemanha. Em regra, o fundamento utilizado para justificar a desconsideração da personalidade jurídica está ligado à função social da propriedade, já que "a chamada *função social da pessoa jurídica (função social da empresa)* é corolário da função social da propriedade"[21] (Grifos no original).

De qualquer maneira, a teoria da desconsideração da personalidade jurídica é fruto de construção judicial, aprimorada pela doutrina e posteriormente contemplada na normal legal.

5.2. Previsão legal no direito material

Inicialmente, a teoria da desconsideração da personalidade jurídica foi estabelecida no art. 28, *caput* e § 5º do CDC, que vaticina:

> **Art. 28.** O juiz poderá desconsiderar a personalidade jurídica da sociedade quando, em detrimento do consumidor, houver abuso de direito, excesso de poder, infração da lei, fato ou ato ilícito ou violação dos estatutos ou contrato social. A desconsideração também será efetivada quando houver falência, estado de insolvência, encerramento ou inatividade da pessoa jurídica provocados por má administração.
>
> (...)
>
> § 5º Também poderá ser desconsiderada a pessoa jurídica sempre que sua personalidade for, de

Em seguida, foi prevista no art. 18 da Lei Antitruste nº 8.884/94, atualmente revogado pela Lei nº 12.529/11, que prevê no art. 34:

---

20. DIDIER JR., Fredie. *Curso de direito processual civil: introdução ao direito processual civil, parte geral e processo de conhecimento, vol. 1.* 18. ed. Salvador: Ed. JusPodivm, 2016, p. 525.
21. DIDIER JR., Fredie. *Curso de direito processual civil: introdução ao direito processual civil, parte geral e processo de conhecimento, vol. 1.* 18. ed. Salvador: Ed. JusPodivm, 2016, p. 524.

Art. 34. A personalidade jurídica do responsável por infração da ordem econômica poderá ser desconsiderada quando houver da parte deste abuso de direito, excesso de poder, infração da lei, fato ou ato ilícito ou violação dos estatutos ou contrato social.

Parágrafo único. A desconsideração também será efetivada quando houver falência, estado de insolvência, encerramento ou inatividade da pessoa jurídica provocados por má administração.

Ato contínuo, ao disciplinar as sanções penais e administrativas derivadas de condutas e atividades lesivas ao meio ambiente, o art. 4º da Lei nº 9.605/98 declinou:

Art. 4º Poderá ser desconsiderada a pessoa jurídica sempre que sua personalidade for obstáculo ao ressarcimento de prejuízos causados à qualidade do meio ambiente.

Posteriormente, o Código Civil passou a tratar da matéria em seu art. 50, o qual tem o seguinte teor:

Art. 50. Em caso de abuso da personalidade jurídica, caracterizado pelo desvio de finalidade, ou pela confusão patrimonial, pode o juiz decidir, a requerimento da parte, ou do Ministério Público quando lhe couber intervir no processo, que os efeitos de certas e determinadas relações de obrigações sejam estendidos aos bens particulares dos administradores ou sócios da pessoa jurídica.

5.3. Teorias da desconsideração da personalidade jurídica

Inspiradas nas construções doutrinárias, jurisprudenciais e especialmente na interpretação do arcabouço jurídico existente atualmente sobre o tema, ao menos duas teorias são detectadas no plano material para possibilitar a desconsideração da personalidade jurídica:

- a teoria subjetiva; e
- a objetiva.

A **teoria subjetiva** (teoria maior) impõe a coexistência de dois requisitos para que possa ocorrer a desconsideração:

1) que os bens da pessoa jurídica sejam insuficientes para o pagamento da dívida;

2) haja comprovação de fraude ou de abuso de direito, caracterizado pelo desvio de finalidade ou pela confusão patrimonial. Trata-se da teoria contemplada no art. 50 do CC.

Por sua vez, a **teoria objetiva** (teoria menor) declina que a personalidade jurídica pode ser desconsiderada quando a pessoa jurídica não tiver bens suficientes para o pagamento da dívida, ou seja, quando, de qualquer forma, a personalidade da pessoa jurídica for obstáculo ao ressarcimento dos prejuízos causados ao credor. Nas palavras de Humberto Dalla Bernardina de Pinho e Marina Silva Fonseca:

> (...) a teoria menor tem a insuficiência patrimonial da sociedade como pressuposto bastante à desconsideração da personalidade jurídica, prescindindo-se da verificação de qualquer conduta abusiva ou fraudulenta dos sócios. Visa-se, precipuamente, à redistribuição dos riscos empresariais, sendo os sócios preferencialmente onerados em relação aos terceiros credores da sociedade. Tal construção adquire relevo diante de bens jurídicos reputados prioritários face à observância do regime jurídico personificatório, ou diante de relações marcadas pelo desequilíbrio entre as partes, em que desprovido o polo vulnerável de poder econômico de negociação ou remuneração pelos riscos incorridos[22].

Essa teoria vem expressamente prevista no art. 28, § 5º, do CDC.

Na seara trabalhista, prevalece o entendimento de que se aplica a teoria objetiva/menor, incidindo referido dispositivo do Código de Defesa do Consumidor. Isso se justifica porque o CDC e a CLT são normas tuitivas que buscam resguardar o direito do hipossuficiente, sendo, pois, compatíveis. Ademais, impõe-se a aplicação dessa teoria, ante a dificuldade de demonstração de fraude e do abuso de direito dos sócios, bem como pelo caráter alimentar das verbas postuladas em juízo[23].

---

22. PINHO, Humberto Dalla Bernardina de; FONSECA, Marina Silva. *O incidente de desconsideração da personalidade jurídica do Novo Código de Processo Civil*. In: DIDIER JR., Fredie (coord. geral). *Novo CPC doutrina selecionada*, v. 1: parte geral. Salvador: JusPodivm, 2016. p. 1154.

23. SCHIAVI, Mauro. *Manual de direito processual do trabalho*. 10. ed. de acordo com Novo CPC. São Paulo: LTr, 2016. p. 1078; PINHO, Humberto Dalla Bernardina de; FONSECA, Marina Silva. *O incidente*

Aliás, nas ações coletivas na seara trabalhista aplica-se a teoria menor, podendo-se inclusive invocar o art. 4 da Lei 9.605/98 naquelas destinadas a preservar o meio ambiente.

A teoria menor, no entanto, não alcança as ações que não derivem da relação de emprego[24], caso em que se adotará os pressupostos do art. 50 do CC/02, pois se trata de regra de direito material.

Vê-se, portanto, que **sob o aspecto material**, já existiam e continuam existindo regras acerca dos requisitos para se reconhecer a desconsideração da personalidade jurídica. Não havia, porém, regras processuais sobre a forma de se atingir o patrimônio do sócio. É nesse contexto que surge o incidente de desconsideração da personalidade, como um mecanismo processual adequado para atingir os bens dos sócios, respaldado no princípio do contraditório substancial e, consequentemente, no devido processo legal.

Antes de adentrarmos no aspecto processual do incidente, no entanto, é preciso ficar claro: **o Novo CPC e a CLT somente tratam de procedimento e não dos requisitos para caracterização da desconsideração que é regra de direito material**. Tanto é assim que o art. 133, § 1º, do NCPC é enfático: "o pedido de desconsideração da personalidade jurídica observará os pressupostos previstos em lei". Nesse sentido, leciona Alexandre Freitas Câmara:

> É que os pressupostos da desconsideração da personalidade devem ser estabelecidos pelo Direito material, e não pelo Direito Processual, cabendo a este, tão somente, regular o procedimento necessário para que se possa verificar – após amplo contraditório – se é ou não o caso de desconsiderar-se a personalidade jurídica, tendo-a por ineficaz.
>
> Repita-se, assim, o fato de que os diversos ramos do Direito Material estabelecem requisitos distintos para que se desconsidere a personalidade jurídica, cabendo verificar, em cada caso concreto, qual o ramo do Direito Material que rege a causa.
>
> Assim é, por exemplo, que nas causas que versem sobre relações de consumo incidirá o disposto no art. 28 do CDC (...).

---

de desconsideração da personalidade jurídica do Novo Código de Processo Civil. In: DIDIER JR., Fredie (coord. geral). *Novo CPC doutrina selecionada*, v. 1: parte geral. Salvador: JusPodivm, 2016. p. 1156.

24. LEITE, Carlos Henrique Bezerra. *Curso de direito processual do trabalho*. 14. ed. de acordo com o novo CPC – Lei n. 13.105, de 16-3-2015. São Paulo: Saraiva, 2016. p. 587

Nas causas regidas pelo Direito Ambiental, de outro lado, incidirá a norma extraída do art. 4º da Lei 9.605/1988, por força do qual '[p]oderá ser desconsiderada a pessoa jurídica sempre que de sua personalidade for obstáculo ao ressarcimento de prejuízos causados à qualidade do meio ambiente'. Significa isto dizer que nos processo que versem sobre matéria ambiental o único requisito para a desconsideração da personalidade jurídica é que a sociedade não tenha patrimônio suficiente para assegurar a reparação do dano ambiental que tenha causado, permitida, assim, a extensão da responsabilidade patrimonial ao sócio (ou vice-versa, no caso de desconsideração inversa), pouco importando se houve dolo, culpa, fraude, má-fé ou qualquer outra forma de se qualificar a intenção de quem praticou o ato poluidor.

O mesmo poderia ser dito a respeito de causas diversas, como as trabalhistas ou aquelas em que se discute matéria tributária, entre muitas outras. Mas o quanto até aqui se se disse é suficiente para demonstrar o que se sustenta: os requisitos da desconsideração variarão conforme a natureza da causa, devendo ser apurados nos termos da legislação própria. Ao Código de Processo Civil incumbe, tão somente, regular o procedimento do incidente de desconsideração da personalidade jurídica (o qual será sempre o mesmo, qualquer que seja a natureza da relação jurídica de direito substancial deduzida em juízo)[25].

No mesmo caminho, Daniel Assumpção Neves:

> (...) os pressupostos para a desconsideração da personalidade jurídica são tema de direito material e dessa forma devem ser tratados pelo Código de Processo Civil[26].

Os pressupostos para a desconsideração são, portanto, estabelecidos pelos diplomas legislativos de direito material, de modo que, nas ações oriundas da relação de emprego, continua a ser aplicado o art. 28, § 5º, do CDC (teoria menor).

---

25. CÂMARA, Alexandre Freitas. *Do Incidente de Desconsideração da Personalidade Jurídica*. In: Breves comentários ao novo código de processo civil. WAMBIER, Teresa Arruda et al. (coord.). *Breves comentários ao novo código de processo civil*. 2. ed. São Paulo: Editora Revista dos Tribunais, 2016. p. 455.
26. NEVES, Daniel Amorim Assumpção. *Manual de direito processual civil – volume único*. 8. ed. Salvador: Ed. JusPodivm, 2016. p. 308.

5.4. Desconsideração inversa da personalidade jurídica

A desconsideração inversa da personalidade jurídica consiste em atingir o patrimônio da sociedade em decorrência de dívidas do sócio, evitando que os sócios desviem seus bens para a sociedade como forma de evitar a execução de dívidas particulares.

Diante da clareza do voto da Min. Nancy Andrighi no REsp nº 948.117 sobre o tema, cabe reproduzir um trecho:

> De início, impende ressaltar que a desconsideração inversa da personalidade jurídica caracteriza-se pelo afastamento da autonomia patrimonial da sociedade, para, contrariamente do que ocorre na desconsideração da personalidade jurídica propriamente dita, atingir o ente coletivo e seu patrimônio social, de modo a responsabilizar a pessoa jurídica por obrigações do sócio.
>
> Conquanto a consequência de sua aplicação seja inversa, sua razão de ser é a mesma da desconsideração da personalidade jurídica propriamente dita: combater a utilização indevida do ente societário por seus sócios. Em sua forma inversa, mostra-se como um instrumento hábil para combater a prática de transferência de bens para a pessoa jurídica sobre o qual o devedor detém controle, evitando com isso a excussão de seu patrimônio pessoal[27].

Curiosamente a desconsideração inversa não possui regramento no direito material, sendo construção jurisprudencial e doutrinária. De qualquer maneira, o Novo CPC já antecipou e buscou respaldar o procedimento para a incidência dessa teoria, declinando no art. 133, § 2º que se aplica o disposto no capítulo do incidente de desconsideração "à hipótese de desconsideração inversa da personalidade jurídica".

No processo do trabalho, ela é facilmente identificada na hipótese de empregador doméstico. Alguns julgados têm utilizado essa modalidade de desconsideração quando, inicialmente, se desconsidera a personalidade jurídica alcançando o sócio que não possui bens, buscando-se, em seguida, bens em outras empresas em que o sócio tenha participação societária[28]. Exemplo:

---

27. STJ, REsp 9498117/MS, j. em 22.06.2010, rel. Min. Nancy Andrighi.
28. Nesse sentido: TRT 2ª R.; AP 0127000-08.2002.5.02.0074; Ac. 2016/0251693; Décima Quarta Turma; Rel. Des. Fed. Davi Furtado Meirelles; DJESP 06/05/2016

- Empresa A é condenada não tendo patrimônio para realizar o pagamento da condenação trabalhista. Desconsidera-se a personalidade jurídica da empresa A, incluindo no polo da execução o sócio B, o qual não possui patrimônio. Em seguida, verifica que o sócio B também é sócio da empresa C, desconsiderando a personalidade do sócio B para atingir a empresa C.

6. INCIDENTE DE DESCONSIDERAÇÃO DA PERSONALIDADE JURÍDICA

Como visto, o ordenamento já previa a desconsideração da personalidade jurídica, porém não existia um procedimento estabelecido para sua incidência, de modo que o Novo CPC incumbiu de tratar de seus aspectos processuais, dando origem ao incidente de desconsideração da personalidade jurídica.

6.1. Procedimento previsto no NCPC

O Novo CPC passa a prever o incidente de desconsideração da personalidade jurídica, nos arts. 133 a 137, disciplinando-o como modalidade de intervenção de terceiros.

> Trata-se, na verdade, de um incidente processual que provoca uma intervenção forçada de terceiro (já que alguém estranho ao processo – o sócio ou a sociedade, conforme o caso -, será citado e passará a ser parte no processo, ao menos até que seja resolvido o incidente). Caso se decida por não ser caso de desconsideração, aquele que foi citado por força do incidente será excluído do processo, encerrando-se assim sua participação. De outro lado, caso se decida pela desconsideração, o sujeito que ingressou no processo passará a ocupar a posição de demandado, em litisconsórcio com o demandado original. [29]

Tem, portanto, natureza de incidente processual, prescindindo de ação própria para provocar a desconsideração da personalidade jurídica.

---

29. CÂMARA, Alexandre Freitas. *Do Incidente de Desconsideração da Personalidade Jurídica*. In: Breves comentários ao novo código de processo civil. WAMBIER, Teresa Arruda et al. (coord.). *Breves comentários ao novo código de processo civil*. 2. ed. São Paulo: Editora Revista dos Tribunais, 2016. p. 453.

O *caput* do art. 133 determina que o incidente de desconsideração da personalidade jurídica será instaurado a pedido da parte ou do Ministério Público, quando lhe couber intervir no processo.

O incidente pode ser instaurado em quaisquer fases do processo, seja de conhecimento, seja de execução, inclusive em processos que tramitem perante os tribunais, em grau de recurso ou mesmo nos casos de competência originária (NCPC, arts. 134, *caput* e 136, parágrafo único). Não há, portanto, prazo decadencial, sendo um direito potestativo[30]. De qualquer maneira, a instauração do incidente é obrigatória para que o patrimônio dos sócios ou da sociedade (na desconsideração inversa) responda pela execução (NCPC, art. 795, § 4º).

O requerimento da desconsideração será dirigido ao sócio ou, quando for o caso de desconsideração inversa, à pessoa jurídica, apresentando sua fundamentação (pressupostos legais descritos no direito material que autorizam sua intervenção) e o pedido (desconsideração da personalidade jurídica).

O juiz analisará, superficialmente, o postulado, podendo indeferir liminarmente a instauração.

Quando a desconsideração da personalidade jurídica for requerida na petição inicial não haverá a necessidade de instauração do incidente, uma vez que os sócios já serão citados originariamente (litisconsórcio passivo), havendo pedido expresso em relação a eles. Nessa hipótese, há cumulação objetiva e subjetiva. De qualquer modo, não basta simplesmente incluir o sócio no polo da demanda, devendo ser apresentada a causa de pedir capaz de viabilizar a desconsideração.

Nos termos do art. 134, § 1º, do NCPC, a instauração do incidente deve ser imediatamente comunicada ao distribuidor para as anotações devidas, especialmente acerca do nome do requerido. As anotações possuem como finalidade dar publicidade a terceiros de que os bens do requerido (sócio ou sociedade, na desconsideração inversa) poderão ser atingidos pela execução, viabilizando a declaração de fraudes à execução (NCPC, art. 137).

A instauração do incidente possui como efeito a suspensão do processo (NCPC, art. 134, § 3º). Trata-se, na verdade, de suspensão

---

30. NEVES, Daniel Amorim Assumpção. *Manual de direito processual civil – volume único*. 8. ed. Salvador: Ed. JusPodivm, 2016. p. 309.

imprópria, pois "se o incidente de desconsideração da personalidade jurídica implicasse mesmo a suspensão do processo, ter-se-ia um paradoxo: o processo ficaria suspenso até a resolução do incidente mas, de outro lado, não se poderia resolver o incidente porque o processo estaria suspenso"[31]. Dessa forma, há apenas a vedação temporária da prática de atos que não se relacionem diretamente com o incidente, com exceção de atos urgentes.

Após a instauração do incidente, além da necessidade de comunicação ao distribuidor para as anotações devidas e da suspensão do processo, o sócio ou a pessoa jurídica (desconsideração inversa) será citado para manifestar-se e requerer as provas cabíveis no prazo de 15 dias. Trata-se de contraditório prévio, o que não afasta, excepcionalmente, o contraditório diferido, quando presentes os requisitos para a concessão da tutela provisória.

Caso a defesa não seja apresentada no prazo assinalado pelo art. 135 do NCPC, haverá a caracterização da revelia, com a consequente presunção de veracidade das alegações de fato formuladas pelo autor (NCPC, art. 344).

Por outro lado, sendo apresentada a manifestação do requerido, se necessário, será iniciada a fase instrutória do incidente de desconsideração da personalidade jurídica, com a apresentação de provas referentes aos fatos controversos, podendo ser produzidos todos os meios legais ou moralmente legítimos de prova (NCPC, art. 369), já que a decisão do incidente será baseada em cognição exauriente[32].

Concluída a instrução o incidente será resolvido por decisão interlocutória (NCPC, art. 136), de modo que, no processo civil, o incidente poderá ser impugnado mediante agravo de instrumento (NCPC, art. 1.015, IV). Nos casos em que o incidente for instaurado originariamente no tribunal, caberá ao relator decidi-lo (NCPC, art. 932, VI), admitindo-se da decisão monocrática do relator agravo interno (NCPC, art. 136, parágrafo único).

---

31. CÂMARA, Alexandre Freitas. *Do Incidente de Desconsideração da Personalidade Jurídica*. In: Breves comentários ao novo código de processo civil. WAMBIER, Teresa Arruda et al. (coord.). *Breves comentários ao novo código de processo civil*. 2. ed. São Paulo: Editora Revista dos Tribunais, 2016. p. 458-459.
32. CÂMARA, Alexandre Freitas. *Do Incidente de Desconsideração da Personalidade Jurídica*. In: Breves comentários ao novo código de processo civil. WAMBIER, Teresa Arruda et al. (coord.). *Breves comentários ao novo código de processo civil*. 2. ed. São Paulo: Editora Revista dos Tribunais, 2016. p. 462.

Conquanto se trate de decisão interlocutória, não havendo impugnação, ela produzirá coisa julgada material, sendo, discutidas apenas por meio de ação rescisória, desde que presente alguma das situações elencadas no art. 966 do NCPC.

Após acolhido o pedido de desconsideração da personalidade jurídica, incidirá o art. 790, VII, do NCPC, o qual permite a execução dos bens dos sócios ou da sociedade (na desconsideração inversa), uma vez que a responsabilidade patrimonial é estendida a eles.

Com a atribuição da responsabilidade patrimonial aos sócios ou da sociedade na desconsideração inversa, a alienação ou a oneração de bens, havida em fraude à execução, será ineficaz em relação ao requerente (NCPC, art. 137).

Quanto ao termo inicial da fraude à execução, aparentemente, os arts. 137 e 792, § 3º do NCPC são contraditórios. No entanto, o art. 137 apenas dispõe que poderá existir fraude à execução se for acolhido o incidente de desconsideração, já que não sendo acolhido, não há que se falar em fraude. Não versa, portanto, sobre o termo inicial da fraude. Por sua vez, o art. 792, § 3º, do NCPC disciplina o termo inicial da fraude à execução, estabelecendo que "nos casos de desconsideração da personalidade jurídica, a fraude à execução verifica-se a partir da citação da parte cuja personalidade se pretende desconsiderar". A interpretação literal deste dispositivo, leva-nos à conclusão de que o termo inicial deve ser considerado em relação ao executado originário, pois é dele que se pretendeu desconsiderar a personalidade. Contudo, uma interpretação lógica, impõe-nos interpretar que haverá fraude à execução para as alienações ou onerações de bens ocorridas depois da citação do sócio no incidente ou da sociedade no caso de desconsideração inversa.

Cumpre consignar, por fim, que o incidente de desconsideração é aplicável inclusive nos processos de competência dos juizados especiais, por força do art. 1.062 do NCPC.

7. INCIDENTE DE DESCONSIDERAÇÃO DA PERSONALIDADE JURÍDICA NO PROCESSO DO TRABALHO

7.1. Aplicabilidade

Como visto, o ordenamento previa os requisitos para a desconsideração da personalidade jurídica, sem estabelecer um procedimento para tanto.

Nesse contexto, inicialmente, buscou-se "construir" um procedimento no processo do trabalho nos artigos 78 e 79 da Consolidação dos Provimentos da Corregedoria-Geral da Justiça do Trabalho, os quais declinavam que:

> Art. 78. Ao aplicar a teoria da desconsideração da personalidade jurídica, por meio de decisão fundamentada, cumpre ao juiz que preside a execução trabalhista adotar as seguintes providências:
>
> I - determinar a reautuação do processo, a fim de fazer constar dos registros informatizados e da capa dos autos o nome da pessoa física que responderá pelo débito trabalhista;
>
> II - comunicar imediatamente ao setor responsável pela expedição de certidões na Justiça do Trabalho a inclusão do sócio no polo passivo da execução, para inscrição no cadastro das pessoas com reclamações ou execuções trabalhistas em curso;
>
> III - determinar a citação do sócio para que, no prazo de 48 (quarenta e oito) horas, indique bens da sociedade (art. 795 do CPC) ou, não os havendo, garanta a execução, sob pena de penhora, com o fim de habilitá-lo à via dos embargos à execução para imprimir, inclusive, discussão sobre a existência da sua responsabilidade executiva secundária.
>
> Art. 79. Comprovada a inexistência de responsabilidade patrimonial do sócio por dívida da sociedade, mediante decisão transitada em julgado, o juiz que preside a execução determinará ao setor competente, imediatamente, o cancelamento da inscrição no cadastro das pessoas com reclamações ou execuções trabalhistas em curso.

Referidos dispositivos foram revogados pelo Ato nº 5 da Corregedoria Geral da Justiça do Trabalho, em razão do advento do art. 6º, da Instrução Normativa nº 39/2016 do TST, que disciplinava a aplicação do incidente de desconsideração da personalidade previsto nos arts. 133 a 137 do NCPC.

Com o advento da Lei nº 13.467/17, o tema passa a ser tratado expressamente no art. 855-A da CLT e art. 17 da IN 41 do TST, não havendo mais discussões sobre sua incidência no direito processual do trabalho.

De qualquer maneira, referidos artigos não autorizam a aplicação genérica e integral do procedimento previsto no Novo CPC, vez que, sendo o direito processual do trabalho ramo autônomo, a introdução de normas do procedimento comum devem ser temperadas, a fim de manter sua identidade (CLT, art. 769; NCPC, art. 15; TST-IN nº 39/29016, art. 1º).

Nesse contexto, a compatibilização e o procedimento do incidente de desconsideração da personalidade jurídica no processo do trabalho passa por uma análise detida do *inter* procedimental e do referida artigo celetista, o que passamos a verificar nos próximos tópicos.

7.2. Legitimidade no incidente

7.2.1. Legitimidade ativa (Iniciativa)

O art. 133 do Novo CPC restringe a iniciativa do incidente ao pedido da parte e do Ministério Público.

No direito processual do trabalho, o C. TST no *caput* do art. 6º, da IN nº 39/2016 (revogado pela Instrução Normativa em comentário – art. 21), permitia que o incidente fosse instaurado, na fase de execução, de ofício pelo Juiz do Trabalho. A adaptação realizada pelo C. TST decorria especialmente do princípio inquisitivo aplicado na fase executiva trabalhista, previsto na antiga redação do art. 878 da CLT, o qual previa que "a execução poderá ser promovida por qualquer interessado, ou ex officio pelo próprio Juiz ou Presidente ou Tribunal competente, nos termos do artigo anterior".

Dessa forma, como o juiz podia o mais que era iniciar a execução, poderia o menos que era a instauração do incidente de desconsideração da personalidade jurídica. Portanto, na fase de execução trabalhista não era necessária a instauração de incidente a pedido da parte ou do Ministério Público do Trabalho, podendo o incidente da desconsideração da personalidade jurídica ser instaurado, de ofício, pelo Juiz do Trabalho.

Com o advento da Lei nº 13.467/17, como já visto, o art. 878 da CLT foi radicalmente alterado, restringindo a atuação de ofício do juiz.

Nesse contexto, a Corte Trabalhista, por considerar que o incidente de desconsideração insere um novo sujeito da execução, ou seja, é o início da execução para este sujeito (como regra, o sócio), entendeu no art. 13 da Instrução Normativa em comentário que a instauração do incidente fica vinculada ao art. 878 da CLT, impedindo a iniciativa de ofício pelo juiz, salvo nos casos em que as partes não estiverem representadas por advogado (*jus postulandi*), por expressa disposição legal.

Com a devida vênia, pensamos que esse posicionamento contraria o disposto nos arts. 114, VIII, da CF e 876, parágrafo único, da CLT, que autorizam a execução de ofício das contribuições sociais.

É que os créditos dos trabalhadores têm preferência legal aos tributários (CTN, art. 186), não permitindo a concessão de privilégios destes em detrimentos daqueles. Aliás, se o juiz pode executar de ofício o acessório (contribuições sociais), evidentemente, poderá executar o principal (créditos dos trabalhadores)[33]. No mesmo sentido, o Enunciado nº 113 da 2ª Jornada de direito material e processual do trabalho:

> **Enunciado nº 113** – Execução de ofício e art. 878 da CLT
>
> Em razão das garantias constitucionais da efetividade (CF, art. 5º, XXXV), da razoável duração do processo (CF, art. 5º, LXXVIII) e em face da determinação constitucional da execução de ofício das contribuições previdenciárias, parcelas estas acessórias das obrigações trabalhistas (CF, art. 114, VIII), o art. 878 da CLT deve ser interpretado conforme a constituição, de modo a permitir a execução de ofício dos créditos trabalhistas, ainda que a parte esteja assistida por advogado.

Ademais, a exigência de requerimento da parte descrita no art. 133 do CPC, decorre do próprio art. 50 do CC, que versa sobre a teoria subjetiva. No entanto, como já dito, na seara trabalhista não se aplica o art. 50 do CC[34], mas o art. 28, § 5, do CDC, que trata da teoria objetiva e em nenhum momento exige requerimento da parte[35].

---

33. Nesse sentido: PINHEIRO, Paulo Henrique S. In: RODRIGUES, Deusmar José (coord.) *Lei da Reforma Trabalhista: comentada artigo por artigo*. Leme (SP): JH Mizuno, 2017. p. 318.
34. CC, Art. 50. Em caso de abuso da personalidade jurídica, caracterizado pelo desvio de finalidade, ou pela confusão patrimonial, pode o juiz decidir, a **requerimento da parte**, ou do Ministério Público quando lhe couber intervir no processo, que os efeitos de certas e determinadas relações de obrigações sejam estendidos aos bens particulares dos administradores ou sócios da pessoa jurídica. (Grifo nosso)
35. CDC, art. 28. O juiz poderá desconsiderar a personalidade jurídica da sociedade quando, em detrimento do consumidor, houver abuso de direito, excesso de poder, infração da lei, fato ou

Desse modo, pensamos que continua sendo admitida a instauração de ofício do incidente de desconsideração da personalidade jurídica na fase de execução. Pensar de forma diferente seria violar os princípios da isonomia, da duração razoável do processo e especialmente o valor social do trabalho e a dignidade da pessoa (CF/88, art. 1º, III e IV).

7.2.1.1. Legitimidade do Ministério Público do Trabalho

O Ministério Público do Trabalho terá legitimidade para a instauração do incidente em duas hipóteses distintas:

a) quando for parte no processo;

b) nas hipóteses em que deva participar obrigatoriamente do processo e nos casos em que o interesse público permitir sua participação nos autos.

No primeiro caso, é importante definir o conceito de parte.

Trata-se de conceito antigo que não encontra pacificação doutrinária. Chiovenda entendia ser parte o sujeito que pede ou contra quem se pede a tutela jurisdicional, enquanto para Liebman, conceituando-a de forma mais ampla, é aquela que participa da relação processual em contraditório defendendo interesse próprio ou alheio, sendo sujeita de posições jurídicas ativas e passivas (faculdades, ônus, poderes, deveres, estado de sujeição).[36]

Parcela da doutrina busca adequar os dois conceitos, instituindo como parte da demanda a definição de Chiovenda, e partes do processo, a defendida por Liebman[37].

Entendemos ser adequado o conceito mais amplo de parte, de modo que parte é aquele que participa da relação processual em contraditório, sendo titular de situações jurídicas processuais ativas e passivas, independente de fazer pedido ou contra ele for pedido algo.

---

ato ilícito ou violação dos estatutos ou contrato social. A desconsideração também será efetivada quando houver falência, estado de insolvência, encerramento ou inatividade da pessoa jurídica provocados por má administração. (...) § 5º Também poderá ser desconsiderada a pessoa jurídica sempre que sua personalidade for, de alguma forma, obstáculo ao ressarcimento de prejuízos causados aos consumidores.

36. NEVES, Daniel Amorim Assumpção. *Manual de direito processual civil – volume único*. 8. ed. Salvador: Ed. JusPodivm, 2016. p. 91.
37. CÂMARA, Alexandre Freitas. *Lições de direito processual civil*. 18. ed. Rio de Janeiro: Lumen Juris, 2008. v. 1. p. 142-143.

Assim, o Ministério Público, quando adentra ao processo como fiscal da ordem jurídica, adquire a condição de parte, servindo a diferenciação de órgão agente ou interveniente apenas para legitimar o ingresso do *parquet* no processo. Em outros termos, antes de o Ministério Público ser incluído no processo permite-se a diferenciação entre fiscal da ordem jurídica e órgão agente, mas, após sua inclusão, passa a ser considerado como parte.

Nos dizeres do doutrinador Cândido Rangel Dinamarco:

> São diversas as posições assumidas pelos agentes do Ministério Público mas, qualquer que seja a figura processual em cada caso, *parte ele sempre será*, invariavelmente. Como tal, desfruta de todas as situações ativas e passivas que constituem a trama da relação jurídica processual, estando pois dotado dos poderes e faculdades que toda a parte tem e sujeito de ônus e de deveres inerentes à condição de parte; a ele são oferecidas, como a todas as partes, as oportunidades integrantes do trinômio *pedir-alegar-provar,* inerente à garantia constitucional do contraditório (...) O *Parquet* pede, alega e prova quer figure como mero fiscal da lei ou atue na defesa de interesses de alguma pessoa ou grupo. (...)
>
> O inc. I do art. 138 do Código de Processo Civil [1973] faz expressamente a distinção entre o Ministério Público atuando como parte e os casos em que ele *não é parte* – em óbvia alusão ao fiscal da lei.
>
> Essa distinção é todavia acientífica e choca-se com conceitos elementares do processo civil. Ser fiscal da lei não significa não ser parte, do mesmo modo que ser parte no processo não exclui que o Ministério Público possa sê-lo na condição de mero *custos legis*. (...) O *custos legis*, portanto, é parte.[38] (Destaques no original)

Partindo desse conceito de parte, nota-se que, se o Ministério Público é autor da demanda ou se já participou da fase de conhecimento, na fase de execução será parte, podendo requerer a instauração do incidente. Agora, se ainda não participou da fase de conhecimento, somente poderá requerer o incidente nos processos em que

---

38. DINAMARCO, Cândido Rangel. *Instituições de direito processual civil*. 6. ed. São Paulo: Malheiros Editores Ltda., 2009. v. 2, p. 436-437.

deveria ter participado obrigatoriamente ou quando o interesse público permitir sua participação.

7.2.2. Legitimidade passiva

A legitimidade passiva no incidente é de todos os sócios integrantes do corpo societário, permanecendo a sociedade como executada. Noutras palavras, na execução haverá ampliação subjetiva e não sucessão processual.

> (...) em sede de teoria menor/desconsideração mínima, a responsabilização dos sócios não tem lastro em conduta abusiva pessoalmente imputável, mas sim por ser entender 'que a posição do sócio implica uma obrigação de garantia ou que a ela é inerente um risco profissional'. Logo, todos os membros do corpo societário a partir do momento em que configuraria a insuficiência patrimonial da pessoa jurídica (o que pode incluir ex-sócios ao tempo da desconsideração) são passíveis de integração ao polo passivo, na qualidade de responsáveis subsidiários da sociedade (a qual permanecerá como ré) [39].

Tão logo seja instaurado o incidente, nos termos do art. 134, § 1º, do NCPC, deve ser imediatamente comunicado ao distribuidor para as anotações devidas, especialmente acerca do nome do requerido.

7.3. Suspensão do processo

Nos termos do art. 855-A, § 2º, da CLT "a instauração do incidente suspenderá o processo, sem prejuízo de concessão da tutela de urgência de natureza cautelar de que trata o art. 301 da Lei nº 13.105, de 16 de março de 2015 (Código de Processo Civil)".

Observa-se que o referido dispositivo seguiu a disciplina apresentada pelo art. 134, § 3º, do NCPC, ou seja, entendeu que a instauração do incidente suspende o processo, com exceção dos casos em que a desconsideração da personalidade jurídica for requerida na

---

39. PINHO, Humberto Dalla Bernardina de; FONSECA, Marina Silva. *O incidente de desconsideração da personalidade jurídica do Novo Código de Processo Civil*. In: DIDIER JR., Fredie (coord. geral). *Novo CPC doutrina selecionada*, v. 1: parte geral. Salvador: JusPodivm, 2016. p. 1169.

própria petição inicial trabalhista, uma vez que nesses casos não há a necessidade de instauração do incidente.

Essa suspensão, a nosso ver, deve ser analisada de modo diferente na fase de conhecimento e na fase de execução.

Na fase de conhecimento, aplica-se o art. 799 da CLT que impede a instauração de incidentes que suspendam o trâmite processual, salvo as "exceções" de suspeição (inclua-se impedimento) ou incompetência (art. 800). Nessa fase, será admitido inclusive atos processuais conjuntos que atinjam tanto o incidente como o processo principal, quando possível, como é o caso da instrução e da sentença, já que temos mera ampliação subjetiva e objetiva.

Já no que tange à fase de execução, a ausência de suspensão significa negar a própria necessidade da instauração do incidente, uma vez que, enquanto o incidente estaria definindo a responsabilidade do sócio ou da sociedade (na desconsideração inversa), o processo continuaria para atingir seus bens, iniciando prazo para apresentação dos embargos à execução, recursos, fase de expropriação etc., tudo antes da decisão que acolherá ou não o incidente.

Na fase executiva, portanto, por força do art. 855-A, § 2º, da CLT, haverá suspensão imprópria, porque suspende a execução, mas não, evidentemente, o próprio incidente.

Entendemos, porém, que a suspensão da execução só deve ocorrer em atos relacionados ao sócio ou à sociedade (na desconsideração inversa). Digo isso porque nada obsta de o trabalhador, por exemplo, instaurar o incidente e buscar ao mesmo tempo bens do tomador de serviços (responsável subsidiário), como forma de imprimir celeridade e efetividade na execução, tal como previsto no Enunciado nº 7 da Jornada de Execução na Justiça do Trabalho, *in verbis*:

> Enunciado 7. EXECUÇÃO. DEVEDOR SUBSIDIÁRIO. AUSÊNCIA DE BENS PENHORÁVEIS DO DEVEDOR PRINCIPAL. INSTAURAÇÃO DE OFÍCIO. A falta de indicação de bens penhoráveis do devedor principal e o esgotamento, sem êxito, das providências de ofício nesse sentido, autorizam a imediata instauração da execução contra o devedor subsidiariamente corresponsável, sem prejuízo da simultânea desconsideração da personalidade jurídica do devedor principal, prevalecendo entre as duas alternativas a que conferir maior efetividade à execução.

Nesse caso, pensamos que a execução não será suspensa em relação ao tomador de serviços. Portanto, como regra, na fase de execução haverá suspensão do processo principal, não obstante possa prosseguir em relação a outros sujeitos não integrantes do polo passivo do incidente de desconsideração da personalidade jurídica.

De qualquer maneira, havendo suspensão ela se dará até a decisão que acolhe ou não o incidente, tendo em vista que, quando cabível, o recurso terá efeito meramente devolutivo (CLT, art. 899, *caput*).

Cumpre destacar que, tratando-se de execução que já era definitiva, a interposição de recurso da decisão do incidente não tem o condão de convertê-la em provisória. Noutros termos, acabada a suspensão a execução prossegue como definitiva em face do sócio ou da sociedade (na desconsideração inversa), ainda que em curso o julgamento de recurso[40].

Por fim, é importante descrever que, sendo o caso de requerimento da parte ou do Ministério Público a instauração do incidente é considerada como efetivada na prolação de decisão que o admite, e não no momento do requerimento[41]. Esse entendimento decorre de interpretação do art. 134, § 4º, do NCPC que exige que o requerimento do incidente demonstre o preenchimento dos pressupostos legais, constantes nos diplomas de direito material, para que a petição seja admitida pelo juízo. Dessa forma, após requerida a instauração do incidente, o juiz, por meio de cognição sumária, deverá observar se é provável a

---

40. **PROCESSO CIVIL. EXECUÇÃO FISCAL. APELAÇÃO DE SENTENÇA QUE JULGOU IMPROCEDENTES OS EMBARGOS DO DEVEDOR. PROSSEGUIMENTO DA EXECUÇÃO COMO DEFINITIVA. IMPOSSIBILIDADE DE CONVERSÃO DE EXECUÇÃO DEFINITIVA EM PROVISÓRIA. PRECEDENTES.** 1. A execução provisória pode converter-se em definitiva, bastando para isso que sobrevenha o trânsito em julgado da sentença. O oposto, todavia, não ocorre. A execução que inicia definitiva pode ser suspensa, por força dos embargos, mas não se transforma em provisória. Assim, pendente recurso da sentença que julgou improcedentes os embargos do devedor, a execução prossegue como definitiva. 2. Havendo risco de irreversibilidade da execução definitiva, tornando inútil o eventual êxito do executado no julgamento final dos embargos, poderá o embargante, desde que satisfeitos os requisitos genéricos da antecipação de tutela (*fumus boni juris* e *periculum in mora*), socorrer-se de uma peculiar medida antecipatória, oferecida pelo art. 558 do CPC: a atribuição de efeito suspensivo ao recurso. O mesmo efeito é alcançável, com relação aos Recurso Especial e extraordinário, como "medida cautelar", nas mesmas hipóteses e pelos mesmos fundamentos. 3. Precedentes: EAg 480374/RS, 1ª Seção, Rel. Min. João Otávio de Noronha, DJ 09.05.2005 e RESP 658778/SP, 2ª Turma, Rel. Min. Castro Meira, DJ 01.08.2005. 4. Recurso Especial a que se dá provimento. (STJ; REsp 854.821; Proc. 2006/0118422-2; RS; Primeira Turma; Rel. Min. Teori Albino Zavascki; Julg. 17/08/2006; DJU 31/08/2006; Pág. 297)

41. CÂMARA, Alexandre Freitas. *Do Incidente de Desconsideração da Personalidade Jurídica*. In: Breves comentários ao novo código de processo civil. WAMBIER, Teresa Arruda et al. (coord.). *Breves comentários ao novo código de processo civil*. 2. ed. São Paulo: Editora Revista dos Tribunais, 2016. p. 457.

existência dos pressupostos para a desconsideração da personalidade jurídica. Em caso negativo, o juiz indeferirá liminarmente o incidente, razão pela qual ele não será nem mesmo considerado como instaurado, obstando evidentemente a suspensão do processo[42]. Em caso positivo, instaura-se o procedimento provocando a suspensão.

7.4. Tutela cautelar

A instauração do incidente de desconsideração da personalidade jurídica impõe como regra o contraditório prévio. Isso, porém, não obsta a concessão de tutela cautelar, quando presentes seus requisitos. Tanto é assim que o próprio art. 855-A, § 2º, da CLT, fez a ressalva de que a suspensão não atingirá a concessão da tutela de urgência de natureza cautelar prevista no art. 301 do NCPC.

É importante destacar que o CPC de 1973, nos arts. 798 e 799, determinava de forma expressa que o juiz poderia, além dos procedimentos cautelares previstos no Código (cautelares nominadas ou típicas), determinar outras medidas provisórias quando houvesse fundado receio de que uma parte, antes do julgamento da lide, causasse ao direito da outra lesão grave e de difícil reparação. Tratava-se do poder geral de cautela conferido ao juiz.

O NCPC, além de eliminar o processo cautelar autônomo, extinguiu as cautelares nominadas ou típicas, elencando o art. 301, de forma exemplificativa, algumas formas de efetivação das tutelas de urgência de natureza cautelar. Diante do dispositivo, a doutrina entende que o poder geral de cautela foi mantido no NCPC[43]. Dessa forma, o poder geral de cautela é definido por Daniel Amorim Assumpção Neves como:

> (...) o generalizado poder estatal de evitar no caso concreto que o tempo necessário para a concessão da tutela definitiva gere a ineficácia dessa tutela. Essa amplitude da proteção jurisdicional no âmbito cautelar impõe que nenhuma restrição

---

42. CÂMARA, Alexandre Freitas. *Do Incidente de Desconsideração da Personalidade Jurídica*. In: Breves comentários ao novo código de processo civil. WAMBIER, Teresa Arruda et al. (coord.). *Breves comentários ao novo código de processo civil*. 2. ed. São Paulo: Editora Revista dos Tribunais, 2016. p. 459.
43. Nesse sentido: Enunciado nº 31 do Fórum Permanente de Processualistas Civis: O poder geral de cautela está mantido no CPC.

seja admitida no tocante ao direito concreto da parte em obter essa espécie de tutela quando demonstra os requisitos necessários previstos em lei[44].

Assim, como forma de evitar que o incidente de desconsideração da personalidade jurídica seja utilizado como meio para fraudar à execução pelos sócios ou sociedade (no caso da desconsideração inversa), é possível que o juiz, a requerimento ou de ofício e valendo-se de seu poder geral de cautela, em sede cautelar antes mesmo da citação, determine, por exemplo, o arresto de seus bens, evitando sua transferência e garantindo resultado útil do processo. Nesse sentido, o enunciado nº 116 da 2ª Jornada de direito material e processual do trabalho:

> **Enunciado nº 116** – Tutelas de urgência de natureza cautelar no incidente de desconsideração da personalidade jurídica
>
> A adoção do incidente de desconsideração da personalidade jurídica no processo do trabalho não exclui a possibilidade de deferimento de tutelas de urgência de natureza cautelar antes da citação do novo executado, inclusive de ofício, dentro do poder geral de cautela do magistrado.

Cabe destacar que nesses casos o contraditório é postergado, por expressa opção legislativa (NCPC, art. 9º, I), não havendo prévia comunicação ao sócio executado.

Com a utilização das referidas medidas cautelares, garante-se que, no futuro, caso haja o acolhimento da desconsideração da personalidade jurídica, o sócio ou a empresa responsável tenham bens suficientes para a satisfação do crédito exequendo, evitando-se que eles sejam alienados ou onerados em fraude à execução[45].

Cumpre destacar que o art. 797 do CPC de 1973 admitia, em casos excepcionais, a concessão de ofício da tutela cautelar, o que não foi reproduzido no novo CPC. Em razão dessa omissão, parte da doutrina passa a exigir requerimento da parte, tendo em vista que, embora seja um me-

---

44. NEVES, Daniel Amorim Assumpção. *Manual de direito processual civil – volume único*. 8. ed. Salvador: Ed. JusPodivm, 2016. p. 471.
45. Nesse sentido: CÂMARA, Alexandre Freitas. *Do Incidente de Desconsideração da Personalidade Jurídica*. In: Breves comentários ao novo código de processo civil. WAMBIER, Teresa Arruda et al. (coord.). *Breves comentários ao novo código de processo civil*. 2. ed. São Paulo: Editora Revista dos Tribunais, 2016. p. 465.

canismo que busque garantir o resultado útil do processo e, portanto, de interesse público, há reflexos no direito material, além de provocar a responsabilidade objetiva da parte[46]. Para outros, é possível sua concessão de ofício em casos excepcionais para resguardar a justa composição do litígio, como se depreende das lições de Humberto Theodoro Jr:

> [...] somente quando houver situação de vulnerabilidade da parte e risco sério e evidente de comprometimento da efetividade da tutela jurisdicional, poder-se-á excepcionalmente, fugir do rigor do princípio dispositivo, tornando-se cabível a iniciativa do juiz para determinar medidas urgentes indispensáveis à realização da justa composição do litígio[47].

No mesmo sentido, Daniel Assumpção Neves:

> Entendo que mesmo diante do eloquente silêncio da lei, é provável que o tradicional poder geral de cautela se transforme num poder geral de tutela de urgência, sendo admitido, ainda que em caráter excepcional, a concessão de uma tutela cautelar ou antecipada de ofício[48].

No processo do trabalho, pensamos que é possível a concessão de ofício da tutela cautelar, pois o próprio deferimento da cautelar no incidente pressupõe medida de risco sério e evidente ao comprometimento da efetividade da tutela jurisdicional.

7.5. Citação e defesa

Instaurado o incidente, o art. 135 do NCPC indica que "o sócio ou a pessoa jurídica será citado para manifestar-se e requerer as provas cabíveis no prazo de 15 (quinze) dias".

---

46. MITIDIERO, Daniel. *Tutela provisória*. In: Breves comentários ao novo código de processo civil. WAMBIER, Teresa Arruda et al. (coord.). *Breves comentários ao novo código de processo civil*. 2. ed. São Paulo: Editora Revista dos Tribunais, 2016. p. 820; DIDIER JR., Fredie, BRAGA, Paula Sarno e OLIVEIRA, Rafael Alexandria de. *Curso de Direito Processual Civil: teoria da prova, direito probatório, ações probatórias, decisão, precedente, coisa julgada e antecipação dos efeitos da tutela*. 11. Ed. Salvador: ed. JusPodivm, 2016. p. 607.
47. THEODORO JÚNIOR, Humberto. *Curso de direito processual civil – teoria geral do direito processual civil, processo de conhecimento e procedimento comum*. Vol. I. 56. ed. rev. atual. e ampl. – Rio de Janeiro: Forense, 2015. p. 624.
48. NEVES, Daniel Amorim Assumpção. *Manual de direito processual civil – Volume único*. 8. ed. Salvador: Editora JusPodivm, 2016. p. 437.

Trata-se de citação e não intimação, vez que busca integrá-los à relação processual (NCPC, art. 238), sendo este o mecanismo adequado para tornar alguém sujeito do processo.

No incidente instaurado na fase de execução, a citação será por oficial de justiça, tal como previsto no art. 880, § 2º, da CLT. Justifica-se a citação pessoal nesse caso, já que a decisão que acolhe o incidente simplesmente intimará o sócio ou a sociedade (na desconsideração inversa) para pagamento. Portanto, preserva-se a citação pessoal apenas para a integralização ao processo e não mais para o pagamento.

Cita-se para apresentar defesa nos autos e não em audiência.

A nosso juízo, o prazo para apresentação da defesa é de 5 dias e não 15 dias, como no processo civil. Isso porque as modalidades de defesa na fase executiva trabalhista (embargos à execução, impugnação à decisão de liquidação, embargos de terceiro) observam o prazo de 5 dias (CLT, art. 884; NCPC, art. 674), o que deve ser acompanhado no incidente de desconsideração. Por força do princípio da celeridade, o mesmo prazo deve ser observado quando o incidente for instaurado na fase de conhecimento.

A propósito, no processo do trabalho, desnecessário o requerimento das provas que pretende produzir, vez que se trata de diretrizes retirada dos requisitos da petição inicial civil (NCPC, art. 319, VII), não exigidos para a reclamação trabalhista (CLT, art. 840, § 1º).

Não sendo apresentada a defesa, haverá revelia e confissão quanto à matéria de fato.

Por outro lado, caso seja apresentada, as matérias de defesa nas ações derivadas da relação de emprego são limitadas, pois, como já anunciado, haverá aplicação da teoria menor (objetiva).

Nesse contexto, com a demonstração de insolvência de bens da sociedade empresária, poderão os sócios, por exemplo, levantar como matérias de defesa o benefício de ordem descrito no art. 795, §§ 1º e 2º, do NCPC ou o fato de serem sócios retirantes (CLT, art. 10-A). Discutidas tais matérias no incidente, há preclusão quanto a elas caso não sejam impugnadas, vez que a decisão do incidente é suscetível de recurso[49].

---

49. Inclusive na fase de conhecimento, já que deverá ser impugnada por meio de recurso ordinário no momento da decisão final.

Ressaltamos que não devem ser admitidas as alegações de inexistência de fraude ou de abuso de direito (desvio de finalidade ou confusão patrimonial), pois estes pressupostos apenas são exigidos na teoria maior ou subjetiva (CC, art. 50), não aplicável nas ações decorrentes da relação de emprego. Tais argumentos somente poderão ser conhecidos nas ações que não derivem da relação de emprego.

7.6. Instrução

O art. 134, § 4º, do NCPC estabelece que "o requerimento deve demonstrar o preenchimento dos pressupostos legais específicos para desconsideração da personalidade jurídica".

Esse dispositivo não deve ser interpretado literalmente, mas de forma sistemática com o art. 136 do NCPC que permite a instrução processual do incidente.

Disso resulta que o requerente deverá apresentar elementos mínimos de que estão presentes os requisitos para a desconsideração da personalidade jurídica, admitindo sua comprovação durante a instrução processual. Noutras palavras, esse dispositivo não impõe a existência de prova pré-constituída para o trâmite do incidente, podendo o requerente, após anunciar os elementos mínimos, postular ao juiz que proceda a pesquisas por meio de convênios judiciais para demonstrar a insuficiência de bens da sociedade, bem como a imediata concessão de tutela cautelar.

Por outro lado, não havendo indícios mínimos de insuficiência de bens (p.ex., decorrentes de outros processos), inicialmente deverão ser postuladas as providências judiciais quanto à existência de bens e, caso inexistente, requerer a instauração do incidente ou ser instaurada de ofício.

No que tange ao ônus da prova dos pressupostos para o acolhimento da desconsideração, parte da doutrina entende que, sendo colocada sob o encargo do exequente trabalhista, cria-se um ônus excessivo para a parte hipossuficiente. Dessa forma, o ônus da prova deverá ser sempre do sócio ou da sociedade atingida e não do exequente.

Como somos adeptos de que nas ações decorrentes da relação de emprego os pressupostos a serem demonstrados são os descritos no art. 28, § 5º, do CDC (teoria menor ou objetiva), ou seja, basta a constatação de que a pessoa jurídica cuja personalidade se pretende desconsiderar não possui bens suficientes para o pagamento da dívida, pensamos que não se atribui ao credor trabalhista um excessivo ônus probatório.

Nada obsta, porém, que, se necessário, no caso concreto seja invocada a teoria dinâmica do ônus da prova, quando preenchidos os requisitos do art. 818, § 1º, da CLT.

De qualquer maneira, ante a incidência da teoria menor (objetiva) nas ações decorrentes da relação de emprego, em regra, não haverá necessidade de dilação probatória, podendo o incidente ser julgado imediatamente após a apresentação de defesa do sócio ou da sociedade (na desconsideração inversa), nos termos do art. 355, I, do NCPC.

Sendo acolhido o incidente na fase de execução, o juiz intimará[50] o sócio ou a sociedade (na desconsideração inversa) para pagar ou nomear bens à penhora no prazo de 48 horas (CLT, art. 880).

Realizada a penhora, como o sócio já é considerado como integrante do polo passivo da execução, a apresentação da defesa dos atos posteriores à desconsideração deverá ser realizada por meio dos embargos à execução (NCPC, art. 914 e seguintes). Os embargos de terceiro ficam restritos aos sócios que não tiverem feito parte do incidente de desconsideração da personalidade jurídica (NCPC, art. 674, § 2º, III).

7.7. Impugnação da decisão

Acolhendo ou rejeitando o incidente de desconsideração passa a ter relevância se a decisão é impugnável imediatamente.

Nesse contexto, o § 1º do art. 855-A da CLT declinou o que segue:

> § 1º Da decisão interlocutória que acolher ou rejeitar o incidente:
>
> I – na fase de cognição, não cabe recurso de imediato, na forma do § 1º, do art. 893 desta Consolidação;
>
> II – na fase de execução, cabe agravo de petição, independentemente de garantia do juízo;

---

50. Intimar e não citar, vez que o sócio já está integrado na fase executiva.

III – cabe agravo interno se proferida pelo relator em incidente instaurado originariamente no tribunal.

Dessa forma, possuindo natureza de decisão interlocutória, a decisão, se proferida no processo de conhecimento, não será impugnável de imediato, por força do princípio da irrecorribilidade imediata das decisões interlocutórias (CLT, art. 893, § 1º). Inaplicável, portanto, o art. 1.015, IV, do NCPC, de modo que sua impugnação ocorrerá no momento da decisão final, cabendo naturalmente o recurso ordinário e posteriormente, se for o caso, o recurso de revista.

Já nos casos em que o incidente for instaurado originariamente no Tribunal, seu julgamento será feito pelo relator (NCPC, art. 932, V). Com efeito, sabendo-se que a decisão colegiada é da índole dos tribunais, o relator, quando atua de forma monocrática, age por delegação do órgão colegiado, razão pela qual sua decisão submete-se ao agravo interno (NCPC, art. 1.021).

No tocante à impugnação das decisões proferidas na fase de execução, cumpre fazer uma análise mais aprofundada sobre o tema, especialmente em relação ao depósito recursal.

7.7.1. Agravo de petição e depósito recursal

O agravo de petição está previsto no art. 897, "a", da CLT, que estabelece:

> Art. 897 – Cabe agravo, no prazo de 8 (oito) dias:
>
> a) de petição, das decisões do Juiz ou Presidente, nas execuções [...]

Pela interpretação literal desse dispositivo, verifica-se que o agravo de petição é cabível das decisões na fase de execução. A generalidade desse dispositivo provoca dúvida na doutrina e na jurisprudência acerca do alcance proposto pela norma. Noutras palavras, quais decisões são impugnáveis pelo agravo de petição?

É sabido que o juiz profere despachos, decisões interlocutórias e sentenças.

Os despachos são irrecorríveis (NCPC, art. 1.001), seja na fase de conhecimento, seja na fase de execução.

Por outro lado, as sentenças terminativas ou definitivas, por resolverem o processo, com ou sem resolução do mérito, são recorríveis. Na fase de execução, o recurso adequado é o agravo de petição. Desse modo, as decisões proferidas nos embargos à execução, embargos de terceiros (desde que ajuizado na fase de execução[51]) e na impugnação à decisão de liquidação são recorríveis por meio do agravo de petição. O mesmo se diga da decisão que acolhe a exceção de pré-executividade extinguindo a execução[52] e da decisão que acolhe a prescrição intercorrente[53].

A maior celeuma fica por conta das decisões interlocutórias, existindo três correntes acerca do tema.

A primeira declina que o art. 893, § 1º, da CLT, que veda a recorribilidade imediata das decisões interlocutórias, é aplicável na fase executiva, restringindo o cabimento do agravo de petição[54].

A segunda descreve que o princípio da irrecorribilidade imediata das decisões interlocutórias não se aplica na fase de execução, possibilitando a impugnação imediata de todas as decisões, pois o art. 897, "a", da CLT não fez nenhuma restrição[55].

Por sua vez, a terceira admite a impugnação imediata quando a decisão impuser um obstáculo intransponível para a execução ou for capaz de, concretamente, produzir prejuízo grave e imediato a direito tido por incontestável[56].

De nossa parte pensamos que a terceira corrente está com a razão.

Como regra, as decisões interlocutórias proferidas na execução não podem ser impugnadas, sob pena de inviabilizar o prosseguimento da execução.

Contudo, pode ocorrer de a decisão interlocutória criar obstáculo intransponível ao prosseguimento da execução, equiparando-se

---

51. Sendo ajuizado na fase de conhecimento caberá recurso ordinário.
52. A decisão que rejeita ou acolhe parcialmente a exceção é irrecorrível de imediato.
53. CLT, art. 11-A.
54. MARTINS, Sérgio Pinto. *Direito processual do trabalho: doutrina e prática forense; modelos de petições, recursos, sentenças e outros*. 33. ed. São Paulo: Atlas, 2012, p. 454-455.
55. CARRION, Valentin apud MOURA, Marcelo. *Consolidação das leis do trabalho para concursos*. 3. ed. Salvador: JusPodivm, 2013, p. 1173.
56. BEBBER, Júlio César. *Recursos no processo do trabalho*. 4. ed. São Paulo: LTr, 2014. p. 310.

à sentença terminativa[57]. Noutras palavras, quando se estiver diante de decisão interlocutória terminativa do feito. Esse é o caso da decisão que rejeita o incidente de desconsideração da personalidade jurídica, por inviabilizar o prosseguimento da execução em face do sócio ou da sociedade (na desconsideração inversa).

Do mesmo modo, pode acontecer de a decisão interlocutória produzir prejuízo iminente ao agravante, admitindo-se o agravo de petição para afastá-lo[58]. Parece-nos ter sido essa a posição adotada pelo legislador no § 1º, inciso II, do art. 855-A da CLT para admitir o agravo de petição da decisão que acolhe o incidente.

Acreditamos que essa posição, se bem interpretada, é eficiente apesar de permitir a imediata impugnação.

É que as matérias discutidas no incidente, se não recorridas imediatamente, provocam a preclusão e, consequentemente, coisa julgada. Além disso, o agravo de petição terá efeito meramente devolutivo, não obstando o prosseguimento da execução definitiva em face do sócio. Ademais, existindo meio de impugnação eficaz a afastar o prejuízo do agravante, não há que se falar em cabimento do mandado de segurança e, consequentemente, a utilização do C. TST como instância ordinária.

Assim, o agravo de petição no presente caso inviabiliza o cabimento do mandado de segurança, provoca preclusão e permite o prosseguimento imediato da execução definitiva em face do sócio.

É interessante destacar que prosseguindo a execução, da decisão dos embargos à execução também caberá agravo de petição, ficando o relator, que julgou ou julgará o agravo de petição do incidente, prevento para o agravo de petição dos embargos.

---

57. TST-RR-205200-90.1990.5.02.0028. 3ª Turma, Rel. Min. Alberto Luiz Bresciani de Fontan Pereira, DJ 28.9.12. "I – AGRAVO DE INSTRUMENTO. PROVIMENTO. A potencial violação do art. 5º, LV, da Constituição Federal encoraja o processamento do recurso de revista. Agravo de instrumento conhecido e provido. II – RECURSO DE REVISTA. DECISÃO PROFERIDA EM EMBARGOS À EXECUÇÃO. CABIMENTO. AGRAVO DE PETIÇÃO. O disposto no art. 893, § 1º, da CLT há de ser interpretado em sintonia com a disciplina do art. 897, "a", do mesmo Texto, de forma a compreender-se que desafiarão agravo de petição as decisões proferidas em execução, quando, mesmo que excedentes às trilhas dos embargos à execução e da impugnação aos cálculos, criarem empecilhos ao regular desfecho do procedimento, abandonando, assim, a aparência interlocutória, para alcançar foros de definitividade. Recurso de revista conhecido e provido."

58. MIESSA, Élisson. *Recursos trabalhistas*. Salvador: Editora *JusPodivm*, 2015. p. 235.

Outro ponto digno de nota diz respeito à exigência de depósito recursal no referido agravo de petição.

É sabido que o depósito recursal tem como finalidade a garantia de futura execução. Na fase de conhecimento, o depósito possui um teto máximo, que pode ser legal ou o valor da condenação, nesse último caso quando inferior ao teto legal.

Na fase de execução, por sua vez, não existe teto legal, de modo que deverá ser no valor integral da execução ou da majoração.

Desse modo, como em regra o agravo de petição é posterior à penhora, que tem natureza de garantir a execução, ele somente será exigido se houver elevação do valor do débito, exigindo-se o depósito no valor total da majoração (Súmula 128, II, do TST).

Diante dessa sistemática do depósito recursal no agravo de petição, a interposição desse recurso da decisão do incidente, independe de garantia do juízo, como previsto no art. 855-A, § 1º, II, da CLT. Isso se justifica porque, exigir o depósito recursal no caso, equivaleria a uma espécie de "penhora antecipada" dos bens do sócio como forma de satisfazer o pressuposto recursal do preparo, já que, como dito, o depósito na hipótese deveria ser integral, pois como regra não haverá penhora nem mesmo parcial.

De qualquer modo, tendo o agravo de petição efeito meramente devolutivo, não obsta a penhora dos bens do sócio ou da sociedade (na desconsideração inversa) na execução propriamente dita.

8. DIREITO INTERTEMPORAL

Como já visto, o art. 6º da IN nº 39/2016, atualmente revogado pela IN nº 41/2018 do TST, já previa a aplicação do incidente de desconsideração da personalidade jurídica regulado nos arts. 133 a 137 do CPC/15 ao processo do trabalho. A diferença, contudo, é que permitia a iniciativa do juiz do trabalho na fase de execução, o que não foi reproduzido na IN nº 41/2018 do TST, tendo em vista a restrição da execução de ofício no art. 878 da CLT.

Desse modo, o art. 855-A da CLT tem aplicação imediata, incidindo a teoria do isolamento dos atos processuais. Quanto ao início de ofício, o C. TST tratou do tema no art. 13 da Instrução Normativa nº 41/2018, o que já foi comentado no respectivo artigo.

17

UNIFORMIZAÇÃO DE JURISPRUDÊNCIA (ART. 18)

> IN nº 41/2018 do TST. Art. 18. O dever de os Tribunais Regionais do Trabalho uniformizarem a sua jurisprudência faz incidir, subsidiariamente ao processo do trabalho, o art. 926 do CPC, por meio do qual os Tribunais deverão manter sua jurisprudência íntegra, estável e coerente.
>
> § 1º Os incidentes de uniformização de jurisprudência suscitados ou iniciados antes da vigência da Lei nº 13.467/2017, no âmbito dos Tribunais Regionais do Trabalho ou por iniciativa de decisão do Tribunal Superior do Trabalho, deverão observar e serão concluídos sob a égide da legislação vigente ao tempo da interposição do recurso, segundo o disposto nos respectivos Regimentos Internos.
>
> § 2º Aos recursos de revista e de agravo de instrumento no âmbito do Tribunal Superior do Trabalho, conclusos aos relatores e ainda não julgados até a edição da Lei nº 13.467/17, não se aplicam as disposições contidas nos §§ 3º a 6º do artigo 896 da Consolidação das Leis do Trabalho.
>
> § 3º As teses jurídicas prevalecentes e os enunciados de Súmulas decorrentes do julgamento dos incidentes de uniformização de jurisprudência suscitados ou iniciados anteriormente à edição da Lei nº 13.467/2017, no âmbito dos Tribunais Regionais do Trabalho, conservam sua natureza vinculante à luz dos arts. 926, §§ 1º e 2º, e 927, III e V, do CPC.

1. REVOGAÇÃO DO INCIDENTE DE UNIFORMIZAÇÃO TRABALHISTA (§§ 3º A 6º DO ART. 896 DA CLT)

Os Tribunais são fragmentados em seções especializadas, turmas, câmaras etc., com a finalidade de agilizar a prestação jurisdicional. Contudo, essa fragmentação pode levar a entendimentos conflitantes, ganhando relevância o incidente de uniformização consistente em mecanismo de resolução das divergências jurisprudenciais existentes dentro do Tribunal (*interna corporis*).

Nesse contexto, estabelecia o art. 896, § 3º, da CLT, que:

> § 3º Os Tribunais Regionais do Trabalho procederão, obrigatoriamente, à uniformização de sua jurisprudência e aplicarão, nas causas da competência da Justiça do Trabalho, no que couber, o incidente de uniformização de jurisprudência previsto nos termos do Capítulo I do Título IX do Livro I da Lei nº 5.869, de 11 de janeiro de 1973 (Código de Processo Civil).

Poderia ocorrer, no entanto, de o Tribunal Regional não realizar espontaneamente tal uniformização. Nesse caso, ganhava relevância os §§ 4º e 5º do art. 896 da CLT, inseridos pela Lei nº 13.015/14. Melhor explicando.

Antes da Lei nº 13.015/14, o incidente de uniformização já era aplicável ao processo do trabalho, de modo que o art. 896, § 3º, da CLT contemplava a obrigatoriedade de os Tribunais Regionais uniformizarem seu entendimento, mas como não existia um controle superior, a uniformização passava a ser "faculdade" dos tribunais. Contudo, após o advento da referida lei, criou-se um mecanismo de imposição da uniformização, além de dar origem a um incidente de uniformização diferenciado, que denominávamos de incidente de uniformização trabalhista[1].

Assim, estabelecia o art. 896, §§ 4º e 5º da CLT:

> § 4º Ao constatar, de ofício ou mediante provocação de qualquer das partes ou do Ministério Público do Trabalho, a existência de decisões atuais e conflitantes no âmbito do mesmo Tribunal Regional do Trabalho sobre o tema objeto de recurso de revista, o Tribunal Superior do Trabalho determinará o retorno dos autos à Corte de origem, a fim de que proceda à uniformização da jurisprudência.
>
> § 5º A providência a que se refere o § 4º deverá ser determinada pelo Presidente do Tribunal Regional do Trabalho, ao

---

1. MIESSA, Élisson. *Manual dos Recursos trabalhistas: teoria e prática*. 2. ed. Salvador: Editora JusPodivm, 2016. p. 337.

emitir juízo de admissibilidade sobre o recurso de revista, ou pelo Ministro Relator, mediante decisões irrecorríveis.

Como se vê, caso o TRT não fizesse a uniformização, espontaneamente, o TST, de ofício ou a requerimento da parte ou do Ministério Público do Trabalho, poderia determinar o retorno dos autos à origem para que se procedesse à uniformização, quando existissem decisões atuais e conflitantes no âmbito do mesmo Tribunal Regional do Trabalho sobre o tema objeto de recurso de revista (CLT, art. 896, § 4º). Criou-se, assim, um mecanismo de controle pelo C. TST, impondo a efetivação do § 3º do art. 896 da CLT.

Ao retornar os autos no Tribunal regional, a sedimentação do entendimento poderia ocorrer de duas formas: 1) súmulas: quando o entendimento fosse tomado pela maioria absoluta dos membros que integram o tribunal; 2) tese jurídica prevalente: quando o entendimento decorrer da maioria simples.

Após a sedimentação, o § 6º do art. 896 declinava que:

> § 6º Após o julgamento do incidente a que se refere o § 3º, unicamente a súmula regional ou a tese jurídica prevalecente no Tribunal Regional do Trabalho e não conflitante com súmula ou orientação jurisprudencial do Tribunal Superior do Trabalho servirá como paradigma para viabilizar o conhecimento do recurso de revista, por divergência.

O referido dispositivo buscava restringir o cabimento do recurso de revista, obstando a utilização de acórdãos regionais para demonstrar a divergência, quando o tema já estivesse pacificado em súmula regional ou tese jurídica prevalente.

Era, pois, um pressuposto de admissibilidade do recurso de revista[2].

Embora essa sistemática tivesse sido criado em 2014, pela Lei 13.015/14, o legislador, depois de 3 anos, simplesmente revoga os parágrafos 3º a 6º do art. 896 da CLT, eliminando esse mecanismo de controle exercido pelo TST, bem como o referido pressuposto para o cabimento do recurso de revista.

---

2. Após a análise da tempestividade do recurso de revista, passava-se à análise do pressuposto em questão.

2. DEVERES DOS TRIBUNAIS

Conquanto a Lei nº 13.467/17 tenha revogado o incidente de uniformização de jurisprudência trabalhista, evidentemente, não afastou o dever de os tribunais uniformizarem sua jurisprudência, incidindo, subsidiariamente ao processo do trabalho, o art. 926 do CPC/15, o qual incumbiu os tribunais de uniformizarem "sua jurisprudência e mantê-la estável, íntegra e coerente", como bem adverte o C. TST no art. 18, *caput*, em comentário.

Pelo referido art. 926 do CPC verifica-se os seguintes deveres dos tribunais:

- **dever de uniformizar**: impõe atuação comissiva dos tribunais diante de divergência interna, devendo obrigatoriamente resolvê-la.

  Aliás, visando objetivar os precedentes por meio de súmulas, o legislador, no § 1º do art. 926 do CPC/15, descreveu que "na forma estabelecida e segundo os pressupostos fixados no regimento interno, os tribunais editarão enunciados de súmula correspondentes a sua jurisprudência dominante". Noutras palavras, insere-se no dever de uniformizar o dever de sintetizar a jurisprudência, sumulando-a[3]. Não se pode negar que a Lei nº 13.467/17 ao inserir os requisitos para a criação de súmulas e outros enunciados no art. 702, *f*, e § 4º, da CLT promoveu verdadeiro ataque ao dever de uniformizar a jurisprudência, ferindo frontalmente a separação dos poderes[4].

- **dever de manter estável a jurisprudência**: consiste na impossibilidade de mudanças de posicionamento sem justificativa adequada e na necessidade de modulação dos efeitos da decisão nos casos de alteração de posicionamento.

- **dever de integridade**: versa que o tribunal precisa estar alinhado em sua atuação[5], trilhando o caminho de suas decisões em uma linha reta.

---

3. DIDIER JR. Fredie; BRAGA, Paula Sarno; OLIVEIRA, Rafael Alexandria de. *Curso de Direito Processual Civil: teoria da prova, direito probatório, decisão, precedente, coisa julgada e tutela provisória*, 10. ed. Salvador: JusPODIVM, 2015. v.2, p. 474.

4. Para maiores informações: MIESSA, Élisson; CORREIA, Henrique. *Manual da Reforma Trabalhista - Lei nº 13.467/2017 - o que mudou?* Salvador: JusPodivm, 2018, p. 637-648.

5. MACÊDO, Lucas Buril de. *Precedentes judiciais e o direito processual civil*. Salvador: JusPODIVM, 2015. p.433.

- **dever de coerência**: decorre do dever de integridade, pois institui que o tribunal seja compreendido como um órgão único, coeso em suas decisões. Portanto, esse dispositivo legaliza a chamada disciplina judiciária, vez que impõe aos desembargadores a observância à jurisprudência dominante do tribunal, reconhecendo a vinculação horizontal de seus precedentes.

O mecanismo para implementar a uniformização **deverá estar contemplado no regimento interno do tribunal**, o que vem previsto no art. 926, § 1º, do CPC/15, de modo que o incidente de uniformização de jurisprudência deverá observar especialmente as diretrizes do art. 926, § 2º[6], e do art. 927, § 1º a 5º[7], ambos do CPC/15.

3. DIREITO INTERTEMPORAL

No sistema recursal, a regra é que a lei a ser aplicada é aquela que estava em vigor na data em que foi publicada a decisão recorrida[8].

O processamento e o julgamento do recurso ocorrerão, no entanto, com base na lei nova.

Queremos dizer, todos os pressupostos do recurso serão analisados à luz da lei velha (vigente na data da publicação da decisão), mas os trâmites processuais posteriores de processamento e julgamento seguirão a lei nova, em decorrência da aplicação imediata da norma.

Dessa forma, como a instauração e o processamento do incidente de uniformização de jurisprudência são regras procedimentais, as normas da Lei nº 13.467/17 deveria ser aplicadas imediatamente.

---

6. Art. 926. § 2º Ao editar enunciados de súmula, os tribunais devem ater-se às circunstâncias fáticas dos precedentes que motivaram sua criação.
7. Art. 927. § 1º Os juízes e os tribunais observarão o disposto no art. 10 e no art. 489, § 1º, quando decidirem com fundamento neste artigo. § 2º A alteração de tese jurídica adotada em enunciado de súmula ou em julgamento de casos repetitivos poderá ser precedida de audiências públicas e da participação de pessoas, órgãos ou entidades que possam contribuir para a rediscussão da tese. § 3º Na hipótese de alteração de jurisprudência dominante do Supremo Tribunal Federal e dos tribunais superiores ou daquela oriunda de julgamento de casos repetitivos, pode haver modulação dos efeitos da alteração no interesse social e no da segurança jurídica. § 4º A modificação de enunciado de súmula, de jurisprudência pacificada ou de tese adotada em julgamento de casos repetitivos observará a necessidade de fundamentação adequada e específica, considerando os princípios da segurança jurídica, da proteção da confiança e da isonomia. § 5º Os tribunais darão publicidade a seus precedentes, organizando-os por questão jurídica decidida e divulgando-os, preferencialmente, na rede mundial de computadores.
8. MOREIRA, José Carlos Barbosa. Comentários ao código de processo civil. 15. ed. Rio de Janeiro: Forense, 2010. v. 5, p. 269.

No entanto, o C. TST adotou duas sistemáticas diferentes acerca da aplicação da Lei nº 13.467/17 no presente caso:

1) se o incidente de uniformização foi suscitado ou iniciado antes da vigência da Lei nº 13.467/17, no âmbito dos Tribunais Regionais do Trabalho ou por iniciativa de decisão do Tribunal Superior do Trabalho, continuam a ser observados os dispositivos que eram vigentes na data da interposição do recurso, ou seja, os §§ 3º a 6º do art. 896 serão aplicados, tendo eficácia obrigatória a tese jurídica prevalente ou a súmula criadas em decorrência do incidente (TST-INº 41, art. 18, §§ 1º e 3º);

A sistemática idealizada pelo C. TST é que, já tendo sido iniciado ou suscitado o incidente, ele não perde seu objeto com a chegada da Lei nº 13.467/17 devendo ser julgado. Caso a regra foi aplicada imediatamente, o que a nosso juízo era o correto, o incidente já instaurado perderia o objeto e, se fosse o caso, o recurso de revista retornaria ao TST. O que fez, portanto, o C. TST foi impedir o retorno dos recursos de revista que não foram julgados pela Corte trabalhista, pois havia divergência no âmbito regional.

2) caso o recurso de revista ou o agravo de instrumento no âmbito do TST estivesse concluso com o relator e ainda não tinha sido julgado até a entrada em vigor da Lei nº 13.467/17, não se aplicam as disposições dos §§ 3º a 6º do art. 896 da CLT.

18

TRANSCENDÊNCIA (ART. 19)

> **IN nº 41/2018 do TST. Art. 19.** O exame de transcendência seguirá a regra estabelecida no art. 246 do Regimento Interno do Tribunal Superior do Trabalho, incidindo apenas os acórdãos proferidos pelos Tribunais Regionais do Trabalho publicados a partir de 11 de novembro de 2017, excluídas as decisões proferidas em embargos de declaração.

Lei nº 13.467/17 (Reforma trabalhista)
Art. 896-A. O Tribunal Superior do Trabalho, no recurso de revista, examinará previamente se a causa oferece transcendência com relação aos reflexos gerais de natureza econômica, política, social ou jurídica. (Incluído pela Medida Provisória nº 2.226, de 4.9.2001)
§ 1º São indicadores de transcendência, entre outros:
I – econômica, o elevado valor da causa;
II – política, o desrespeito da instância recorrida à jurisprudência sumulada do Tribunal Superior do Trabalho ou do Supremo Tribunal Federal;
III– social, a postulação, por reclamante recorrente, de direito social constitucionalmente assegurado;
IV– jurídica, a existência de questão nova em torno da interpretação da legislação trabalhista.
§ 2º Poderá o relator, monocraticamente, denegar seguimento ao recurso de revista que não demonstrar transcendência, cabendo agravo desta decisão para o colegiado.
§ 3º Em relação ao recurso que o relator considerou não ter transcendência, o recorrente poderá realizar sustentação oral sobre a questão da transcendência, durante cinco minutos em sessão.

§ 4º Mantido o voto do relator quanto à não transcendência do recurso, será lavrado acórdão com fundamentação sucinta, que constituirá decisão irrecorrível no âmbito do tribunal.

§ 5º É irrecorrível a decisão monocrática do relator que, em agravo de instrumento em recurso de revista, considerar ausente a transcendência da matéria.

§ 6º O juízo de admissibilidade do recurso de revista exercido pela Presidência dos Tribunais Regionais do Trabalho limita-se à análise dos pressupostos intrínsecos e extrínsecos do apelo, não abrangendo o critério da transcendência das questões nele veiculadas.

Regimento interno do TST

Art. 246. As normas relativas ao exame da transcendência dos recursos de revista, previstas no art. 896-A da CLT, somente incidirão naqueles interpostos contra decisões proferidas pelos Tribunais Regionais do Trabalho publicadas a partir de 11/11/2017, data da vigência da Lei n.º 13.467/2017.

Art. 247. A aplicação do art. 896-A da CLT, que trata da transcendência do recurso de revista, observará o disposto neste Regimento, devendo o Tribunal Superior do Trabalho, no recurso de revista, examinar previamente de ofício, se a causa oferece transcendência com relação aos reflexos gerais de natureza econômica, política, social ou jurídica.

§ 1º São indicadores de transcendência, entre outros:

I - econômica, o elevado valor da causa;

II - política, o desrespeito da instância recorrida à jurisprudência sumulada do Tribunal Superior do Trabalho ou do Supremo Tribunal Federal;

III- social, a postulação, por reclamante-recorrente, de direito social constitucionalmente assegurado;

IV - jurídica, a existência de questão nova em torno da interpretação da legislação trabalhista.

§ 2º Poderá o relator, monocraticamente, denegar seguimento ao recurso de revista que não demonstrar transcendência.

§ 3º Caberá agravo apenas das decisões em que não reconhecida a transcendência pelo relator, sendo facultada a sustentação oral ao recorrente, durante 5 (cinco) minutos em sessão, e ao recorrido, apenas no caso de divergência entre os componentes da Turma quanto à transcendência da matéria.

§ 4º Mantido o voto do relator quanto ao não reconhecimento da transcendência do recurso, será lavrado acórdão com fundamentação sucinta, que constituirá decisão irrecorrível no âmbito do Tribunal.

> § 5º O juízo de admissibilidade do recurso de revista exercido pela Presidência dos Tribunais Regionais do Trabalho limita-se à análise dos pressupostos intrínsecos e extrínsecos do apelo, não abrangendo o critério da transcendência das questões nele veiculadas.
>
> **Art. 248.** É irrecorrível a decisão monocrática do relator que, em agravo de instrumento em recurso de revista, considerar ausente a transcendência da matéria.
>
> **Art. 249.** O Tribunal Superior do Trabalho organizará banco de dados em que constarão os temas a respeito dos quais houver sido reconhecida a transcendência.

1. GENERALIDADES

O recurso de revista será analisado se oferecer transcendência com relação aos reflexos gerais de natureza econômica, política, social ou jurídica (CLT, art. 896-A).

Isso significa que a causa não pode produzir reflexos apenas para as partes, mas ultrapassar (transcender) aquela relação processual.

Vê-se que o art. 896-A da CLT conjuga os aspectos de relevância econômica, política, social ou jurídica com a transcendência, ou seja, com a necessidade de que o processo ultrapasse os interesses das partes da relação jurídica.

Aproxima-se da repercussão geral exigida no recurso extraordinário para o STF (NCPC, art. 1.035, § 1º[1]), **sendo um pressuposto intrínseco do recurso de revista, devendo ser o último analisado pelo C. TST.**

Justifica-se essa exigência, porque o recuso de revista não possui como finalidade direta a correção de possíveis injustiças das decisões, devendo haver a demonstração de que o tema em discussão extrapola o interesse das partes[2].

---

1. Art. 1.035. O Supremo Tribunal Federal, em decisão irrecorrível, não conhecerá do recurso extraordinário quando a questão constitucional nele versada não tiver repercussão geral, nos termos deste artigo.
   § 1º Para efeito de repercussão geral, será considerada a existência ou não de questões relevantes do ponto de vista econômico, político, social ou jurídico que ultrapassem os interesses subjetivos do processo.
   (...)
2. BEBBER, Júlio César. *Recursos no processo do trabalho. Recursos no processo do trabalho.* 4. ed. São Paulo: LTr, 2014. p. 325.

O requisito da transcendência tem como objetivo, portanto, racionalizar a admissibilidade dos recursos de revistas interpostos perante o TST e, consequentemente, agilizar o julgamento dos processos julgados pelo Tribunal, pois impede que recursos que possuam relevância limitada aos polos da relação jurídica sejam apreciados[3].

Antes da vigência da Lei nº 13.467/2017, entendia-se que o dispositivo dependia de regulamentação pelo TST, não sendo auto aplicável (art. 2º da Medida Provisória nº 2.226/01).

O C. TST, por sua vez, não expediu nenhuma regulamentação sobre matéria, principalmente diante da inexistência de consenso quanto ao alcance da transcendência e sobre o seu processamento. Neste último ponto, divergia-se, por exemplo, se a turma recursal seria responsável por declarar a transcendência e se essa decisão poderia ser alterada posteriormente pelo plenário ou por seção especializada. Além disso, diante da repercussão nacional da matéria, questionava-se se todos os recursos de revista deveriam ser dirigidos ao plenário, o que tornaria inviável o julgamento, diante do grande número de recursos de revista interpostos[4].

Como, no entanto, a Lei nº 13.467/17 acrescentou os parágrafos 1º a 6º ao art. 896-A da CLT, regulamentando os indicadores da transcendência (§ 1º), bem como o procedimento de sua verificação (§§ 2º a 5º), ele passa a ser aplicável aos recursos de revista, não dependendo mais de regulamentação pelo C. TST.

Isso não obsta que o C. TST expeça Instrução Normativa definindo outros aspectos da transcendência, inclusive alguns pontos de difícil interpretação, como é o caso do § 5º, do art. 896-A, da CLT. No entanto, na instrução em comentário a Corte trabalhista apenas definiu o termo inicial para a aplicação da transcendência. Ademais, no seu regimento interno apenas reproduziu as regras já descritas na CLT.

2. REPERCUSSÃO GERAL

A Repercussão geral é um pressuposto específico para a interposição do Recurso Extraordinário no STF.

---

3. Nesse mesmo sentido: SCHIAVI, Mauro. *Recursos no Processo do Trabalho*. São Paulo: LTr, 2012. p. 207.
4. SILVA, Homero Batista Mateus da. *CLT comentada*. 14. ed. São Paulo: Editora Revista dos Tribunais, 2016. p. 477.

Esse pressuposto aparentemente se assemelha à transcendência exigida para a interposição do Recurso de Revista no processo do trabalho, uma vez que afasta a Corte Suprema do julgamento de demandas de menor significância. Diante dessa possível semelhança, nesse tópico, iremos abordar as características principais da repercussão geral.

Antes, porém, já fazemos a observação de que o STJ, Corte incumbida de dar a palavra final sobre a norma infraconstitucional, tal como o TST, não tem pressuposto equivalente, o que significa que, na seara laboral, a discussão infraconstitucional deverá ultrapassar o âmbito das partes envolvidas e a discussão constitucional passará por dois "filtros", a transcendência no TST e a repercussão geral do STF, podendo ser idênticos em alguns casos.

A repercussão geral foi incluída no ordenamento pela EC nº 45/04, a qual acrescentou o § 2º no art. 102 da CF/88, passando a estabelecer que:

> No recurso extraordinário o recorrente deverá demonstrar a repercussão geral das questões constitucionais discutidas no caso, nos termos da lei, a fim de que o Tribunal examine a admissão do recurso, somente podendo recusá-lo pela manifestação de dois terços de seus membros.

Sua regulamentação, atualmente, vem disposta no art. 1.035 do Novo CPC, o qual descreve que haverá repercussão geral quando a questão constitucional se mostrar relevante "do ponto de vista econômico, político, social ou jurídico que ultrapassem os interesses subjetivos do processo" (NCPC, art.1.035, § 1º).

Exige-se, pois, a conjugação da relevância e da transcendência. Relevância quando ligado a aspecto econômico, político, social ou jurídico. E a transcendência quando impõe que a decisão ultrapasse (transcenda) os interesses dos sujeitos da causa.

De qualquer modo, a repercussão geral, tanto em seu aspecto de relevância como no de transcendência, representa um conceito legal indeterminado a ser preenchido em cada caso concreto.

Assim, incumbe ao recorrente demonstrar a existência da repercussão geral no recurso extraordinário. Se não houver no recurso o levantamento da repercussão geral, falta-lhe um pressuposto recursal ligado à regularidade formal, de modo que o próprio vice-presidente do C. TST poderá não admiti-lo. Agora, existindo alegação da repercussão geral, a efetiva apreciação da sua existência é de competência exclusiva do Supremo Tribunal Federal (NCPC, art. 1.035, § 2º)[5].

Ademais, o E. STF somente analisará esse pressuposto depois de se verificar a presença de todos os demais pressupostos, noutras palavras, é sempre o último pressuposto a ser analisado (STF-RI, art. 323, *caput*).

Para se considerar que a questão não tem repercussão geral, há necessidade de um quórum qualificado de 2/3 dos membros do Supremo Tribunal, o que significa que a turma não pode deixar de conhecer o recurso por ausência desse pressuposto, mas tão somente o plenário, já que, tendo a Corte Suprema 11 ministros, é exigindo pelo menos 8 votos para se negar a existência da repercussão geral, enquanto cada turma do STF é composta de 5 ministros (STF-RI, art. 4º).

Por outro lado, ante a exigência do referido quórum qualificado, existindo 4 votos favoráveis à existência da repercussão geral, desnecessário o encaminhamento para o plenário do STF decidir acerca da repercussão, vez que faltarão apenas 7 votos, os quais são insuficientes para afastar a repercussão geral. Nesse caso, existirá a repercussão geral.

Reconhecida ou não a existência da repercussão geral, a decisão será irrecorrível (NCPC, art. 1.035, *caput*), admitindo-se no máximo os embargos de declaração.

A partir das regras gerais da repercussão geral exigida no Recurso extraordinário ao STF, é possível identificar diferenças com relação à transcendência constante no art. 896-A, da CLT, alterado pela Lei nº 13.467/2017.

3. INDICADORES DA TRANSCENDÊNCIA

Conforme mencionado no tópico anterior, a repercussão geral exige a conjugação de dois critérios:

- **relevância**: é verificado sob os aspectos econômico, político, social ou jurídico;

---

5. DIDIER JR., Fredie; CUNHA, Leonardo Carneiro da. *Curso de direito processual civil: meios de impugnação às decisões judiciais e Processo nos Tribunais, vol. 3*. 13. ed. Salvador: Editora JusPodivm, 2016. p. 364.

- **transcendência**: exige que a discussão ultrapasse o interesses das partes da relação processual.

O art. 896, § 1º-A, da CLT, por sua vez, misturou os institutos da relevância e da transcendência, considerando que os aspectos econômico, político, social e jurídico, dentre outros, representam critérios indicadores de transcendência. Dá a impressão equivocada de que, mesmo que o processo não ultrapasse o interesse das partes da relação processual, o recurso será admitido.

Pensamos, no entanto, que o recurso de revista deverá ter tanto relevância (ligada a aspectos econômico, político, social e jurídico) como transcendência, devendo nesse último caso exigir que a discussão ultrapasse os interesses das partes.

Ademais, embora a Lei nº 13.467/2017 tenha conceituado cada um dos aspectos mencionados, acreditamos que ainda carecem de definição clara e precisa, razão pela qual deverão ser definidos a partir dos casos concretos pelo TST.

Cumpre destacar, ainda, que, conquanto o art. 896-A, § 1º, da CLT indique que seu rol é exemplificativo, fato evidenciado pela própria literalidade do dispositivo, ao mencionar que "são indicadores de transcendência, **entre outros**" (grifo nosso), pensamos que o rol é taxativo, vez que contraria seu *caput* e porque sua ampliação provocará verdadeira impossibilidade de acesso à Corte Trabalhista, permitindo que a transcendência tenha aspectos muito mais amplos do que a repercussão geral que é limitada aos aspectos econômico, político, social ou jurídico.

De qualquer maneira, não é necessário que estejam presentes cumulativamente todos os indicativos (econômico, político, social e jurídico) para que a relevância ("transcendência") seja verificada no recurso de revista, bastando a presença de algum deles.

A seguir, passamos à análise de cada um dos critérios estabelecidos no art. 896-A, § 1º, da CLT.

3.1. Critério Econômico

De acordo com o art. 896-A, § 1º, I, da CLT o critério econômico que indica haver transcendência corresponde ao elevado valor da causa.

Esse critério, no entanto, não nos parece o mais indicado, por duas principais razões.

A primeira, pelo fato de que, no momento de interposição do recurso de revista, o mais correto não seria a análise do valor da causa (atribuído na petição inicial pelo reclamante), mas sim do valor da condenação.

A segunda razão decorre da limitação da análise dos recursos de revistas que atinjam valores exorbitantes, em regra, atribuídos a grandes agentes econômicos. Se utilizado apenas esse critério, recursos de revista que não sejam relacionados a valores expressivos não serão conhecidos pelo TST.

Cabe consignar que a previsão do art. 896-A, § 1º, I, da CLT continua a representar um conceito jurídico indeterminado, pois não traz critérios objetivos para a determinação do que consiste o "elevado valor da causa". A definição exata caberá, portanto, ao C. TST a partir do caso concreto.

Diante disso, é necessário que se considere que, mesmo que a condenação estabeleça valores considerados mais baixos, ele poderá trazer grandes prejuízos ao funcionamento de determinadas empresas ou mesmo aos trabalhadores, razão pela qual, essa análise dependerá do contexto em que interposto o recurso de revista.

3.2. Critério político

Como critério de indicação da relevância política, o art. 896-A, 1º, II, da CLT estabelece o "desrespeito da instância recorrida à jurisprudência sumulada do Tribunal Superior do Trabalho ou do Supremo Tribunal Federal".

A definição constante no dispositivo celetista, a nosso juízo, aproxima-se mais da relevância jurídica do que do âmbito político, já que ligada à jurisprudência consolidada do tribunal. A relevância política exigiria o estabelecimento de critérios mais amplos e que influenciassem de alguma forma possíveis políticas adotadas em âmbito governamental, seja na esfera social seja na esfera econômica,[6] como

---

6. Esse critério era o proposto por MARTINS, Sergio Pinto. *Comentários à CLT*. 17. ed. São Paulo: Atlas, 2013. p. 1.012.

é o caso, por exemplo, de ações civis públicas que visem à implementação de políticas públicas por determinado ente da Federação.

De qualquer maneira e interpretando o contexto legal, esse dispositivo autoriza a presença da transcendência quando a decisão recorrida contrariar posicionamento uniforme do C.TST ou do E. STF. Queremos dizer, não apenas quando a decisão contrariar súmulas que estará presente a transcendência, mas também na hipótese de decisão contrária a julgamento de recurso extraordinário com repercussão geral reconhecida, recurso de revista repetitivo, incidente de resolução de demandas repetitivas, assunção de competência ou orientação jurisprudencial.

Pensamos ainda que, sendo a decisão regional contrária à decisão da SDI-I, estará presente a transcendência. É que a SDI-I é incumbida de uniformizar o entendimento dentro do C. TST, pacificando a discussão sobre a temática, de modo que não sendo aplicado tal posicionamento o recurso de revista terá a função de manter o entendimento já firmado pela Corte trabalhista, transcendendo, pois, às próprias partes. Tanto é assim, que o próprio Tribunal Superior reconhece que as decisões da SDI-I são precedentes de observância obrigatória (IN 39, art. 15, I, *e*). Nesse contexto, e sendo certo que não caberá reclamação nessa hipótese, o mecanismo de preservação do entendimento do C. TST é, inicialmente, o recurso de revista.

3.3. Critério social

O indicador social corresponde à "postulação, por reclamante-recorrente, de direito social constitucionalmente assegurado" (CLT, art. 896-A, § 1º, III).

Os direitos sociais constitucionalmente assegurados são previstos no Capítulo II do Título II da Constituição Federal (arts. 6º a 11), além dos inseridos título VIII que versa sobre a ordem social (arts. 193 a 232).

Assim, tratando-se de discussão atinente a qualquer desses direitos, será visualizado o critério social, configurando-se a transcendência do recurso de revista interposto.

Nesse aspecto, embora a Lei nº 13.467/17 tenha adotado um conceito amplo, esqueceu-se que o recurso de revista também tem como foco a legislação infraconstitucional, que trata de diversos direitos sociais, o que irá impor a análise da transcendência, nesse particular, com base no critério jurídico.

Aliás, ao excluir a reclamada da possibilidade de demonstrar a transcendência pelo critério social, acaba declarando que a empresa não tem função social, violando o art. 170, III, da CF.

3.4. Critério jurídico

Como indicador de relevância jurídica, o art. 896-A, § 1º, IV, da CLT destaca a existência de questão nova em torno a interpretação da legislação trabalhista.

Entende-se por legislação trabalhista as normas decorrentes da Constituição, de Emenda Constitucional, da lei complementar, ordinária, ou delegada, de medida provisória e de decreto-lei, sendo irrelevante se a norma era de direito material ou de direito processual. Incluem-se ainda os tratados de direitos humanos ratificados pelo Brasil[7].

Aliás, o dispositivo celetista não exige que a legislação trabalhista seja considerada nova, mas sim que haja a indicação de nova questão no tocante à sua interpretação.

4. ANÁLISE DA TRANSCENDÊNCIA PELO RELATOR

A análise da existência ou não da transcendência é exclusiva do TST, vedando sua verificação pelo juízo *a quo* (CLT, art. 896, § 6º).

Nesse contexto, o art. 896-A, § 2º, da CLT declina que o relator, monocraticamente, poderá denegar seguimento ao recurso de revista que não demonstrar transcendência, cabendo agravo da decisão ao colegiado.

Percebe-se que, diferentemente da repercussão geral do recurso extraordinário para o STF, que é negada apenas pelo órgão colegiado com quórum qualificado de 2/3 dos membros do Supremo Tribunal, a transcendência no recurso de revista é bem mais restritiva, sendo analisada e denegada, monocraticamente, pelo relator.

---

7. No mesmo sentido, o Enunciado nº 121, III, da 2ª Jornada Nacional de direito e processo do trabalho

Trata-se de dispositivo que busca compatibilizar-se com o art. 896, § 14 da CLT, introduzido pela Lei 13.467/17, o qual autoriza a denegação do recurso pelo relator quando não presente pressuposto intrínseco, no caso, a transcendência.

Cabe destacar que, se tratando de pressuposto intrínseco, ele é insanável, não se aplicando o art. 932, parágrafo único do CPC, de modo que o recurso de revista poderá ser denegado de plano, não havendo necessidade de conceder ao recorrente prazo para sua regularização[8].

5. RECURSO DA DECISÃO DO RELATOR

O relator, ao proferir decisão monocrática, atua com mera delegação de poder, "mantendo-se com o órgão colegiado a competência para decidir. Essa é a regra básica de delegação: é mantida a competência de revisão do órgão que delegou a um determinado sujeito (no caso o relator) a função inicial de apreciação da matéria"[9].

Assim, para manter a substância do tribunal (órgão colegiado) e a competência do colegiado, a decisão monocrática do relator está sujeita ao **agravo interno**, a fim de levar essa decisão ao conhecimento do órgão colegiado (CLT, art. 896-A, § 2º). Ele deve ser interposto no prazo de 8 dias (TST-IN nº 39/2016, art. 1º, § 2º).

6. SUSTENTAÇÃO ORAL NO AGRAVO

Interposto o agravo da decisão monocrática que denegou seguimento ao recurso de revista por ausência de transcendência, no julgamento do agravo o recorrente poderá realizar sustentação oral sobre a questão da transcendência durante 5 minutos em sessão (CLT, art. 896, § 1º, § 3º).

É sabido que, no agravo interno, como regra não cabe sustentação oral, sendo admitido apenas contra decisão de relator que extinguir a ação rescisória, o mandado de segurança ou a reclamação (NCPC, art. 937, § 3º).

---

8. Para maiores informações: MIESSA, Élisson; CORREIA, Henrique. *Manual da Reforma Trabalhista - Lei nº 13.467/2017 - o que mudou?* Salvador: JusPodivm, 2018. p. 1.050-1.056.
9. NEVES, Daniel Amorim Assumpção. *Manual de direito processual civil*. 8. ed. Salvador: JusPodivm, 2016. p. 1.580.

O dispositivo celetista, no entanto, permitiu a sustentação oral no agravo, deixando claro que na sustentação **apenas poderá ser levantada a questão da transcendência**, não sendo possível a alegação de outras matérias referentes aos demais pressupostos recursais ou mesmo em relação ao mérito.

7. FUNDAMENTAÇÃO DO AGRAVO NÃO PROVIDO

O art. 896, § 4º, da CLT estabelece que "mantido o voto do relator quanto à não transcendência do recurso, será lavrado acórdão com fundamentação sucinta (...)".

Na realidade, o dispositivo deve ser interpretado como mantido o posicionamento do relator e não necessariamente o voto do relator como diz, inadequadamente, o texto legal, já que seu voto pode ser mantido, mas os demais integrantes da turma podem dar provimento ao agravo e alterar o posicionamento adotado anteriormente pelo relator.

Ademais, embora o legislador tenha descrito que, mantido o posicionamento, será lavrado acórdão com fundamentação sucinta, esse dispositivo não autoriza o relator do agravo a proferir decisão sem fundamentação, sob pena de violar os arts. 832 da CLT, 489, § 1º, do CPC e 93, IX, da CF.

Aplica-se, ainda, o art. 1.021, § 3º, do CPC que veda o relator de "limitar-se à reprodução dos fundamentos da decisão agravada para julgar improcedente o agravo interno". É que esse dispositivo está ligado ao processo democrático, sendo, pois, compatível com o processo do trabalho.

Não podemos deixar de dizer que a análise da transcendência é eminentemente subjetiva, de modo que a adequada fundamentação cumpre o efeito externo da motivação, que serve como forma de controle público da legitimidade das decisões judiciais[10] e da imparcialidade do julgador.

Fundamentação sucinta, portanto, quer dizer concisa e não ausência de fundamentação.

---

10. ASSIS, Araken de. *Processo Civil Brasileiro, volume I: parte geral: fundamentação e distribuição de conflitos.* São Paulo: Editora Revista dos Tribunais, 2015. p. 443.

8. IRRECORRIBILIDADE DO AGRAVO NÃO PROVIDO

O art. 896, § 4º, da CLT estabelece, ainda, que a decisão que não dá provimento ao agravo, mantendo o entendimento da decisão monocrática, "constituirá decisão irrecorrível no âmbito do tribunal".

Impede, portanto, a interposição dos embargos de divergência para a SDI.

Esse dispositivo, porém, não obsta a interposição dos embargos de declaração, vez que todas as decisões, inclusive a em análise, estão sujeitas aos embargos. Do mesmo modo, caberá recurso extraordinário para o STF, desde que presentes seus pressupostos.

9. DECISÃO DO RELATOR EM AGRAVO DE INSTRUMENTO

O art. 896-A, § 5º, da CLT declina que é irrecorrível a decisão monocrática do relator que, em agravo de instrumento em recurso de revista, considerar ausente a transcendência da matéria.

Vê-se, de plano, que esse dispositivo quebra a sistemática de que a decisão monocrática é suscetível de agravo, conferindo ao relator a palavra final.

Ademais, esse dispositivo é de difícil compreensão, quando analisado sistematicamente com o § 6º, que impede a análise da transcendência pelo juízo *a quo*. Melhor explicando.

No processo do trabalho, o agravo de instrumento é cabível apenas para impugnar decisão negativa do juízo *a quo* (CLT, art. 897, "b").

No caso do Recurso de Revista, o primeiro juízo de admissibilidade (juízo *a quo*) é realizado pelo Presidente ou vice-Presidente do TRT, de modo que não estando presentes os pressupostos recursais, proferirá juízo de admissibilidade negativo, denegando processamento (seguimento) ao recurso de revista.

Nessa hipótese, viabiliza a interposição do agravo de instrumento, o qual atacará a decisão denegatória, especificamente quanto ao(s) pressuposto(s) não identificado(s) pelo juízo *a quo*.

Desse modo, se o recurso for trancado, por exemplo, em razão de intempestividade, o agravante apenas poderá agravar quanto a esse pressuposto recursal.

O agravo de instrumento do recurso de revista será julgado pela turma do TST (órgão que seria competente para conhecer o recurso cuja interposição foi denegada - CLT, art. 897, § 4º). Assim, esse agravo de instrumento será analisado pelo relator da turma.

Como o agravo é limitado ao pressuposto não identificado na origem (no nosso exemplo a intempestividade), o relator apenas poderá proferir decisão no agravo de instrumento referente a esse pressuposto. Caso dê provimento ao agravo, destrancará o recurso e passará à análise do recurso de revista propriamente dito, podendo analisar outros pressupostos recursais e seu mérito.

Agora indaga-se: se o agravo de instrumento busca demonstrar a presença do pressuposto não identificado pelo juízo *a quo* e se este juízo não pode analisar a transcendência (§ 6º), quando haverá agravo de instrumento destinado a comprovar que está presente a transcendência da matéria como anuncia o § 5º do art. 896-A?

Com o objetivo de tentar interpretar de forma lógica e sistemática tais parágrafo, pensamos que o presidente ou vice-presidente do TRT (juízo *a quo*) deve verificar se o recorrente apresentou a transcendência no recurso de revista. Se não houver no recurso o levantamento da transcendência, falta-lhe um pressuposto recursal ligado à regularidade formal, de modo que o próprio juízo a quo poderá não admiti-lo. Agora, existindo a alegação da transcendência, a efetiva apreciação da sua existência é de competência exclusiva do Tribunal Superior do Trabalho. Aplica-se, pois, analogicamente, o art. 1.035, § 2º, do CPC[11].

Nesse caso, o que poderá ser questionado é se o pressuposto da transcendência deve ser levantado em tópico específico ou não.

Usando novamente de forma analógica a repercussão geral, na época do CPC/73 o art. art. 543-A, § 2º exigia que sua existência deveria ser demonstrada pelo recorrente em preliminar do recurso. Impunha-se, portanto, um tópico especifico em preliminar para demonstração da repercussão.

No CPC/15, não houve reprodução de que a repercussão geral fosse abordada em preliminar do recurso, dispondo o art. 1.035, §

---

11. CPC, art. 1.035. § 2º O recorrente deverá demonstrar a existência de repercussão geral para apreciação exclusiva pelo Supremo Tribunal Federal.

2º, que "o recorrente deverá demonstrar a existência de repercussão geral para apreciação exclusiva pelo Supremo Tribunal Federal". Pelo novel código permite-se que a repercussão geral seja demonstrada nas próprias razões recursais, não havendo exigência expressa de alegação da repercussão geral em tópico específico de preliminar de mérito. Nesse sentido, inclusive, dispõe o enunciado nº 224 do Fórum Permanente de Processualistas Civis, *in verbis*:

> (...) a existência de repercussão geral terá de ser demonstrada de forma fundamentada, sendo dispensável sua alegação em preliminar ou em tópico específico.

No recurso de revista, acreditamos que a CLT acompanhou essa sistemática, pois não exige que a manifestação da transcendência seja realizada em tópico específico, bastando que haja sua demonstração nas razões recursais. Mas é preciso ficar claro: incumbe ao recorrente apresentar que a matéria discutida tem transcendência.

Desse modo, caso o recorrente não apresente a transcendência no recurso de revista, o presidente ou vice-presidente do TRT poderá negar seguimento ao recurso pela ausência de regularidade formal do recurso. Observa-se que, nesse caso, o juízo *a quo* não estabelecerá que não há transcendência no recurso, mas sim que descumpriu um requisito de admissibilidade relacionado à regularidade formal.[12]

Nessa hipótese caberá o agravo de instrumento, tal como previsto no art. 896-A, § 5º, da CLT.

10. ANÁLISE DA TRANSCENDÊNCIA PELO PRESIDENTE DO TRT

O art. 896, § 6º, da CLT impede que o presidente do TRT (juízo a quo) possa analisar "o critério da transcendência das questões nele veiculadas". Reserva, pois, de forma exclusiva ao TST a análise da transcendência.

Como visto no tópico anterior, no entanto, é necessário que haja o levantamento no recurso de revista de que possui transcendência.

---

12. DIDIER JR., Fredie; CUNHA, Leonardo Carneiro da. *Curso de direito processual civil: meios de impugnação às decisões judiciais e processo nos Tribunais.* 14. ed. Salvador: Editora JusPodivm, 2017. v. 3. p. 417.

Caso não seja apresentada e fundamentada a transcendência, o recurso de revista poderá ser denegado pelo juízo *a quo* (presidente ou vice-presidente do TRT), vez que se trata de pressuposto ligado à regularidade formal do recurso. O juízo *a quo* estará limitado a verificar se o recorrente apresentou e fundamentou a transcendência.

Não haverá, nesse momento, análise se o recurso oferece transcendência propriamente dita, ou seja, se o recurso ultrapassa ou não os interesses subjetivos da relação jurídica processual e se possui ou não relevância econômica, política, social ou jurídica, nos termos do art. 896-A, § 6º, da CLT. Esta verificação apenas poderá ser realizada pelo relator ou pela própria turma do TST.

11. DIREITO INTERTEMPORAL

O pressuposto recursal da transcendência foi inserido no art. 896-A da CLT, por meio da Medida Provisória nº 2.226, de 4.9.2001. Embora já estivesse no ordenamento celetista desde 2001, não havia regulamentação acerca dos indicadores da transcendência, afastando a necessidade de sua observância até a chegada da Lei nº 13.467/17, a qual definiu referidos critérios.

Desse modo, o C. TST no art. 19 da Instrução Normativa em comentário estabelece que o exame de transcendência incidirá apenas nos "acórdãos proferidos pelos Tribunais Regionais do Trabalho publicados a partir de 11 de novembro de 2017, excluídas as decisões proferidas em embargos de declaração".

O entendimento do TST é justificado pelo fato de que os pressupostos recursais são analisados à luz da lei vigente na data da publicação da decisão recorrida[13]. Assim, a demonstração da transcendência é exigida apenas para os recursos de revista interpostos de acórdãos publicados a partir de 11.11.2017, data de vigência da Lei nº 13.467/17 (Reforma Trabalhista).

É necessário fazer ainda duas observações sobre o dispositivo em comentário.

Primeira: a doutrina majoritária entende que, nos recursos, a regra de direito intertemporal deve ser considerada a data em que a

---

13. MOREIRA, José Carlos Barbosa. Comentários ao código de processo civil. 15. ed. Rio de Janeiro: Forense, 2010. v. 5, p. 269.

decisão impugnada foi publicada, uma vez que é nesse momento que se inicia o prazo recursal. Para outra parcela, contudo, como as decisões podem ser impugnadas antes do início do prazo propriamente dito, deve ser considerada a data em que a decisão é proferida[14].

No artigo em comentário o C. TST misturou as duas teses, pois se referiu a acórdãos proferidos e publicados. Desse modo, nos parece que a regra a ser observada é a data de publicação da decisão impugnada. Apenas, excepcionalmente, se o recurso for interposto antes da publicação da decisão, é que deverá ser observada a data em que o acórdão foi proferido.

Segunda: o artigo em comentário exclui as decisões proferidas em embargos de declaração. Isso ocorre porque o entendimento jurisprudencial do C. TST[15] é no sentido de que os embargos **sem efeito modificativo**, por não alterar a decisão embargada, faz com que o recorrente observe os pressupostos recursais da data da publicação da sentença ou do acórdão embargados e não da decisão proferida nos embargos. Por outro lado, sendo acolhidos os embargos de declaração com **efeito modificativo**, entende a Corte trabalhista que deve incidir a norma vigente na data da publicação da decisão dos embargos.

---

14. PRESGRAVE, Ana Beatriz Rebello. *Direito intertemporal processual.* In: DIDIER JR, Fredie (coord. geral). *Procedimentos especiais, tutela provisória e direito transitório.* Salvador: JusPodivm, 2016. p. 799.
15. TST-E-ED-Ag-RR-36200-18.2014.5.13.0005, SBDI-I, rel. Min. Aloysio Corrêa da Veiga, 28.4.2016 (Informativo 134 do TST); TST- AIRR -21177-85.2013.5.04.0791, Relator Ministro: Cláudio Mascarenhas Brandão, Data de Julgamento: 13/04/2016, 7ª Turma, Data de Publicação: DEJT 22.4.2016.

19

DEPÓSITO RECURSAL (ART. 20)

> IN nº 41/2018 do TST. Art. 20. As disposições contidas nos §§ 4º, 9º, 10 e 11 do artigo 899 da CLT, com a redação dada pela lei nº 13.467/2017, serão observadas para os recursos interpostos contra as decisões proferidas a partir de 11 de novembro de 2017.

Lei nº 13.467/17 (Reforma trabalhista)
Art. 899. § 4º. O depósito recursal será feito em conta vinculada ao juízo e corrigido com os mesmos índices da poupança
§ 5º (Revogado)
§ 9º O valor do depósito recursal será reduzido pela metade para entidades sem fins lucrativos, empregadores domésticos, microempreendedores individuais, microempresas e empresas de pequeno porte.
§ 10º São isentos do depósito recursal os beneficiários da justiça gratuita, as entidades filantrópicas e as empresas em recuperação judicial.
§ 11. O depósito recursal poderá ser substituído por fiança bancária ou seguro garantia judicial.

1. GENERALIDADES

O depósito recursal consiste em pressuposto recursal extrínseco destinado a garantir o sucesso de futura execução.

É disciplinado no art. 899, § 1º, da CLT, bem como no art. 40 da Lei nº 8.177/91, sendo regulamentado pela Instrução Normativa nº 3 do TST.

Como dito, a natureza jurídica do depósito recursal é de garantir futura execução, não tendo natureza de taxa. Em decorrência de sua natureza, o C. TST estabeleceu que ele é obrigatório **tão somente nas condenações em pecúnia**, sob o fundamento de que exigir tal depósito nas demais condenações seria garantir execução futura inexistente. Nesse sentido, declina a Súmula nº 161 do TST:

> **Súmula nº 161 do TST.** Depósito. Condenação a pagamento em pecúnia
>
> Se não há condenação a pagamento em pecúnia, descabe o depósito de que tratam os §§ 1º e 2º do art. 899 da CLT.

É interessante destacar que parte da doutrina entende que o depósito deverá ser exigido nas obrigações de fazer e não fazer, em razão das *astreintes* e porque elas podem ser convalidadas em perdas e danos. No entanto, o TST não admite tal tese, pois, mesmo que as obrigações de fazer e não fazer possam ser revertidas em perdas e danos, referida conversão é supletiva, ou seja, a condenação primária é a obrigação de fazer e não fazer, ficando a condenação pecuniária em segundo plano. Dessa forma, o TST entendeu que obrigar a realização do depósito recursal nessa hipótese seria garantir execução condicional, ou seja, condicionada ao não cumprimento da obrigação específica, o que não pode ser admitido.

Da mesma forma, o C. TST não exige o depósito recursal nos casos de improcedência dos pedidos com condenação ao pagamento das custas processuais e dos honorários advocatícios, sob o argumento de que são créditos acessórios ao valor principal não sendo incluído na condenação para efeito de garantia do juízo[1]. Aliás, a decisão de improcedência tem natureza declaratória.

Assim, **não** é exigível o depósito recursal nas sentenças meramente declaratórias, constitutivas e condenatórias que não sejam em pecúnia.

Cabe destacar que o depósito recursal **somente é exigido do empregador**, o que significa que o empregado jamais terá que recolhê-lo.

---

1. TST- E-RR-10900- 1.2007.5.15.0113, SBDI-I, rel. Min. Cláudio Mascarenhas Brandão, 3.9.2015 (Informativo nº 116).

Pensamos, porém, que, na hipótese de ação que **não envolva relação de emprego**, decorrente da ampliação da competência da Justiça do Trabalho pela EC nº 45/04, o depósito é sempre exigível, seja do tomador, seja do prestador do serviço, seja do sindicato, quando condenados (TST-IN nº 27/2005, art. 2º).

2. DEPÓSITO EM CONTA VINCULADA AO JUÍZO

Antes da Lei nº 13.467/2017, o art. 899, § 4º, da CLT[2] declinava que o depósito recursal deveria ser realizado em conta vinculada do Fundo de Garantia do Tempo de Serviço, aberta com esse fim específico. Inclusive, se o empregado ainda não tivesse conta vinculada em seu nome, o réu deveria proceder à sua abertura (CLT, art. 899, § 5º, atualmente revogado).

Com a finalidade de regulamentar a forma de realizar o depósito recursal, o Tribunal Superior do Trabalho expediu a Instrução Normativa nº 26/2004, a qual previa que o recolhimento do depósito recursal era feito por meio de Guia de Recolhimento do FGTS e Informações à Previdência Social – GFIP –, direcionada à conta vinculada do trabalhador.

O C. TST, no entanto, só exigia o depósito em conta vinculada para os casos de relação de emprego, pois apenas o empregado faz *jus* ao recebimento do FGTS, ou seja, tem conta vinculada. Nesse sentido, todas as demais ações ajuizadas na Justiça do Trabalho que não estivessem relacionadas ao vínculo empregatício, mormente as decorrentes da EC nº 45/04, não estavam sujeitas ao recolhimento por meio de Guia GFIP, admitindo-se o depósito judicial realizado na sede do juízo e à disposição deste, nos temos da Súmula nº 426:

> **Súmula nº 426 do TST.** Depósito recursal. Utilização da guia GFIP. Obrigatoriedade
>
> Nos dissídios individuais o depósito recursal será efetivado mediante a utilização da Guia de Recolhimento do FGTS e Informações à Previdência Social – GFIP, nos termos dos §§ 4º e 5º do art. 899 da CLT, admitido o depósito judicial, realizado

---

2. Como esse dispositivo foi alterado pela Lei nº 13.467/17 (Reforma Trabalhista), a nova redação deverá ser aplicada aos recursos interpostos contra as decisões proferidas a partir de 11.11.2017 (data de vigência da Lei nº 13.467/17) (TST-IN nº 41/2018, art. 20).

na sede do juízo e à disposição deste, na hipótese de relação de trabalho não submetida ao regime do FGTS.

A Lei nº 13.467/2017 altera consideravelmente essa sistemática, modificando o art. 896, § 4º e revogando o § 5º do mesmo dispositivo.

A partir de sua vigência, por força do § 4º, o depósito recursal deverá ser realizado em conta vinculada ao juízo, não se exigindo que ocorra em conta vinculada ao FGTS, o que significa que será desnecessária a abertura de conta vinculada, caso o trabalhador não a tenha, o que provocou a revogação do § 5º.

Desse modo, seja para ações ligadas à relação de empregado, seja para as demais ações, o depósito será realizado da mesma forma, qual seja: depósito judicial em conta vinculada ao juízo.

2.1. Irregularidade na guia de depósito recursal

Pode acontecer de o recorrente preencher inadequadamente o guia do depósito recursal. Aliás, com a alteração promovida pela Lei nº 13.467/17 pode ocorrer de alguns reclamados realizarem, inadequadamente, o depósito na conta vinculada do trabalhador.

Nesse caso, o recurso não poderá ser imediatamente não conhecido.

É que a nova ordem processual preconiza a busca pela decisão de mérito, afastando vícios sanáveis, a fim de alcançar a tutela jurisdicional efetiva (NCPC, arts. 4º e 6º).

Trata-se do chamado princípio da primazia da decisão de mérito, o qual pode ser verificado na fase recursal, dentre outros, no art. 932, parágrafo único, a seguir transcrito:

> **Art. 932, parágrafo único.** Antes de considerar inadmissível o recurso, o relator concederá o prazo de 5 (cinco) dias ao recorrente para que seja sanado vício ou complementada a documentação exigível.

Essa nova ideologia, inserida da teoria geral do processo, impõe uma releitura das nulidades processuais, mormente quando ligadas aos pressupostos recursais extrínsecos, como é o caso do depósito recursal.

Nesse contexto, antes do reconhecimento da deserção do recurso, o relator deverá intimar o recorrente para sanar o vício.

Ademais, considerando que o depósito recursal engloba o preparo no processo do trabalho, há que se invocar o art. 1.007, § 7º, o qual vaticina:

> § 7º O equívoco no preenchimento da guia de custas não implicará a aplicação da pena de deserção, cabendo ao relator, na hipótese de dúvida quanto ao recolhimento, intimar o recorrente para sanar o vício no prazo de 5 (cinco) dias.

Não se pode esquecer ainda que o art. 896, §11 da CLT, introduzido pela Lei nº 13.015/14 e embasado na mesma sistemática dos supramencionados dispositivos, permite não somente a desconsideração do vício, como já dito, mas também seu saneamento.

Desse modo, havendo preenchimento equivocado da guia, o vício poderá ser desconsiderado desde que conste os elementos mínimos para se identificar o processo, bem como a explicitação do valor depositado e a autenticação do banco recebedor. Ademais, mesmo não existindo tais elementos mínimos, antes de não conhecer o recurso, o relator deverá dar prazo de 5 dias à parte recorrente para sanar o vício.

3. CORREÇÃO MONETÁRIA

De acordo com o art. 899, § 3º, da CLT, alterado pela Lei nº 13.467/2017, o legislador deixa claro que o valor do depósito recursal deve ser corrigido monetariamente pelos mesmos índices da caderneta de poupança, afastando discussões existentes sobre qual o índice a ser aplicado no caso.

4. VALOR DO DEPÓSITO RECURSAL

O depósito recursal possui um teto máximo, que pode ser legal ou o valor da condenação.

- **teto legal**: somente é invocado se o valor da condenação for superior ao valor estabelecido anualmente por ato do presidente do TST (TST-IN nº 3/93; Lei 8.177/91, art. 40).

Nesse caso, a cada recurso interposto exige-se o depósito recursal, até que se alcance o valor da condenação;

- **valor da condenação**: caso o valor da condenação seja inferior ao teto legal, o depósito recursal será no valor da condenação, não se considerando o valor do teto legal. Nesse caso, a interposição de recursos posteriores não está submetida ao depósito recursal, uma vez que futura execução já está totalmente garantida.

Desse modo, depositado o valor total da condenação, nenhum depósito será exigido nos recursos das decisões posteriores, exceto se o valor da condenação vier a ser ampliado. Isso ocorre porque não se pode garantir um valor superior ao da condenação, já que teremos excesso de garantia, o que não é admitido.

Por outro lado, caso o valor constante do primeiro depósito, efetuado no limite legal, seja inferior ao da condenação, será devida complementação de depósito em recurso posterior, observado o valor nominal remanescente da condenação e/ou os limites legais para cada novo recurso (TST-IN 3, II, "c").

Havendo acréscimo ou redução da condenação em grau recursal, o juízo prolator da decisão arbitrará novo valor à condenação, quer para a exigibilidade de depósito ou complementação do já depositado, para o caso de recurso subsequente, quer para liberação do valor excedente decorrente da redução da condenação. Para facilitar a compreensão, exemplificaremos

> **Exemplo 1**: Empresa X é condenada ao pagamento de horas extras, definindo a sentença como valor da condenação o importe de R$ 4.000,00. A empresa interpõe recurso ordinário devendo efetuar o recolhimento do depósito recursal até o limite da condenação, ou seja, R$ 4.000,00. Caso seu recurso não seja provido no TRT e pretenda recorrer de revista ao TST, não deverá efetuar novo depósito recursal para esse último recurso.
>
> **Exemplo 2**: Empresa X é condenada ao pagamento de horas extras e adicional de periculosidade, tendo como valor da condenação o importe de R$ 12.000,00. A empresa interpõe recurso ordinário, devendo efetuar o recolhimento do depósito recursal no montante de R$ 9.513,16 (teto legal do depósito recursal). Caso seu recurso não seja provido no TRT e preten-

da recorrer de revista ao TST, deverá efetuar novo depósito recursal para esse último recurso, agora no valor de R$ 2.486,84 (teto da condenação), pois ambos os depósitos alcançaram o valor total da condenação, ou seja, totalizaram R$ 12.000,00.

Exemplo 3: Empresa X é condenada ao pagamento de horas extras e adicional de periculosidade, tendo como valor da condenação o importe de R$ 50.000,00. A empresa interpõe recurso ordinário, devendo efetuar o recolhimento do depósito recursal no montante de R$ 9.513,16(teto legal do depósito recursal). Caso seu recurso não seja provido no TRT e pretenda recorrer de revista ao TST, deverá efetuar novo depósito recursal para esse último recurso, agora no valor de R$ 19.026,32 (teto legal), pois ambos os depósitos não alcançaram o valor total da condenação, ou seja, totalizaram R$ 28.539,48.

No mesmo sentido, dispõe a Súmula nº 128, I, do TST:

Súmula nº 128 do TST. Depósito Recursal

I – É ônus da parte recorrente efetuar o depósito legal, integralmente, em relação a cada novo recurso interposto, sob pena de deserção. Atingido o valor da condenação, nenhum depósito mais é exigido para qualquer recurso.

Atualmente, o teto legal do depósito recursal está estabelecido nos seguintes valores:

- recurso ordinário: R$ 9.513,16
- recurso de revista, embargos de divergência e recurso extraordinário: R$ 19.026,32
- recurso em ação rescisória: R$ 19.026,32[3].

4.1. Redução do valor do depósito recursal pela metade

O art. 899, § 9º, da CLT, acrescentado pela Lei nº 13.467/2017, prevê reclamados específicos nas quais o depósito recursal terá o seu valor reduzido pela metade. São eles:

---

3. Esses valores têm vigência, por um ano, a contar de 1.8.2018. O teto máximo é anualmente revisto com base no INPC, sendo publicado no Diário Eletrônico da Justiça do Trabalho por ato do presidente do Tribunal Superior do Trabalho, podendo ser verificado na Instrução Normativa nº 3/93 do TST.

- entidades sem fins lucrativos[4],
- empregadores domésticos,
- microempreendedores individuais,
- microempresas e
- empresas de pequeno porte.

Tais entidades pagarão, portanto, 50% do depósito recursal, seja quando se tratar do teto da condenação, seja na hipótese de teto legal. Na realidade, primeiro deverá ser analisado qual o valor do depósito recursal e depois aplicar 50% sobre o valor.

Nos exemplos indicados no tópico anterior, teremos o depósito recursal para as referidas entidades da seguinte forma:

> **Exemplo 1**: Entidades sem fins lucrativos é condenada ao pagamento de horas extras, definindo a sentença como valor da condenação o importe de R$ 4.000,00. A entidade interpõe recurso ordinário devendo efetuar o recolhimento do depósito recursal correspondente a 50% do limite da condenação, ou seja, R$ 2.000,00. Caso seu recurso não seja provido no TRT, mantendo-se a condenação de R$ 4.000,00, se pretender recorrer de revista ao TST, deverá efetuar novo depósito recursal para esse último recurso, no valor de R$ 1.000,00 (50% de R$ 2.000,00 faltantes).
>
> **Exemplo 2**: Microempresa é condenada ao pagamento de horas extras e adicional de periculosidade, tendo como valor da condenação o importe de R$ 12.000,00. A empresa interpõe recurso ordinário, devendo efetuar o recolhimento do depósito recursal no montante de R$ 4.756,58 (50% do teto legal do depósito recursal). Caso seu recurso não seja provido no TRT e pretenda recorrer de revista ao TST, deverá efetuar novo depósito recursal para esse último recurso, agora no valor de R$ 3.621,71 (50% do que falta para atingir o teto da condenação: [R$ 12.000,00 - R$ 4.756,58 = R$ 7.243,42 x 50%]).
>
> **Exemplo 3**: Empresa de pequeno porte é condenada ao pagamento de horas extras e adicional de periculosidade, tendo como valor da condenação o importe de R$ 50.000,00. A empresa interpõe recurso ordinário, devendo efetuar o recolhimento do de-

---

4. Alcança diversas entidades como, por exemplo, associações religiosas, entidades sindicais, clubes, condomínios residenciais etc.

pósito recursal no montante de R$ 4.756,58 (50% do teto legal do depósito recursal). Caso seu recurso não seja provido no TRT e pretenda recorrer de revista ao TST, deverá efetuar novo depósito recursal para esse último recurso, agora no valor de R$ 9.513,16 (50% do teto legal), pois ambos os depósitos não alcançaram o valor total da condenação, ou seja, totalizaram R$ 14.269,74.

Percebe-se pela nova sistemática que, como o depósito recursal sempre será reduzido pela metade, para essas entidades nunca teremos garantia integral do juízo.

4.2. Diferença no recolhimento do depósito recursal

O recolhimento do depósito recursal constitui pressuposto de admissibilidade recursal, de modo que sua falta gera a deserção, ou seja, o recurso não é processado ou conhecido. Pode ocorrer de algumas vezes a parte recorrente efetuar o pagamento inferior ao devido a título de depósito recursal.

Nesse caso, o C. TST alterou seu entendimento em decorrência do Novo CPC e, atualmente, admite a complementação dos valores, como se verifica pela OJ nº 140 da SDI-I do TST:

> **Orientação Jurisprudencial nº 140 da SDI – I do TST.** Depósito recursal e custas processuais. Recolhimento insuficiente. Deserção. - Res. 217/2017 - DEJT divulgado em 20, 24 e 25.04.2017
>
> Em caso de recolhimento insuficiente das custas processuais ou do depósito recursal, somente haverá deserção do recurso se, concedido o prazo de 5 (cinco) dias previsto no § 2º do art. 1.007 do CPC de 2015, o recorrente não complementar e comprovar o valor devido.

Caso, portanto, o recolhimento do depósito recursal seja efetuado em valor inferior ao devido, por corresponder a uma irregularidade formal, deverá ser oportunizada à parte a possibilidade de complementar o valor. Trata-se de entendimento que está em consonância com o princípio da primazia da decisão de mérito.

4.3. Isenção do depósito recursal

O art. 899, § 10, da CLT, introduzido pela Lei nº 13.467/17, alterou expressamente o entendimento que era adotado pelo C. TST, passando a prever que são isentos do depósito recursal:

1. os beneficiários da justiça gratuita,
2. as entidades filantrópicas e;
3. as empresas em recuperação judicial.

Embora referido dispositivo tenha feito referência apenas para a três hipóteses anteriores, aqueles que já eram dispensados antes da Lei nº 13.467/2017 continuam isentos do recolhimento do depósito recursal, a saber:

4. o empregado;
5. os entes de direito público externo (TST-IN nº 3, X);
6. a União, os Estados, o Distrito Federal, os municípios, as autarquias e as fundações de direito público que não explorem atividade econômica (TST-IN nº 3, X);
7. o Ministério Público do Trabalho;
8. a massa falida (TST-IN nº 3, X; Súmula 86 do TST) e;
9. a herança jacente (TST-IN nº 3, X).

4.3.1. Beneficiário da justiça gratuita

A jurisprudência, com fundamento no art. 5º, LXXIV, da CF/88, posiciona-se no sentido de deferir o benefício da justiça gratuita ao empregador, desde que comprove de forma cabal a impossibilidade de a parte arcar com as despesas do processo (Súmula nº 463, II, do TST), entendimento reforçado pelo art. 790, § 4º, da CLT incluído pela Lei nº 13.467/17.

Deferido o benefício da justiça gratuita ao empregador, surge a dúvida acerca da necessidade de pagamento do depósito recursal.

Inicialmente, a IN nº 3, X, do TST dispensava o depósito recursal para a parte que, comprovando insuficiência de recursos, fosse beneficiária da justiça gratuita. Contudo, o C. TST passou, reiteradamente, a decidir pela exigência depósito recursal nessa hipótese, razão pela qual modificou referido item X, excluindo tal isenção, sob o fundamento de que o depósito recursal possui natureza de garantia do juízo, e não de taxa ou emolumento, de modo que o artigo 98, § 1º, VIII, do NCPC[5] não contemplava o depósito recursal.

---

5. Art. 98. § 1º A gratuidade da justiça compreende: (...) VIII - os depósitos previstos em lei para interposição de recurso, para propositura de ação e para a prática de outros atos processuais inerentes ao exercício da ampla defesa e do contraditório. (...)

Com efeito, o posicionamento do TST, antes da Lei nº 13.467/17, era no sentido de ser obrigatório o depósito recursal, mesmo na hipótese de concessão do benefício da justiça gratuita ao empregador[6].

A Lei nº 13.467/2017 retoma ao entendimento anterior, impondo a isenção do depósito recursal para o empregador[7] que for beneficiário da justiça gratuita, o que provocará a modificação da IN 3º, X, do TST.

4.3.2. Entidades filantrópicas

As entidades filantrópicas são pessoas jurídicas de direito privado, sem fins lucrativos, reconhecidas como entidades beneficentes de assistência social com a finalidade de prestação de serviços nas áreas de assistência social, saúde ou educação, como descreve a Lei nº 12.101/09.

Para sua caracterização como entidades beneficentes de assistência social, elas devem preencher os requisitos estabelecidos na referida lei, os quais são verificados pelo Ministério correspondente que, em caso positivo, emite um certificado.

Desse modo, é documento indispensável a ser apresentado no processo trabalhista o certificado emitido pelo Ministério correspondente.

Comprovada a sua condição de entidade filantrópica fica dispensada do depósito recursal (CLT, art. 899, § 10) e da garantia do juízo (CLT, art. 884, § 6º) para apresentação dos embargos à execução.

Possuem, portanto, duplo benefício: recorrer sem a realização de depósito recursal e apresentar de embargos à execução sem que haja garantia do juízo.

4.3.3. Empresas em recuperação judicial

Antes da Lei nº 13.467/2017, o C. TST não isentava a empresa em recuperação judicial do pagamento do depósito recursal, sob o argumento de que o devedor continua na administração de seus bens,

---

6. Nesse sentido, os seguintes precedentes do C. TST: TST-E-ED-RR – 61200-96.2010.5.13.0025, Relator Ministro: João Batista Brito Pereira, Subseção I Especializada em Dissídios Individuais, DEJT 24/08/2012; TST-E-ED-RR-45600-16.2007.5.05.0008, Relatora Ministra: Maria de Assis Calsing, Subseção I Especializada em Dissídios Individuais, DEJT 18/03/2011; TST-AIRR-956-72.2011.5.18.0141, Relator Ministro: Lelio Bentes Corrêa, 1ª Turma, DEJT 17/08/2012; TST-AIRR-332-54.2010.5.03.0083, Relator Ministro: Walmir Oliveira da Costa, 1ª Turma, DEJT 19/12/2011.
7. Já que o empregado sempre é isento.

ainda que sob supervisão[8]. Nesse mesmo sentido, era o entendimento do TRT da 1ª Região:

> **Súmula nº 45 do TRT da 1ª Região - Empresa em recuperação judicial. Deserção.**
> A dispensa do recolhimento de custas e do depósito recursal que beneficia a massa falida não se estende a empresa em regime de recuperação judicial.

A partir da Lei nº 13.467/17, contudo, passou a ter previsão expressa essa isenção, alterando frontalmente o entendimento do TST, de modo que a partir da sua entrada em vigor as empresas em recuperação judicial estão isentas do pagamento do depósito recursal.

4.3.4. Massa falida

É sabido que a falência afasta a possibilidade de disposição fracionada dos bens do devedor, fazendo surgir o juízo universal de credores, de modo que a Justiça do Trabalho tem competência para apurar o crédito obreiro, devendo em seguida expedir ofício ao juízo falimentar para inscrever tais créditos no quadro geral de credores (art. 6º, § 2º, da Lei 11.101/05). Isso quer dizer que a Justiça do Trabalho fica limitada à condenação e à quantificação do montante devido, dependendo do juízo falimentar para a disponibilização de qualquer numerário.

Dessa forma, a expedição de ofício para recolhimento do depósito recursal, por certo fará com que o recurso seja deserto, pois a disponibilização do numerário não será liberada dentro do prazo recursal, dificultando assim a defesa do patrimônio da massa, que é interesse de todos os credores, inclusive dos trabalhadores.

Ademais, como o pagamento dos créditos será realizado no juízo universal, não haverá execução trabalhista. Desse modo, não se pode exigir o recolhimento de depósito recursal, o qual pressupõe execução futura, que não existirá nesse caso. Nesse sentido, a Súmula 86 do TST:

---

8. TST-AIRR-16840-71.2007.5.21.0021, 1ª Turma, DEJT 15.5.09; AIRR-356-45.2010.5.10.0000, 2ª Turma, DEJT 11.2.11; AIRR-1318640-56.2007.5.09.0028, 3ª Turma, DEJT 3.9.10; AIRR-76040-33.2007.5.21.0013, 5ª Turma, DEJT 25.9.09; AIRR-173241-77.2006.5.21.0007, 7ª Turma, DEJT 2.10.09 e; AIRR-16450-36.2010.5.04.0000, 8ª Turma, DEJT 19.4.11.

Súmula nº 86 do TST. Deserção. Massa falida. Empresa em liquidação extrajudicial

Não ocorre deserção de recurso da massa falida por falta de pagamento de custas ou de depósito do valor da condenação. Esse privilégio, todavia, não se aplica à empresa em liquidação extrajudicial.

A massa falida, portanto, é isenta do recolhimento do depósito recursal.

Atente-se para o fato de que, para a massa falida, as custas processuais e o depósito recursal não são considerados pressupostos recursais, de modo que não precisam ser recolhidos no momento da interposição do recurso. No entanto, as custas deverão ser pagas no final do processo, sendo incluídas no juízo universal. Já com relação ao depósito recursal há isenção.

Pode acontecer de o recolhimento do depósito recursal ser efetivado antes da decretação da falência. Nesse caso, a jurisprudência majoritária tem entendido que o depósito transfere imediatamente o valor para a conta vinculada do trabalhador, ficando destinada a atender a condenação trabalhista, ou seja, o valor deixa de integrar o patrimônio da empresa para ficar à disposição do juízo[9]. O mesmo ocorre quando se trata de ações não decorrentes da relação de emprego em que o depósito recursal é realizado por meio de depósito judicial à disposição do juízo.

Com efeito, o depósito recursal efetuado antes da decretação da falência poderá ser liberado ao credor trabalhista diretamente na execução trabalhista.

4.3.5. *Empresa em liquidação extrajudicial*

A liquidação extrajudicial é utilizada pelas "instituições financeiras privadas e as públicas não federais, assim como as cooperativas de crédito" (art. 1º da Lei nº 6.024/74), as quais estão submetidas a

---

9. TST-ROAG 2465/2008-000-06-00.8. Segunda Subseção de Dissídios Individuais. Rel. Min. Alberto Luiz Bresciani de Fontan Pereira. DEJT 27/08/2010; TRT 2ª R. AI 0000018-69.2015.5.02.0501. Ac. 2016/0531904. Décima Primeira Turma. Relª Desª Fed. Odette Silveira Moraes. DJESP 02/08/2016; TRT 2ª R. AP 0041200-29.2009.5.02.0086. Ac. 2016/0447423. Quinta Turma. Rel. Des. Fed. José Ruffolo. DJESP 01/07/2016; TRT 1ª R.. AP 0090700-74.2008.5.01.0006. Décima Turma; Relª Desª Rosana Salim Villela Travesedo. DORJ 22/08/2014; TRT 9ª R. Proc. 02963-1997-022-09-00-8. Ac. 30967-2010. Seção Especializada. Rel. Des. Luiz Celso Napp; DJPR 24/09/2010.

um regime diferenciado de execução concursal de natureza extrajudicial, que é dirigida pelo Banco Central do Brasil.

Nesse caso, entende o C. TST na Súmula nº 86 que, conquanto o art. 18 da Lei nº 6.024/64 preveja a suspensão das ações em curso, na liquidação extrajudicial não há indisponibilidade imediata dos bens da entidade financeira, razão pela qual poderá realizar o pagamento do depósito recursal.

Para o TST, portanto, as entidades financeiras, quando submetidas à liquidação extrajudicial, estão sujeitas ao recolhimento do depósito recursal, sob pena de deserção do recurso interposto.

5. SUBSTITUIÇÃO DO DEPÓSITO EM DINHEIRO POR FIANÇA BANCÁRIA OU SEGURO GARANTIA JUDICIAL

Nos termos do art. 889, § 11, da CLT, o depósito recursal poderá ser substituído por fiança bancária ou seguro garantia judicial.

A **fiança bancária** que consiste em um contrato em que o banco garante o cumprimento da obrigação de seu cliente (ex., devedor trabalhista).

> O mecanismo é simples: o banco não exige o dinheiro no ato, mas se compromete, quando requisitado pelo juiz, a efetuar o depósito imediatamente, tal como se o banco aceitasse ser o fiador da dívida. Daí o nome carta de fiança, no sentido de uma comunicação de ajuste entre devedor e o banco[10].

Já o **seguro garantia judicial** corresponde ao contrato de seguro firmado entre o devedor e uma seguradora com a finalidade de que esta última garanta o pagamento de depósitos judiciais em dinheiro e/ou a penhora de bens que possam ser imputadas ao executado na pendência de execução judicial.

Como visto, o depósito recursal é exigido apenas para condenações em pecúnia e visa a garantir futura execução. Desse modo, como a garantia do juízo na execução pode ser feita por meio de fiança bancária e do seguro garantia judicial, o legislador atraiu para o depósito

---

10. SILVA, Homero Batista Mateus da. Curso de direito do trabalho aplicado. Execução trabalhista. São Paulo: Editora Revista dos Tribunais, 2015. v. 10. p. 155

recursal tais mecanismos, a fim de que o empregador não use de seu capital para recolher o depósito recursal.

Cumpre-nos fazer duas observações acerca dessa possibilidade de substituição do depósito em dinheiro por fiança bancária ou seguro garantia judicial.

A primeira diz respeito ao valor da garantia.

Na fase de execução, entendemos que a fiança bancária e o seguro garantia judicial devem ser no valor do débito acrescido de 30%, como defendemos nos comentários do art. 882 da CLT.

No caso do depósito recursal, embora seja uma modalidade de antecipação da penhora, não se exige o acréscimo de 30%. Isso se justifica porque o depósito recursal tem valores específicos de recolhimento, o que significa que exigir garantia superior ao valor do depósito seria impor um depósito superior para aqueles que se valessem dessa modalidade de garantia. Ademais, o depósito recursal tem seu regramento próprio e específico no processo do trabalho, de modo que não há como incidir regras do processo civil, já que neste não há norma sobre o depósito recursal. Assim, por força do art. 899, § 11, da CLT, a fiança bancária ou o seguro garantia judicial devem ser no valor correspondente ao depósito recursal.

A segunda está relacionada à analise da apólice pelo magistrado, especialmente quanto ao seu prazo de validade.

Embora o recorrente possa substituir o depósito recursal pela fiança bancária ou pelo seguro garantia judicial, isso não obsta, evidentemente, que o juízo possa analisar em cada caso concreto a idoneidade da garantia, bem como a existência de vícios a inviabilizar sua indicação.

Desse modo, não se pode admitir cláusulas que restrinjam a responsabilidade da seguradora a determinadas hipóteses[11].

Além disso, é importante que o garantidor (fiador) renuncie ao benefício de ordem (CC/2002, art. 827) e a exoneração de responsabilidade em caso de fiança por prazo indeterminado (CC/2002, art. 835).

---

11. Nesse sentido: TRT 20ª R.; APet 0001141-25.2010.5.20.0001; Primeira Turma; Relª Desª Rita de Cássia Pinheiro de Oliveira; Julg. 29/07/2015; DEJTSE 13/08/2015.

Ademais, conquanto pensemos que o prazo de validade não seja verdadeiramente um óbice à realização dessa garantia[12], é preciso ficar atento para tal prazo, pois sendo ultrapassado considera-se que o "bem pereceu e a garantia se dissipou"[13], impedindo o conhecimento do recurso.

O problema maior será quando a apólice vencer e se iniciar a execução. Nessa hipótese, caso não seja renovada a apólice teremos verdadeira negação do depósito recursal, vez que não servirá para garantir futura execução. Desse modo, pensamos que a não renovação da apólice ou sua substituição por dinheiro na execução, deverá ser considerado como ato atentatório à dignidade da justiça (CPC, art. 774, II e III[14]), viabilizando a fixação pelo juízo de multa em montante não superior a vinte por cento do valor atualizado do débito em execução, a qual será revertida em proveito do exequente (CPC, art. 774, parágrafo único).

6. RECURSOS QUE EXIGEM O DEPÓSITO RECURSAL

Quanto aos recursos que exigem o depósito recursal, podemos esquematizá-los da seguinte forma:

Exigem depósito recursal	Não exigem depósito recursal
Recurso ordinário	Pedido de revisão
Recurso de revista	Embargos de declaração
Agravo de petição, quando não estiver garantido o juízo	Agravo de petição, se já estiver garantido o juízo
Agravo de instrumento	Agravo regimental e/ou interno
Embargos para a SDI (divergência)	Embargos infringentes no TST (CLT, art. 894, I)*
Recurso extraordinário	Recurso ordinário em dissídio coletivo (TST-IN nº 3, V)

*. Como esse recurso está ligado ao dissídio coletivo, ele busca impugnar sentença normativa que tem natureza constitutiva-dispositiva. Portanto, não temos decisão condenatória em pecúnia, sendo descabido, assim, o depósito recursal.

---

12. Em sentido contrário: TST; AIRR 0001349-07.2010.5.01.0205; Sexta Turma; Rel. Des. Conv. Américo Bedê Freire; DEJT 08/05/2015.
13. SILVA, Homero Batista Mateus da. *Curso de direito do trabalho aplicado. Execução trabalhista.* São Paulo: Editora Revista dos Tribunais, 2015. v. 10. p. 156.
14. CPC, art. 774. Considera-se atentatória à dignidade da justiça a conduta comissiva ou omissiva do executado que: (...) II - se opõe maliciosamente à execução, empregando ardis e meios artificiosos; III - dificulta ou embaraça a realização da penhora; (...).

No que se refere ao recurso adesivo, ele deverá observar as mesmas regras do recurso principal.

7. DIREITO INTERTEMPORAL

Como o depósito recursal consiste em pressuposto de admissibilidade dos recursos, o C. TST entendeu no art. 20 da IN nº 41/2018 que a nova disciplina será aplicada aos recursos interpostos contra as decisões proferidas a partir de 11.11.2017, data de vigência da Lei nº 13.467/17. Isso significa que deverá ser utilizada a lei vigente na **data em que a decisão recorrida for proferida**.

Destacamos que diferentemente do previsto pelo TST em relação à transcendência (TST-IN nº 41/2018, art. 19), não há menção à data de publicação da decisão, mas sim à data de seu proferimento.

Como visto, parte majoritária da doutrina entende que deve ser considerada a data em que a decisão é publicada, uma vez que é nesse momento que se inicia o prazo recursal. Para outra parcela, contudo, como as decisões podem ser impugnadas antes do início do prazo propriamente dito, deve ser considerada a data em que a decisão é proferida[15].

Nesse dispositivo acreditamos que o C. TST de forma proposital considerou a data do proferimento da decisão e não de sua publicação, tendo em vista que não se veda a interposição de recurso antes do início do prazo recursal (CPC, art. 218, § 4º).

---

15. PRESGRAVE, Ana Beatriz Rebello. *Direito intertemporal processual*. In: DIDIER JR, Fredie (coord. geral). *Procedimentos especiais, tutela provisória e direito transitório*. Salvador: JusPodivm, 2016. p. 799.

20

DATA DA ENTRADA EM VIGOR DA INSTRUÇÃO NORMATIVA E REVOGAÇÃO DOS ART. 2º, VIII, E 6º DA INSTRUÇÃO NORMATIVA Nº 39/2016 DO TST (ART. 21)

> **IN nº 41/2018 do TST. Art. 21.** Esta Instrução Normativa entrará em vigor na data da sua publicação. Ficam revogados os art. 2º, VIII, e 6º da Instrução Normativa nº 39/2016 do TST.

Instrução Normativa nº 39/2016 do TST
Art. 2º, IN nº 39/2016: Sem prejuízo de outros, não se aplicam ao Processo do Trabalho, em razão de inexistência de omissão ou por incompatibilidade, os seguintes preceitos do Código de Processo Civil:
VIII - arts. 921, §§ 4º e 5º, e 924, V (prescrição intercorrente);
Art. 6º, IN nº 39/2016: Aplica-se ao Processo do Trabalho o incidente de desconsideração da personalidade jurídica regulado no Código de Processo Civil (arts. 133 a 137), assegurada a iniciativa também do juiz do trabalho na fase de execução (CLT, art. 878).
§ 1º Da decisão interlocutória que acolher ou rejeitar o incidente:
I – na fase de cognição, não cabe recurso de imediato, na forma do art. 893, § 1º da CLT;
II – na fase de execução, cabe agravo de petição, independentemente de garantia do juízo;
III – cabe agravo interno se proferida pelo Relator, em incidente instaurado originariamente no tribunal (CPC, art. 932, inciso VI).
§ 2º A instauração do incidente suspenderá o processo, sem prejuízo de concessão da tutela de urgência de natureza cautelar de que trata o art. 301 do CPC.

Nesse dispositivo, o C. TST estabeleceu como data de entrada em vigor da Instrução Normativa a data de sua publicação.

Além disso, revogou dois dispositivos da Instrução Normativa nº 39/2016. O primeiro deles corresponde ao art. 2º, VIII, que considerava inaplicável os arts. 921, §§ 4º e 5º, e 924, V, do CPC/15, referentes à prescrição intercorrente, diante da incompatibilidade com o direito processual do trabalho.

Essa alteração ocorreu porque o art. 11-A da CLT, após as alterações realizadas pela Lei nº 13.467/17, passou expressamente a aplicar a prescrição intercorrente na seara trabalhista, conforme os comentários realizados no art. 2º.

No art. 2º da IN nº 41/2018, o próprio C. TST aborda a aplicação da prescrição intercorrente, entendendo que o prazo prescricional se inicia após a determinação judicial que impõe a realização do ato processual. Desse modo, ainda que o processo já estivesse paralisado antes de 11.11.2017 (data da entrada em vigor da Lei nº 13.467/17), o prazo não começará a contar logo após a entrada em vigor da lei, mas tão somente depois da determinação judicial.

O segundo dispositivo da IN nº 39/2016 do TST revogado corresponde ao art. 6º, que regulava a aplicação do incidente de desconsideração da personalidade jurídica no processo do trabalho. O dispositivo, praticamente, reproduziu o art. 855-A da CLT, com redação dada pela Lei nº 13.467/17 (Reforma Trabalhista).

A única diferença entre o art. 6º da IN 39/2016 e o atual art. 855-A da CLT é que aquele autorizava que o juiz instaurasse o incidente de ofício na fase de execução, em decorrência do princípio inquisitivo. Essa diferença decorre da mudança promovida no art. 878, *caput*, da CLT, que excluiu a possibilidade do início de ofício da execução, salvo quando for o caso de *jus postulandi*.

Diante da equivalência dos dispositivos, o C. TST revogou o art. 6º da IN 39/2016, como se verifica pelo artigo em comentário.

No entanto, quanto ao início de ofício do incidente de desconsideração, o C. TST entendeu que o incidente insere um novo sujeito da execução, ou seja, é o início da execução para este sujeito (como regra, o sócio), de modo que definiu que a instauração do incidente a partir de 11 de novembro de 2017 não pode ser de ofício, salvo nos casos em que as partes não estiverem representadas por advogado (*jus postulandi*), como analisamos no art. 13 da Instrução em comentário.

BIBLIOGRAFIA

ABELHA, Marcelo. *Manual de direito processual civil*. 6. ed. Rio de Janeiro: Forense, 2016.

ALMEIDA, Cleber Lúcio de. *Direito Processual do Trabalho*. 6. ed. São Paulo: LTr, 2016.

ALVIM, J.E. Carreira. *Comentários ao Novo Código de Processo Civil: Lei 13.105/15: volume 1 – arts. 1º ao 81*. Curitiba: Juruá, 2015.

_____. *Comentários ao Novo Código de Processo Civil: Lei 13.015/15*, v. 2: *Arts. 82 ao 148*. Curitiba: Juruá, 2015.

ASSIS, Araken de. *Manual da execução*. 18. ed. rev., atual. e ampl. São Paulo: Editora Revista dos Tribunais, 2016.

_____. *Processo civil brasileiro, volume II: parte geral: institutos fundamentais: tomo 1*. São Paulo: Editora Revista dos Tribunais, 2015.

BEBBER, Júlio César. *Recursos no processo do trabalho*. 4. ed. São Paulo: LTr, 2014.

CÂMARA, Alexandre Freitas. *Do Incidente de Desconsideração da Personalidade Jurídica*. In: Breves comentários ao novo código de processo civil. WAMBIER, Teresa Arruda et al. (coord.). *Breves comentários ao novo código de processo civil*. 2. ed. São Paulo: Editora Revista dos Tribunais, 2016.

_____. *Lições de direito processual civil*. 18. ed. Rio de Janeiro: Lumen Juris, 2008. v. 1.

_____. *O novo processo civil brasileiro*. São Paulo: Atlas, 2015.

CAMARGO, Luiz Henrique Volpe. In: WAMBIER, Teresa Arruda Alvim et al. *Breves comentários ao Novo Código de Processo Civil de acordo com as alterações da lei nº 13.256/2016.* 2. ed. São Paulo: Revista dos Tribunais, 2016.

CAPPELLETTI, Mauro; GARTH, Bryant. *Acesso à Justiça.* Tradução de Ellen Gracie Northfleet. Porto Alegre: Sergio Antonio Fabris Editor, 1988.

CARRION, Valentin apud MOURA, Marcelo. *Consolidação das leis do trabalho para concursos.* 3. ed. Salvador: JusPodivm, 2013.

CASSAR, Vólia Bomfim; BORGES, Leonardo Dias. *Comentários à reforma trabalhista.* Rio de Janeiro: Forense; São Paulo: Método, 2017.

CORDEIRO, Wolney de Macedo. *Execução no processo do trabalho: de acordo com a Lei nº 13.105, de 16 de março de 2015.* 2. ed. Salvador: JusPodivm, 2016.

DELGADO, Maurício Godinho. *Curso de direito do trabalho.* 15. ed. São Paulo: LTr, 2016.

DIDIER JR., Fredie. *Curso de direito processual: introdução ao direito processual civil, parte geral e processo de conhecimento,* vol. 1. 18. ed. Salvador: Editora JusPodivm, 2016.

DIDIER JR., Fredie, BRAGA, Paula Sarno e OLIVEIRA, Rafael Alexandria de. *Curso de Direito Processual Civil: teoria da prova, direito probatório, ações probatórias, decisão, precedente, coisa julgada e antecipação dos efeitos da tutela.* 11. Ed. Salvador: ed. JusPodivm, 2016.

DIDIER JR., Fredie; CUNHA, Leonardo Carneiro da. *Curso de direito processual civil: meios de impugnação às decisões judiciais e processo nos Tribunais.* 14. ed. Salvador: Editora JusPodivm, 2017. v. 3.

DIDIER JR., Fredie et al. *Curso de direito processual civil: execução.* 7. ed. Salvador: JusPodivm, 2017.

DIDIER JR. Fredie; ZANETI JR., Hermes. *Curso de direito processual civil: Processo coletivo.* 5. ed. Bahia: JusPodivm, 2010. v. 4.

DINAMARCO, Cândido Rangel. *Instituições de direito processual civil,* v. 2. 6. ed. São Paulo: Malheiros, 2009,

DONIZETTI, Elpídio. *Curso didático de direito processual civil.* 20. ed. rev., atual. e ampl. São Paulo: Atlas, 2017.

FARIAS, Cristiano Chaves de; ROSENVALD, Nelson. *Curso de direito civil – parte geral e LINDB*. 11ª ed. Salvador: JusPodivm, 2013.

_____. *Curso de Direito Civil, vol. 2: Obrigações*. 7. ed. Salvador: Editora JusPodivm, 2013.

GAJARDONI, Fernando da Fonseca. Comentários ao art. 77 do NCPC. In: WAMBIER, Teresa Arruda Alvim et al. *Breves comentários ao novo código de processo civil*. São Paulo: Editora Revista dos Tribunais, 2016.

GONÇALVES, Carlos Roberto. *Direito civil brasileiro, volume 1: parte geral*. 9. ed. São Paulo: Saraiva, 2011.

GRINOVER, Ada Pellegrini. *Da desconsideração da pessoa jurídica – aspectos de direito material e processual*. Revista Jurídica do Ministério Público, vol. 6, mai. 2006.

GUNTHER, Luiz Eduardo; ZORNIG, Cristina Maria Navarro. *Dicionário elementar de Recursos Trabalhistas*. Curitiba: Juruá, 2015.

HADAD, José Eduardo. *Precedentes jurisprudenciais do TST comentados*. 2. ed. São Paulo: LTr, 2002.

LEITE, Carlos Henrique Bezerra. *Curso de direito processual do trabalho*. 15. ed. São Paulo: Saraiva, 2017.

LOPES, Bruno Vasconcelos Carrilho (Coords. Flávio Luiz Yarshell e Fábio Guidi Tabosa Pessoa). Direito intertemporal. Coleção Grandes Temas do Novo CPC (Coord. Geral. Fredie Didier Jr.), V. 7. Salvador: JusPodivm, 2016.

MACÊDO, Lucas Buril de. *Precedentes judiciais e o direito processual civil*. Salvador: JusPodivm, 2015.

MAIOR, Jorge Luiz Souto Maior. *O procedimento sumaríssimo trabalhista*. In: Procedimento sumaríssimo: teoria e prática. VIANA, Marcio Tulio. São Paulo: Ltr, 2000.

_____. Os 201 ataques da "reforma" aos trabalhadores. Disponível em: http://www.jorgesoutomaior.com/blog/os-201-ataques-da-reforma--aos-trabalhadores. Acesso em: 10 maio 2017.

MARCACINI, Augusto Tavares Rosa. *Assistência jurídica, assistência judiciária e Justiça gratuita*. Rio de Janeiro: Forense, 1996.

MARINONI, Luiz Guilherme; ARENHART, Sérgio Cruz, MITIDIERO, Daniel. *Novo curso de processo civil: tutela dos direitos mediante procedimento comum*, v. II. São Paulo: Revista dos Tribunais, 2015.

MARTINS, Sérgio Pinto. *Comentários à CLT*. 17. ed. São Paulo: Atlas, 2013.

_____. *Direito processual do trabalho: doutrina e prática forense; modelos de petições, recursos, sentenças e outros*. 33. ed. São Paulo: Atlas, 2012.

MEDINA, José Miguel Garcia. *Novo Código de Processo Civil comentado: com remissões e notas comparativas ao CPC/1973*. São Paulo: Revista dos Tribunais, 2015.

MIESSA, Élisson; CORREIA, Henrique (org.). *A Reforma Trabalhista e seus impactos*. Salvador: JusPodivm, 2018.

_____. *Estudos aprofundados magistratura do trabalho*. Salvador: JusPodivm, 2013.

MIESSA, Élisson; CORREIA, Henrique. *Súmulas e Orientações Jurisprudenciais do TST comentadas e organizadas por assunto*. 8. ed. Salvador: JusPodivm, 2018.

MIESSA, Élisson; CORREIA, Henrique; ANDRADE, Gustavo; MELO, Henrique; MEDEIROS, Rodrigo. *Reforma Trabalhista*. 3. ed. Salvador: JusPodivm, 2018.

MIESSA, Élisson (coord.). *O Novo Código de Processo Civil e seus reflexos no processo do trabalho*. 2. ed. Salvador: JusPodivm, 2016.

MIESSA, Élisson et al. (coord.). *CLT comparada com a Reforma Trabalhista*. Salvador: JusPodivm, 2017.

MIESSA, Élisson. *Manual dos Recursos Trabalhistas – teoria e prática: Teoria Geral e Recursos em espécie*. 3. ed. Salvador: JusPodivm, 2018.

_____. *Processo do trabalho para concursos*. 6. ed. Salvador: JusPodivm, 2018.

_____. *Processo do Trabalho para os concursos de Analista do TRT e do MPU*. 8. ed. Salvador: JusPodivm, 2018.

MITIDIERO, Daniel. *Tutela provisória*. In: Breves comentários ao novo código de processo civil. WAMBIER, Teresa Arruda et al. (coord.). *Breves comentários ao novo código de processo civil*. 2. ed. São Paulo: Editora Revista dos Tribunais, 2016.

MIZIARA, Raphael. A tutela da confiança e a prescrição intercorrente na execução trabalhista. In: MIESSA, Élisson (coord.). *O Novo Código de Processo Civil e seus reflexos no processo do trabalho*. 2. ed. Salvador: JusPodivm, 2016.

MOREIRA, José Carlos Barbosa. *Comentários ao código de processo civil.* 15. ed. Rio de Janeiro: Forense, 2010. v. 5,

NERY JR., Nelson; NERY, Rosa Maria de Andrade. *Comentários ao Código de Processo Civil.* São Paulo: Revista dos Tribunais, 2015.

NERY Jr., Nelson. *Teoria Geral dos recursos.* 7. ed. São Paulo: Revista dos Tribunais, 2014.

NEVES, Daniel Amorim Assumpção. *Manual de direito processual civil.* 7. ed. Rio de Janeiro: Forense; São Paulo: Método, 2015.

_____. *Manual de direito processual civil – volume único.* 8. ed. Salvador: Ed. JusPodivm, 2016.

_____. *Novo Código de Processo Civil Comentado.* Salvador: Editora JusPodivm, 2016.

NUCCI, Guilherme de Souza. *Manual de direito penal – Parte geral, Parte Especial.* São Paulo: Editora Revista do Tribunais, 2008.

NUNES, Simone Lahorgye; BIANQUI, Pedro Henrique Torres. *A desconsideração da personalidade jurídica: considerações sobre a origem do princípio, sua positivação e a aplicação no Brasil.* In: AZEVEDO, Erasmo Valladão; FRANÇA, Novaes (coord.). Direito societário contemporâneo I. São Paulo: Quartier Latin, 2009.

OLIVEIRA, Rafael Alexandria de. Benefício da Justiça gratuita. In: WAMBIER, Teresa Arruda Alvim et al. *Breves comentários ao Novo Código de Processo Civil.* 2. ed. São Paulo: Revista dos Tribunais, 2016.

OLIVEIRA, Francisco Antônio de. *Comentários às súmulas do TST.* 9. ed. rev. e atual. São Paulo: Editora Revista dos Tribunais, 2008.

OLIVEIRA, Sebastião Geraldo. Procedimento sumaríssimo na Justiça do Trabalho. In: VIANA, Márcio Túlio; RENAULT, Luiz Otávio Linhares (coord.). *Procedimento Sumaríssimo: teoria e prática.* São Paulo: LTr, 2000.

PEREIRA, Caio Mário da Silva. *Instituições de Direito Civil: vol. II, Teoria Geral das Obrigações.* 20. ed. Rio de Janeiro: Editora Forense, 2005.

PEREIRA, Leone. *Manual de processo do trabalho.* São Paulo: Saraiva, 2011.

PINHEIRO, Paulo Henrique S. In: RODRIGUES, Deusmar José (coord.). *Lei da Reforma Trabalhista: comentada artigo por artigo.* Leme (SP): JH Mizuno, 2017.

PINHO, Humberto Dalla Bernardina de; FONSECA, Marina Silva. *O incidente de desconsideração da personalidade jurídica do Novo Código de Processo Civil.* In: DIDIER JR., Fredie (coord. geral). *Novo CPC doutrina selecionada*, v. 1: parte geral. Salvador: JusPodivm, 2016.

PINTO, Raymundo Antonio Carneiro. *Súmulas do TST comentadas.* 11. ed. São Paulo: LTr, 2010.

PRESGRAVE, Ana Beatriz Rebello. *Direito intertemporal processual.* In: DIDIER JR, Fredie (coord. geral). *Procedimentos especiais, tutela provisória e direito transitório.* Salvador: JusPodivm, 2016.

RENAULT, Luiz Otávio Linhares. Síntese de um estudo sobre a Lei n. 9.957/2000. In: VIANA, Márcio Túlio; RENAULT, Luiz Otávio Linhares (coord.). *Procedimento Sumaríssimo: teoria e prática.* São Paulo: LTr, 2000.

RODRIGUES, Deusmar José (coord.). *Lei da Reforma Trabalhista: comentada artigo por artigo.* Leme (SP): JH Mizuno, 2017.

SCHIAVI, Mauro. *A Reforma trabalhista e o processo do trabalho: aspectos processuais da Lei nº 13.467/17.* São Paulo: LTr, 2017.

_____. *Execução no processo do trabalho.* 7. ed. São Paulo: LTr, 2015.

_____. *Manual de Direito Processual do Trabalho.* 12. ed. São Paulo: LTr, 2016.

SILVA, Bruno Freire e. *O novo CPC e o processo do trabalho I: Parte Geral.* São Paulo: LTr, 2015.

SILVA, Homero Batista Mateus da. *CLT comentada.* 14. ed. São Paulo: Editora Revista dos Tribunais, 2016.

_____. *Comentários à reforma trabalhista.* São Paulo: Editora Revista dos Tribunais, 2017.

_____. *Curso de direito do trabalho aplicado: justiça do trabalho.* Rio de Janeiro: Elsevier, 2010. v. 8.

_____. *Curso de direito do trabalho aplicado*, v. 9: *Processo do trabalho.* 2. ed. São Paulo: Revista dos Tribunais, 2015.

_____. *Curso de direito do trabalho aplicado. Execução trabalhista.* São Paulo: Editora Revista dos Tribunais, 2015. v. 10.

SILVA, José Antônio Ribeiro de Oliveira. *Questões relevantes do procedimento sumaríssimo: 100 perguntas e respostas.* São Paulo: LTr, 2000.

SILVA, Ticiano Alves e. Os embargos de declaração no Novo Código de Processo Civil. In: *Processo nos tribunais e meios de impugnação às decisões judiciais*. Coleção Novo CPC Doutrina Selecionada, v. 6. Coord. DIDIER JR., Fredie. Org: MACEDO, Lucas Buril de; PEIXOTO, Ravi; FREIRE, Alexandre. Salvador: JusPodivm, 2016.

SOARES, André Mattos, *Novo CPC doutrina selecionada. V. 4: procedimentos especiais, tutela provisória e direito transitório*. Coord. Geral, Fredie Didier Jr; org. Lucas Buril de Macêdo, Ravi Peixoto, Alexandre Freire. Salvador: JusPodivm, 2016.

SOUZA JUNIOR, Antônio Umberto de [et al.]. *Reforma trabalhista: análise crítica da Lei 13.467/2017*. São Paulo: Rideel, 2017.

SOUZA JUNIOR, Antônio Umberto. In: RODRIGUES, Deusmar José (coord.) *Lei da Reforma Trabalhista: comentada artigo por artigo*. Leme (SP): JH Mizuno, 2017.

SUSSEKIND, Arnaldo et al. *Instituições de direito do trabalho*, v. 2. 21. ed. São Paulo: LTr, 2003,

TEIXEIRA FILHO, Manoel Antônio. *Execução no processo do trabalho.* 9. ed. São Paulo: LTr, 2005.

_____. *O processo do trabalho e a reforma trabalhista – As alterações introduzidas no processo do trabalho pela Lei n. 13.467/17*. São Paulo: LTr, 2017.

THEODORO JÚNIOR, Humberto. *Curso de direito processual* civil, v. I: *Teoria geral do direito processual civil, processo de conhecimento e procedimento comum*. 56. ed. rev. atual. e ampl. Rio de Janeiro: Forense, 2015.

_____. *Curso de direito processual civil – execução forçada, processo nos tribunais, recursos e direito intertemporal*. Vol. III. 48. ed. rev. atual. e ampl. – Rio de Janeiro: Forense, 2016.

VERÇOSA, Haroldo Malheiros Duclerc. *Curso de Direito Comercial, vol. 1: Teoria Geral do Direito Comercial e das Atividades Empresariais Mercantis; Introdução à Teoria Geral da Concorrência e dos bens imateriais*. 3. ed. São Paulo: Malheiros Editores, 2011.

YARSHELL, Flávio Luiz. *Ação rescisória: juízos rescindente e rescisório*. São Paulo: Malheiros, 2005.

EDITORA
*Jus*PODIVM

www.editorajuspodivm.com.br

Impresso por :

Graphium
gráfica e editora

Tel.:11 2769-9056